AF581066

Tinta y sangre

HAN KANG

Tinta y sangre

Premio Nobel de Literatura

Traducción de Sunme Yoon

RANDOM HOUSE

El papel utilizado para la impresión de este libro ha sido fabricado a partir de madera procedente de bosques y plantaciones gestionadas con los más altos estándares ambientales, garantizando una explotación de los recursos sostenible con el medio ambiente y beneficiosa para las personas.

Tinta y sangre

Título original: 바람이 분다, 가라

Primera edición en España: marzo, 2026
Primera edición en México: abril, 2026

ISBN: 978-607-387-104-4

Impreso en México – *Printed in Mexico*

ÍNDICE

1

450 KILÓMETROS

La blanquecina acera estaba congelada y yo no dejaba de resbalar con mis zapatos gastados. Saqué las manos de los bolsillos para no caerme y el viento cortante me heló los dedos. Apretando los puños enrojecidos, seguí andando. Ya cerca de la parada del autobús, recordé el sueño que había tenido la noche anterior.

Los detalles y las circunstancias eran vagos e imprecisos, solo podía recordar un pájaro blanco y de cuello largo posado en el suelo. Cuando se puso a cantar, su cabeza comenzó a desaparecer y se volvió invisible hasta el cuello. Solo quedaron sus alas y su cuerpo cubierto de plumas sobre sus dos largas y delgadas patas. Me dije que si seguía cantando se volvería completamente transparente, y entonces me desperté en plena noche.

¿Continuaría siendo un pájaro aunque se volviera transparente? Mientras me soplaba en las manos para calentarlas y daba patadas al suelo en la parada del autobús, sentí deseos de tocar el aire vacío. De pronto, tuve miedo. ¿El sueño era una advertencia de que lo que me disponía a escribir produciría en mí el mismo efecto que el canto de ese pájaro? Al terminar de escribir esa historia, ¿ya no sería nada, como el ave blanca, y me habría convertido en aire frío y vacío?

«No importa –murmuré para mis adentros–, no tiene nada de bueno vivir como un pájaro blanco».

Llegó el autobús y subí por la puerta delantera. Agarrada con una mano a la barra del bus, me quité las gafas empañadas con la otra para limpiarlas. En un instante, todo a mi alrededor se volvió borroso.

«No voy a arrepentirme».

Dijo que se retrasaría.

Que quizá llegara tarde. Que era lo más probable. Que incluso podría llegar muy tarde.

Seguro que se retrasa.

Tal vez una hora o tal vez tres. Puede que no venga hasta la noche.

Yo espero. Sigo esperando. No me canso de esperar.

Sin ni siquiera esperar a que se enfriara, me bebí de un trago el segundo café que había pedido. Me calentó el pecho. Tras tomar un sorbo de agua fría, apreté los puños húmedos. Me dije: «¿Estoy esperando aquí para pelear?». Sí, era cierto. Estaba lista para pelear.

Me había sentado a una mesa frente a la puerta acristalada de la cafetería. Al otro lado, en la calle, la noche caía a toda prisa al ponerse el sol invernal. Los árboles, protegidos con paja contra las heladas, extendían sus ramas hacia lo alto como brazos negros y flacos.

Un hombre delgado y canoso de mediana edad, vestido con una gabardina negra, entró a grandes zancadas por la puerta de cristal. En cuanto puso su mano en el picaporte metálico supe que debía levantarme.

–¿Es usted Kang Seogwon? –le pregunté, acercándome.

Me miró fijamente, acentuando las tres líneas que se habían formado en su ceño fruncido. No sonreía, como si se hubiera prometido no hacerlo durante todo nuestro encuentro. Su cara no era de las que inspiran simpatía; por el contrario, a su alrededor flotaba, repulsiva como el olor del tabaco frío, una mezcla de desconfianza, gravedad, cansancio, nerviosismo y tristeza reprimida.

–Disculpe el retraso –dijo.

Apenas se sentó, sacó un paquete de cigarrillos del bolsillo interior de su gabardina. Tras aspirar una gran bocanada de humo, su mano derecha, que había temblado un poco al encender el mechero, se posó tranquilamente sobre la mesa, como si hubiera encontrado su lugar. Se veía blanda, como si no hubiera hecho otra cosa en su vida que sostener un bolígrafo y, a saber por qué, me la imaginé húmeda. Debió de notar mi mirada, porque deslizó la mano fuera de la mesa y la ocultó en el bolsillo de la gabardina. La expresión seria y nerviosa de su cara se había suavizado. Al parecer, la calada al cigarrillo le había proporcionado cierta calma.

–Un café. –Lo pidió con el tono brusco que utilizan a menudo los hombres de su edad al hablar con una camarera joven, pero su mirada denotaba cierta ansiedad. Como disculpándose, añadió enseguida–: Tráigame también un cenicero… por favor.

Parecía tener la costumbre de titubear un poco al comienzo de las frases; quizás hubiera sido tartamudo en el pasado.

Fijó su mirada en un punto más allá de mí hasta que la camarera le trajo el cenicero. Detrás de mí solo había una pared blanca de la que no colgaba ningún cuadro. Era una mirada fría y fija, detrás de sus gafas con montura plateada mate. Tenía las cuencas de los ojos hundidas, y los labios, blanquecinos y resecos. El frío le había enrojecido las mejillas, que mostraban el rastro azulado de una barba recién afeitada. Tras dar otra calada profunda a su cigarrillo, dejó caer la ceniza en el cenicero cubierto con una servilleta húmeda.

–¿Dice que es amiga de Seo Inju?

Contuve la respiración mientras observaba su expresión al pronunciar el nombre de Inju. Creí notar cierto aturdimiento y cansancio. ¿Se lo provocaba el nombre o ya venía fatigado por otra razón?

–Sí, fuimos juntas al colegio y luego al instituto.

–Entiendo. Ella no me habló mucho de esa época.

Respiré hondo. Tal y como había imaginado, parecía conocerla bien. Lo suficientemente bien como para tener una llave del taller de Inju y como para encargarse de ordenar sus pertenencias tras el accidente. ¿Habrían mantenido en verdad una relación íntima, como cabía suponer dadas las circunstancias?

Le dio una tercera calada al cigarrillo. Este parecía haberlo tranquilizado, ya que ahora hablaba con un tono calmado y su mirada se había relajado. Los músculos de la cara estaban menos tensos, incluso imaginé que podría llegar a sonreír.

–¿Dónde vivía usted?

–En Suyuri. Vivíamos en la misma calle. Su casa estaba a unos doscientos metros de la mía.

–Ah, sí, me contó que había vivido en Suyuri –dijo, asintiendo con la cabeza–. ¿Siguieron viéndose luego?

–Salvo un par de años o un poco más en que perdí el contacto con ella, nos vimos a menudo hasta el año pasado.

–Entiendo –comentó, girando la cabeza y expulsando una gran bocanada de humo. De pronto me miró fijamente–. Ahora dígame…

Era mi turno de hablar del motivo que me había llevado a citarlo allí. Saqué una revista del bolso. Era el número de enero de *El espíritu de la pintura* y contenía un artículo especial de cuatro páginas en homenaje a Inju, con motivo del primer aniversario de su muerte.

Lo había encontrado por casualidad tres días antes en una librería grande del centro y había llamado a la editorial para averiguar el número de teléfono de Kang Seogwon, el autor el artículo. Lo había conseguido fingiendo trabajar para un conocido programa cultural de televisión. Me dieron un número de móvil, pero cuando llamé él no respondió durante todo un día. Pero la noche anterior, sobre las diez, cuando ya no albergaba muchas esperanzas, de pronto había contestado.

–¿Hola? Lo llamaba por el artículo especial de homenaje que publicó en *El espíritu de la pintura*. Soy Lee Cheonghee, amiga de Seo Inju. Me gustaría hablar con usted –le dije enseguida, pronunciando la introducción que había preparado.

–¿Qué desea? –respondió rápidamente y en tono seco.

–Tengo entendido que encontró unas pinturas en el taller de Inju. Me gustaría conversar con usted sobre ese tema.

–Como quiera... –me dijo, accediendo con más facilidad de la que yo esperaba.

Le propuse ir a verlo a su despacho de la universidad, pero me indicó una cafetería cercana para encontrarnos a primera hora de la tarde.

–Gracias, hasta mañana.

Respondió con voz ronca, un «sí» seco, y luego colgó con brusquedad, casi con mala educación.

Abrí la revista en la página que había marcado, mientras Kang observaba mis movimientos en silencio. Allí aparecían las pinturas del tío de Inju, que yo no había visto en veinte años. Una de ellas ocupaba una página entera; la otra, la mitad de la siguiente, y la última, un tercio de otra página.

–Estas pinturas... no las pintó Inju.

Al oír eso, los ojos de Kang brillaron tras las gafas.

Yo había leído el artículo una y otra vez durante tres días, sin pasar por alto ni una coma. Los títulos, «Epicentro de la oscuridad», «Conjuro del más allá», más o menos abstractos (no sé si eran de él o del editor), estaban inspirados en las pinturas del tío de Inju, que presentaba como obras póstumas de la propia Inju. Al destacar una profunda afinidad con la muerte, sugerían que Inju se había suicidado. La foto en blanco y negro de Inju que habían publicado junto a los cuadros era sombría, muy acorde con los títulos, y su mirada fija a cámara parecía llena de tristeza, como si quisiera mostrar que, en su interior, la vida se estaba apagando.

–¿Por qué piensa eso? –preguntó con voz algo temblorosa, como si estuviera nervioso.

Kang clavó en mí una mirada de abierta sospecha y hostilidad, lo que hizo que su rostro seco y marchito cobrara vida por primera vez.

–Conozco a la persona que pintó esas pinturas.

–¿Quién es esa persona? –preguntó; la nuez le temblaba y tragaba saliva.

–¿Dónde están esos cuadros ahora? –pregunté a mi vez, con calma.

–Siguen colgados en el taller –respondió sin apartar la vista de mí.

Sentí que la tensión de los últimos tres días desaparecía de golpe. Apenas había podido dormir ni comer durante ese tiempo, pero el dolor había evitado que me desmoronara.

–¿Dice que siguen en el taller? Me gustaría verlos con mis propios ojos.

–Eso… –comenzó a decir Kang con una repentina expresión de furia, pero la ocultó usando un tono más calmado–: ¿De quién dice que son esas pinturas? Dígame quién es.

–Primero déjeme ver el taller.

Lo dije sonriendo, pero tenía los puños apretados por debajo de la mesa, dispuesta a pelear. Habría sido capaz de arrojarle el agua fría del vaso a la cara; incluso de romper el vaso y usar un trozo de cristal afilado para clavárselo en el cuello. ¿Que Inju se había suicidado? ¿Cómo podía estar tan seguro? ¿Qué sabía él de esas pinturas? ¿Qué buscaba al hablar de cosas de las que nada sabía? Si me contradecía, si insistía en afirmar que Inju había girado el volante para caer adrede por el precipicio cubierto de nieve, si llegaba a decir que estaba seguro de que se había suicidado y que las pinturas encontradas en su taller eran la prueba, me sentía capaz de matarlo allí mismo.

–Primero tengo que comprobar algo. Se lo diré cuando vea las pinturas.

–¿Cómo puedo creerle? Si no puede decírmelo aquí… –repuso, escrutando mi rostro con una mirada llena de desconfianza.

Sé que mi rostro no refleja ansiedad neurótica ni agresividad, tampoco negligencia ni astucia. Mis ojos, idénticos a los de mi madre, transmiten consideración y honestidad. Kang intentaba sondearme intuitivamente, evaluar el peligro que se escondía tras mi apariencia modesta, percibir mi parte oscura. Antes de que pudiera detectarla, le espeté:

–Me atrevo a afirmar que esas pinturas no están firmadas. –Vi desconcierto en su mirada–. Como sabrá, Inju siempre escribía el carácter chino 珠 de su nombre en una esquina de sus obras con un lápiz grueso 8B. Pero estas pinturas no están firmadas porque la persona que las hizo odiaba firmar. Esa persona no podía concebir que las hubiera hecho, aunque las hubiera pintado. No creía merecer la autoría.

La música se interrumpió momentáneamente y en su lugar se oyó el estridente ruido de la cafetera exprés. Kang dio otra profunda calada a su cigarrillo, con tanta fuerza que se le hundieron las mejillas, y luego lo apagó en el cenicero.

–¿De quién dice que son, entonces? –preguntó de nuevo, mientras sacaba el segundo pitillo del paquete.

–La última vez que vi esas pinturas fue hace veinte años. Usted también se habrá percatado de que no son recientes, ¿verdad? –repuse, resistiendo el impulso de aplastar aquellos dedos blandos y húmedos, que sujetaban el cigarrillo y que tan tranquilamente habían tecleado aquellas mentiras descaradas del artículo–. Le diré de quién son cuando las vea.

En lugar de encender el cigarrillo, Kang clavó los ojos en mí, como si quisiera atravesarme con la mirada.

Todo está en silencio.

Ya no se oye el zumbido del ordenador. Estoy sentada ante la pantalla, que acaba de apagarse.

Había dos correos electrónicos, ambos de trabajo. La editorial para la que había hecho la traducción de la correspondencia de un pensador indio me pedía que tradujera otro libro del mismo autor. La oferta era interesante, pero decidí no responder. Era una editorial que esgrimía una política de edición bastante agresiva, así que lo más probable era que quisiesen el trabajo para muy pronto –en un plazo de cuatro semanas como máximo–, pero de momento yo no podía empezar ningún trabajo nuevo. El segundo correo adjuntaba el guion en inglés de un musical. Lo había enviado un productor que todavía no estaba seguro de si lo llevaría a escena o no, primero quería leer el manuscrito traducido y compartirlo con su equipo. Aparte de que el nombre del productor no me sonaba de nada, este no mencionaba cuánto estaba dispuesto a pagarme por la traducción. Como de todas maneras no iba aceptar el trabajo, envié una respuesta breve y cortés rechazando la oferta. Luego cerré la sesión y apagué el ordenador.

La respuesta que estaba esperando no había llegado. Ni siquiera podía saber si él había recibido mi correo. En los tres últimos días, yo no dejaba de encender y apagar el ordenador constantemente; cada vez, algo se iluminaba en mí y luego se oscurecía.

Todo está en silencio.

En mi antigua casa de Suyuri, siempre se oía el viento en invierno. Se colaba por las rendijas como un largo silbido, como un grito lejano. Las ventanas eran viejas y se habían abierto resquicios entre el marco y las hojas correderas, por lo que, además del viento, entraban mosquitos y todo tipo de insectos alados.

Hace unos diez años que dejé aquella casa. Desde entonces me he mudado cuatro veces, he embalado y desembalado mis cosas en casas desconocidas. Ahora estoy de alquiler en un apartamento en un edificio bajo que fue construido hace solo cinco años. Las ventanas cierran a la perfección y bloquean todos los sonidos, incluido el del viento, haciendo que la quietud sea sólida y hermética.

No le tengo miedo al silencio.

Si trabajo sin descanso es para ganar algo de dinero y permitirme vivir en un lugar donde estar en calma. En cuanto termino la jornada con la música muy alta de fondo, apago el equipo y me masajeo los hombros. A continuación me sumerjo en las suaves y vastas ondas del silencio, como si, en el frío y la oscuridad, extendiera los brazos al sol para calentarme, como si comiera un cuenco de arroz tibio.

Pero ahora todo ha cambiado, ya no soporto esta quietud. Tampoco puedo escuchar música. No quiero relajarme, no debo hacerlo. Extiendo el brazo, tanteo la estantería y saco un libro. Es el único libro que puedo leer en este momento.

> Todas las estrellas nacen, viven y mueren. Ese es su ciclo vital y su destino. Todas las sustancias que componen nuestro cuerpo provienen de las estrellas. Hemos nacido con el mismo ciclo vital y destino que las estrellas, por lo que existimos y morimos igual que ellas. La única diferencia es la duración de nuestras respectivas vidas.

Conozco este libro tan bien que puedo abrirlo y leerlo por donde sea. Cuando está en la estantería junto a los otros libros, su delgado lomo permanece mudo como el perfil de una persona que comparte un secreto con otra.

> ¿Cómo nacen las estrellas?
>
> Las galaxias espirales, como nuestra Vía Láctea, tienen brazos en los que las estrellas jóvenes y los cúmulos brillantes giran como ensartadas en hilos. Ahora mismo están naciendo un sinnúmero de estrellas nuevas en esos brazos espirales. La intensa luminosidad que emana de las estrellas calientes recién nacidas repele la materia circundante. Las ondas de choque provocadas por la explosión de las estrellas viejas contraen las nubes interestelares cercanas, las cuales, gracias a ese estímulo, se contraen aún más. Para que se conviertan en estrellas, la masa de la nube debe ser superior a determinado valor llamado «masa crítica de Jeans», necesario para la contracción gravitatoria. En el momento en que la masa de la nube estelar supera ese valor crítico, se inicia la vida de una nueva estrella.

Miro el móvil, que está junto al ratón. Aunque ya casi es medianoche, todavía no ha sonado. Kang dijo que me llamaría esta noche, que me dejaría ver el taller de Inju en cuanto saliera de la cena que tendría tras la defensa de una tesis de posgrado. No le dije que no tengo coche y, como a estas horas ya no circulan los autobuses y el metro ha cerrado, he anotado en un papel el número de una empresa de taxis. En cuanto Kang me llame, pediré un taxi para ir a ver los cuadros en tinta china del tío de Inju.

Observo la fotografía a color de una supernova en explosión que ilustra el párrafo que acabo de leer. Cuando una supernova explota, emite una luz tan intensa como la de mil millones de estrellas. Ciertos testimonios del siglo XVI atestiguan que, tras la explosión de una supernova en nuestra galaxia, la luz era tan potente que se podía leer durante toda la noche.

Me quedo mirando la llama gigante y redonda que se expande por encima de los puntos blancos que son las estrellas. Es roja y a la vez azul; blanca y a la vez negra. Es muerte y a la vez comienzo. De la energía liberada por la explosión de la vieja estrella, nace una nueva estrella entre las blancas nubes interestelares.

> El ser humano no lo percibe, pero la Tierra es una peonza imparable que tarda un día en dar un giro completo sobre su eje. En el ecuador, las personas giran alrededor del eje de la Tierra a 460 metros por segundo. Al mismo tiempo, la Tierra tarda un año en dar una vuelta completa alrededor del Sol moviéndose a una velocidad de 30 kilómetros por segundo. Es decir, nuestro planeta viaja más rápido a través del espacio cósmico que cualquier cohete construido por el hombre.
>
> Todos los cuerpos celestes visibles realizan estos movimientos repetitivos como si ese fuese su destino. Así como la Tierra gira alrededor del Sol, el Sol gira en torno al eje de nuestra galaxia. La velocidad de rotación del Sol es de 250 kilómetros por segundo. Existen unos 100.000 millones de estrellas en nuestra galaxia, y todas las estrellas del disco giran en el sentido de las agujas del reloj a una velocidad similar. El Sol se encuen-

tra a 8.000 pársecs del centro de nuestra galaxia, de modo que completa la vuelta a la galaxia y regresa a su posición inicial al cabo de unos 200 millones de años.

Tenía dieciséis años cuando cogí este libro de la estantería que había en el taller del tío de Inju y lo leí por primera vez. Durante alrededor de un mes, tuve una percepción nueva de las veinticuatro horas que dura la rotación de la Tierra. ¿No era una velocidad asombrosa? Veinticuatro horas no es mucho tiempo y, en realidad, la Tierra no es un astro grande. Cuando miraba el cielo por la noche, me estremecía al pensar en esa inmensa oscuridad, con los millones de galaxias que se expanden y se alejan unas de otras rápidamente, con los cientos de miles de millones de estrellas que rotan silenciosamente. Quizá no hubiera extraterrestres. Podía ser que la Tierra fuese el único astro donde, por un extraño accidente, apareciera la vida. El mero hecho de pensarlo me parecía aterrador e inquietante, y me sentía sola. Por mucho que sumemos los doce kilómetros de troposfera con los de la estratosfera y la termosfera, la altura total de la atmósfera apenas alcanza los 450 kilómetros, aproximadamente la distancia que hay entre Seúl y Busán. Cuando miraba el cielo desde el patio del colegio, durante la clase de gimnasia, me imaginaba la negrura del espacio cósmico que se extendía más allá de la atmósfera azul, luminosa y plana. Ya estuviera en el aula, en la calle o en la cocina azulada al amanecer, no dejaba de pensar en ese esquivo espacio cósmico. Todo lo que me rodeaba me parecía pequeño, como si lo viera desde lejos, pero con total claridad: las calles y la gente, los árboles y la tierra, el viento vivo y en movimiento, los diferentes ángulos del sol y de las sombras a las distintas horas. Sin embargo, al cabo de un mes o así, todas esas sensaciones tan intensas se me hicieron insoportables y volví a mi vida cotidiana.

¿El tío de Inju se había quedado en ese espacio cósmico y no había regresado? ¿O vivía con un pie en el universo y el otro en el día a día? ¿Cumplía su monótona rutina de cocinar, salir a pasear y pintar, sabiendo que la galaxia seguía girando, las supernovas explotaban y que el universo se estaba expandiendo? ¿Era el universo para él una realidad tranquila y sin conflictos?

Tengo la boca seca.

Con solo la lámpara de sobremesa encendida en la sala de estar, el apartamento, de algo más de cincuenta metros cuadrados, está casi a oscuras. Cuando cierro el libro y me pongo de pie, mi sombra se levanta conmigo, estirándose hasta la pared del balcón, y me acompaña hasta la mesa de la cocina. Vierto agua en una taza y me la bebo. Está fría, es refrescante. Dejo la taza y miro hacia el balcón. Me fijo en el cuenco de porcelana blanca que reposa boca abajo en el suelo.

¿Qué habrá pasado con la araña?

Tenía un tamaño de siete u ocho centímetros, patas gruesas y un cuerpo liso, sin dibujo alguno. Como no me animaba a aplastar un bicho tan horrible, ominosamente grande y grueso, me acerqué con el cuenco y lo encerré debajo, pensando que en diez días o tal vez veinte se moriría de hambre. «No tendré que aplastarte, ni mancharme las manos recogiendo tus vísceras, ya que acabarás encogiéndote y muriendo limpiamente y en silencio», pensé.

Han pasado unos diez días y, aunque aún no he mirado debajo del cuenco, supongo que estás muerta. Pero ¿y si aún te mueves y te arrastras hacia la luz? ¿Podré matarte si te acercas a mí o te alejas hacia el otro lado? ¿Podré aplastarte hasta que explotes? ¿Podré encerrarte de nuevo en la oscuridad?

Camino rápido hacia mi móvil, que suena con la melodía de un vals. Acabo de beber agua, pero vuelvo a tener la boca seca.

–Soy Kang Seogwon…

No parece que haya bebido, pero suena algo confuso y nervioso. Quizá sea por su promesa de mostrarme el taller o porque simplemente él es así.

–El taller está en K, detrás del instituto de bachillerato femenino Y. ¿Le parece bien que nos encontremos a la entrada del instituto? ¿Cuándo cree que podrá llegar?

Era el mismo barrio donde Inju había vivido con Minseo el último año, pero nunca llegué a conocer su casa. Siempre era yo quien iba a visitarlos, pero ese año fue diferente porque fue ella quien vino a verme con frecuencia. A veces lo hacía avisándome con antelación y otras veces de improviso, pero casi siempre venía con Minseo. Si venía sola era porque el niño estaba con sus abuelos paternos. Aparecía siempre con algo de comer, aunque solo fueran un par de mandarinas en el bolsillo.

La última vez que nos vimos fue una noche de diciembre. Vino sola y trajo sushi. Mientras llenaba la mesa de sushi de diferentes colores, además de langostinos fritos, sopa de miso y nabo amarillo, se puso a silbar bajito. Aunque era alta, se movía con ligereza y conservaba un aire de niña en un rostro ya de por sí juvenil. De todos modos, como nadie puede escapar del tiempo, la edad se le había empezado a notar al cumplir los treinta y cinco años. Lo extraño era que esa madurez no desentonaba en absoluto con ella. Sus ojos eran lo más bonito de su rostro, y con la edad se volvieron aún más grandes y afables. Cuando sonreía se le formaban arruguillas alrededor de los ojos, y eso hacía que su rostro tuviera un no sé qué tranquilizador. Un día, marcando esas profundas líneas de expresión en las comisuras de los ojos, me dijo:

–Oye, Cheonghee, ¿vamos al monte Seoraksan antes de que se acabe el invierno?

Tenía una voz profunda, como de soprano, y pronunciaba todas las sílabas con claridad cristalina.

–¿Por qué, de pronto, quieres ir a ese monte? –le pregunté, masticando un bocado de sushi.

–Vi una foto del paso de Misiryeong cubierto de nieve y me causó una impresión muy especial. Además, a ti te gusta viajar –respondió, cogiendo con los dedos una rodaja de nabo amarillo.

–Antes tal vez, pero ahora…

Sin terminar la frase, me quedé mirando la luz de la mesa del comedor, la oscuridad agazapada en los bordes. Yo estaba en esa edad en que la vida cotidiana parece más extraña y arriesgada que cualquier viaje.

–Si no quieres, iré sola.

–¿Sin Minseo?

–Solo tiene siete años, pasará frío y se cansará. Iré un día que él esté con los abuelos. Me basta con contemplar los peñascos de Misiryeong durante un par de horas.

Inju sonreía despreocupada y cálida como cuando tenía quince años; me contagié de su ánimo y reí con ella.

–Estaré allí en media hora –le respondo a Kang–. Tal vez incluso antes, si el taxi llega pronto.

–Entonces la veo allí en treinta minutos.

En cuanto cuelgo, marco el número de la compañía de taxis que he anotado en el papel. Mientras suena la señal, me pongo el abrigo que he dejado colgado en la silla y me lo abrocho hasta el cuello. Mientras oigo la voz artificial de una mujer joven diciendo «Buenas noches, estimado cliente», me envuelvo en la bufanda de lana. Me da un escalofrío solo de pensar en los quince grados bajo cero que hace fuera.

Tus labios eran suaves.

Pequeños, finos, y olían bien.

Un olor dulce, como de melocotones en almíbar.

Una vez, solo una, me cogiste la cara y me estampaste un beso en la boca. Me sorprendí tanto que me quedé quieta y te dejé hacer.

–¿Por qué has hecho eso?

–Porque quiero comprenderte.

Con la mano en la boca y las mejillas enrojecidas, retrocedí un poco y me senté. Tendríamos dieciocho años. Estábamos en el estudio vacío de tu tío, poniendo orden, cuando de repente ocurrió, cuando me besaste en los labios.

—Comprender ¿qué…? —pregunté tartamudeando.

—Lo sé —dijiste—. Vosotros dos… Lo sé todo.

Me quedé aturdida, mirando tu boca firme.

—Perdona, era solo por curiosidad. Quería saber qué sintió mi tío. Me ha gustado. Hasta me gustaría hacerlo de nuevo… No se puede, ¿verdad? —dijiste riendo, como si nada hubiera pasado.

Yo no me reí. Tampoco me enfadé. Estaba demasiado cansada como para reaccionar, y menos aún enfadarme. No dije nada; no quería sentir nada más en aquel taller donde ya no estaba tu tío.

Sin embargo, recuerdo tus labios.

Eran suaves.

Más que cualquier otra cosa del mundo.

Mucho más que los de tu tío.

Fue esa vez, solo una vez.

Como el último número de teléfono con el que había contactado Inju era el mío, aquella madrugada me llamaron del hospital de Sokcho y fui corriendo hasta allí. Sin embargo, yo no contesté a esa última llamada de Inju, que quedó registrada a las 0.47 horas. Se estimaba que el accidente se había producido tres horas después, en torno a las cuatro de la madrugada. ¿Qué habría querido decirme? ¿Por qué me habría dormido tan profundamente? ¿Por qué tendría el móvil en modo vibración? ¿Habría sido todo distinto si hubiera contestado esa llamada?

Cuando llegué al hospital Inju estaba inconsciente, y ya no despertó. Allí había otras personas que habían acudido desde Seúl al recibir la noticia, pero Kang Seogwon no estaba entre ellas. Tampoco estuvo presente en el sencillo funeral que se celebró luego.

Jeong Seongyu, el exmarido de Inju, y Minseo, que acababa de cumplir ocho años, presidieron las exequias. Como Minseo era el heredero legal de todas las pertenencias de su madre, Jeong tomó las decisiones en nombre de su hijo. Observé desde lejos cómo la directora de la galería donde se había celebrado la última exposición individual de Inju conversaba, muy seria, con Jeong. Yo no tenía intención, ni tampoco derecho alguno, de intervenir en nada, puesto que no formaba parte de la familia de Inju ni del mundo del arte.

Tras leer el artículo de Kang en la revista, averigüé el número del estudio de arquitectura donde trabajaba Jeong; quería preguntarle por las pinturas y los objetos que había dejado Inju. Mientras sonaba el teléfono me acordé de Minseo, de sus hombros caídos, su carita que parecía querer decir algo, sus ojos de largas pestañas y sus pupilas negras como la tinta china. El niño había heredado los ojos de Inju y de su tío, y era el único que quedaba de esa familia.

Atendió un hombre joven, que me explicó que Jeong había dejado de trabajar allí hacía unos meses. Cuando le pregunté dónde trabajaba ahora, respondió:

–Se ha ido a vivir a Australia.

–¿Podría darme su contacto de allí? –pregunté tras una pausa.

–Solo tengo su dirección de correo electrónico. Hay otra persona que quizá sepa su número de teléfono y su dirección, pero hoy no ha venido a trabajar.

Tomé nota del correo electrónico y del nombre y el número de la persona que estaba de vacaciones, y colgué el teléfono. Mi pecho ardía. Era un fuego silencioso y aterrador, un fuego que parecía extenderse por todas las venas de mi cuerpo. Con manos temblorosas, marqué el número del departamento editorial de *El espíritu del arte*, me presenté con una identidad falsa y conseguí que me dieran el contacto de Kang Seogwon.

«Inju» y «muerta»: esas palabras que no podían ir juntas.

Si una de las dos tenía que morir, era yo, antes que ella.

La muerte me pisaba los talones, a veces incluso iba delante de mí. En las noches insomnes en las que el tiempo no pasaba, podía sentirla en la oscuridad. No me quitaba los ojos de encima en toda la noche, sentada frente a mí, cruzando y descruzando las piernas. Yo daba vueltas en la cama, entre sudores fríos. A veces llamaba entre susurros a su tío, otras a Inju. No es cierto, no los llamaba. No llamaba a nadie.

«Inju» y «muerta»: esas palabras que no podían ir juntas.

Yo debería haber muerto antes que ella.

Inju habría sobrellevado bien mi muerte. Como hacía siempre, habría ocultado muy dentro la tristeza y la circunspección, y habría caminado por las calles con el andar peculiar de quien esconde sus pequeñas alas bajo las axilas. Ahora mismo estaría caminando con tanta energía que nadie notaría que cojeaba un poco con su pierna izquierda.

Bajé del taxi y crucé el paso de cebra. A esas horas de la noche, el instituto de bachillerato se veía lóbrego. Delante de las pesadas puertas cerradas con un largo y grueso pestillo y un enorme candado había un hombre con un abrigo negro. El viento me azotaba las mejillas y las ramas de los árboles chocaban entre sí produciendo un lúgubre crujido, como de huesecillos golpeándose. Con las manos metidas en los bolsillos del abrigo, apreté el paso.

Kang se detuvo frente a un edificio comercial con un cibercafé en el primer piso y miniestudios en alquiler en los pisos segundo y tercero. La planta baja era un local con escaparate de vidrio polarizado y no parecía tener entrada. Probablemente Inju había hecho desaparecer la puerta para utilizarlo como taller. Detrás del edificio estaban las escaleras que llevaban a las plantas superiores y también la puerta metálica por la que se entraba al lugar. Cuando Kang sacó la llave del bolsillo, sentí el leve olor a alcohol que emanaba de su cuerpo. Mientras caminábamos hasta allí por las calles oscuras lo vi pequeño, con los hombros caídos, la mirada baja y los ojos hundidos. Tras abrir la puerta y guardarse la llave, sacó un paquete de cigarrillos.

–Entre usted primero –dijo, encendiendo un pitillo.

Entré en el taller. Era espacioso, de casi cien metros cuadrados, el doble de grande que el que tenía antes. A un lado de la entrada, decenas de pinturas en papel enrolladas y atadas con un cordel se alineaban como columnas. Aunque todos los que la conocían le aconsejaban que no lo hiciera, Inju tenía la costumbre de dibujar sobre papel ácido en lugar de utilizar lienzos. Sujetaba a la pared, con chinchetas en cada esquina, una gran hoja de papel y pintaba durante horas superponiendo varias capas de crayones. Por eso sus obras no se conservarían más de treinta o cuarenta años, como mucho, y los colores irían perdiendo intensidad.

–Lo único que importa es el momento en que pinto. Para mí, eso lo es todo –solía decir Inju con terquedad, pero esbozando una sonrisa tan afable que era imposible enfadarse con ella.

Tras su muerte, me atormentaba no haber podido persuadirla para que usara lienzo.

Pero al apartar la vista de los rollos de papel y posarla en la pared del fondo, me quedé helada. Al mismo tiempo sentí una presencia fría detrás de mí y, sobrecogida, lancé sin querer un grito ahogado. Kang estaba a mi espalda. Su expresión mostraba miedo, como si mi reacción le hubiese asustado aún más que a mí. Durante unos segundos, a la pálida luz de los fluorescentes, nos miramos como si hubiéramos visto un fantasma.

Habían pasado más de veinte años, pero se conservaban perfectamente. ¿Por qué Inju no me dijo nunca que tenía esas pinturas? Durante las fuertes lluvias del verano del 90, el taller de su tío, que estaba en el semisótano, se había inundado, y yo había visto con mis propios ojos las pinturas que había allí, convertidas en una pasta de papel. Cuando Inju pudo abrir la puerta y entrar, había pinceles, mantas, recipientes y ratas muertas flotando en el agua oscura y fangosa. ¿Acaso salvó algunas pinturas llevándolas a la planta baja? ¿Por qué me lo ocultó?

Una estrella blanca explotaba en medio del enorme lienzo de papel *hanji* embebido de tinta negra. Me quedé allí de pie, incapaz de acercarme o de alejarme, igual que cuando, hacía veinte años, había entrado en el taller del tío de Inju y había visto aquel cuadro por primera vez.

Al apartar los ojos de la pintura y observar a mi alrededor, una sorpresa aún mayor paralizó mis pensamientos. Me sentí como si hubiera vuelto al taller del tío de veinte años atrás. Había bolas de papel maché, pulverizadores de agua para jardín, mantas manchadas de tinta, espátulas y pinceles planos... Extendido sobre el suelo había un papel *hanji* cargado de tinta negra y, en su centro, la forma de una estrella blanca del tamaño de una cara.

Me giré para mirar a Kang, que me observaba sentado en una silla plegable de aluminio tapizada de color gris, con las manos entrelazadas. Me había equivocado. Él no había mentido en su artículo. Esas obras no eran las pinturas de hacía veinte años, sino las últimas obras en las que Inju había estado trabajando. En otras palabras, había repetido las pinturas de su tío.

Me acerqué a los cuadros. En las paredes contiguas había otros cinco. Grandes y pequeñas estrellas ardían brillantes en un inmenso y negro cielo nocturno. Algunas estrellas eran del tamaño de la palma de la mano, y los grandes papeles *hanji*, gruesos y cubiertos de tinta, se veían infinitamente profundos y oscuros. Me detuve ante el quinto cuadro. Era bastante más pequeño que los anteriores y, si bien era del mismo papel tradicional grueso y cargado de tinta, en él, en lugar de una estrella blanca, ardía una estrella azul. Parecía el método de trabajo del tío, pero había diferencias evidentes. En este cuadro, la estrella era completamente azul, con un simple contorno de tinta negra.

Me quedé allí, tratando de comprender. Siempre que quiero entender algo, me quedo inmóvil mirándolo, examinándolo una y otra vez. ¿Qué significaban esas pinturas? ¿Qué significó para Inju ese año que dedicó a esas obras, el último año de su vida?

–Inju tenía un tío por parte de madre.

–Lo sé. Se llamaba Lee Dongju. Nació en 1951 y murió a los treinta y siete años por un derrame cerebral.

–¿Cómo lo sabe?

–Investigué un poco, para el libro.

–¿Qué libro?

–La biografía de Seo Inju que he escrito. Se va a publicar en breve.

–Entonces ese artículo especial…

–Forma parte del libro.

–¿Incluirá fotos de estos cuadros?

–Claro.

–Son las pinturas que hacía su tío. Inju las ha repetido. No logro comprender por qué, pero si no menciona que ella copió la obra de su tío, su libro…

–Siga, por favor.

–… contendrá malinterpretaciones y mentiras.

–Lee Dongju no estudió pintura. Dejó la carrera de Física a causa de una enfermedad. Es todo lo que sé sobre él.

–Estoy segura de lo que digo. Pintó esos cuadros hasta que murió.

–¿De verdad? Tendré que investigar un poco más. ¿Pertenecía a alguna escuela artística?

–No creo.

–¿Estudió pintura por su cuenta?

–Cuando tenía veintitantos, estudió durante un año con un pintor oriental que vivía en Damyang. Salvo eso, tengo entendido que siempre trabajó por su cuenta.

–Entonces, usted sostiene que Seo Inju recreó los cuadros de su tío Lee Dongju basándose en los recuerdos que tenía. ¿Vio usted trabajar a Lee Dongju? Si es así, ¿podría explicarme qué técnica usaba? He consultado a varias personas, pero me han dicho que es difícil saberlo observando simplemente las obras. Durante el último año de su vida, Inju no permitió a nadie entrar aquí. Cuando mostré las fotos de los cuadros, alguien opinó que habían sido teñidos con la técnica del atado, otro me preguntó si no serían grabados y alguien incluso aventuró que eran fotos reveladas después de aplicar un fotosensibilizador con partículas de agua. Cuando vi las pinturas, me pareció que la explicación más plausible era que Inju había esparcido tinta sobre el cuadro usando sal o detergente, pero no pude encontrar ni una cosa ni otra en el taller.

–No hacen falta ni sal ni detergente.

–¿Cómo lo hizo, entonces?

–Solo con tinta y agua.

–¿Quiere decir que basta con verter agua antes de que se seque la tinta para que se extienda? Eso es imposible sin utilizar detergente, sal o algún pegamento.

–Se puede porque la densidad de la tinta y la del agua son diferentes, utilizando los fenómenos de ósmosis y la capilaridad. Para obtener una mancha del tamaño de la palma de la mano se necesitan diez días. Por lo tanto, para completar un cuadro de este tamaño se tarda entre dos y tres meses.

–Los expertos no opinan lo mismo.

–Recuerdo haberle oído decir al tío que es parecido a la velocidad con que crecen las plantas.

–A pesar de los años que han pasado, lo recuerda con mucha claridad. ¿Tiene algo con que probar lo que dice, además de su memoria?

–No, no tengo nada. Tengo una pregunta...

–Dígame.

–¿Por qué piensa que Inju se suicidó? Usted tampoco tiene pruebas de eso.

–¿Qué otra razón pudo tener para ir a Misiryeong cuando había nevado, a esas horas y sin ponerle cadenas a las ruedas?

–Es que Inju no tenía razón alguna para matarse. Ella amaba la vida. No lo digo como frase hecha: de verdad la amaba.

–Como debe usted saber, el padre de Inju era médico y murió en un accidente automovilístico. Inju era hija única. Su madre, Lee Dongseon, se mantuvo económicamente los siguientes diez años gracias a la indemnización y a la herencia que recibió. Estuvo ingresada en el hospital por alcoholismo y depresión, y acabó suicidándose. Inju tenía entonces once años, y a partir de ese momento quedó al cuidado de su tío Lee Dongju. Cuando él murió, a los treinta y siete años, ella tenía diecinueve.

–Un momento…

–Dígame.

–Sé bien cómo fue su infancia y su primera juventud. Pero eso no prueba que se haya suicidado.

–La vida de Seo Inju estuvo marcada por numerosas pérdidas, por lo que es fácil inferir que debió de sentirse atraída por la muerte. Además, su vida conyugal…

–Todo eso son suposiciones y cosas que usted imagina. No prueban nada.

–Su exmarido también opina que fue un suicidio, y autorizó la publicación del libro.

–Pero él…

–¿Le hizo algo a Inju?

–Nunca entendió a Inju, más bien todo lo contrario.

–La habrá entendido a su manera.

–Pues la entendió mal. Inju no se suicidó.

–¿Cómo está tan segura?

–¿Y cómo está tan seguro usted? ¿Cómo puede sacar esa conclusión?

–Tranquilícese, por favor.

–¿Qué derecho tiene a concluir que murió así?

–Seguro que a Inju le daría lo mismo que se publique o no un libro sobre ella; al fin y al cabo, tampoco le preocupó nunca que sus obras se conservaran. Se puede decir que hacía tiempo que a Inju había dejado de importarle este mundo. Si escribí el libro fue porque sentí que era mi deber. Admito que quizá lo escribí para mí. Y aunque mi libro distorsione su vida, eso no cambiará la realidad de los hechos. Por lo tanto…

–Entonces no importa, ¿no?

–Así es.

–Pero ¿y el deber de decir la verdad? ¿Qué hace usted con él?

–Supongamos que usted tiene razón y que Inju no se quitó la vida. ¿Qué importancia tiene eso? ¿Qué cambia que yo opine en el libro que se suicidó? La cuestión es que ella está muerta y no volverá a la vida.

–Pero ¿se da cuenta de lo que está diciendo? ¿Por qué se empeña tanto en…?

–Tranquilícese, por favor.

Debería haber llevado un cuchillo, o al menos un vaso de cristal. Tenía que matar a ese hombre antes de que consumara su engaño. Pero ¿no sería demasiado tarde? Si ya había entregado el manuscrito a la editorial, el libro saldría aunque el tipo muriese.

Recordé los ojos de Minseo. Inju no se había suicidado. Jamás decidiría morir y abandonar a su hijo. Minseo crecería y algún día leería ese libro. ¿No le importaba a ese hombre que eso sucediera? ¿No le importaba la verdad?

Me dejé caer en la silla plegable donde Kang se había sentado hasta hacía un momento. Contemplé la estrella del tío, mejor dicho, la estrella de Inju. La llama blanca ardía en las tinieblas. Poco a poco mi respiración se calmó.

–Por casualidad… –preguntó él, mirándome–, ¿es usted Lee Cheonghee, la autora que escribió la obra de teatro *Cállate* hace diez años? –Al ver que no le respondía, siguió diciendo–: No sé mucho de teatro. Tampoco es que haya visto la obra. Vi el libreto en aquella estantería, así que leí la introducción.

Levanté la vista hacia la estantería de sesenta centímetros de ancho que él me señalaba. Era vieja, de pino americano, y tenía rasguños aquí y allá. Los estantes estaban llenos de libros de diferentes alturas y de cuadernos de bocetos.

–Inju lo había subrayado en muchas partes y también había escrito comentarios. ¿Quiere verlo?

–No, no quiero.

–¿Le duele?

En ese momento me di cuenta de que estaba apoyando la mano izquierda en el corazón. Sentía un familiar dolor en el pecho, un dolor que se fue aminorando. Concentrarme en la sensación hizo que se me pasara el enfado. Cerré los ojos para poder pensar con calma qué podía hacer a partir de ese momento.

–¿Cómo escribió el libro? –pregunté con tono tranquilo–. ¿Encontró material en que basarse?

–Entrevisté a sus amigos y conocidos, encontré parte de su correspondencia y también me basé en sus escritos.

–¿No le costó escribirlo?

–Me costó, pero fue una experiencia valiosa. Casi está listo.

Al verme más tranquila, encendió un cigarrillo con gesto adusto, como si le hubiera invadido una súbita fatiga. Estaba claro que era una persona a la que le gustaba polemizar. Durante la larga conversación que habíamos mantenido, parecía haberse transformado en otra persona. No tartamudeó una sola vez, fue agresivo pero se mantuvo sereno y habló con confianza en sí mismo y firmeza. Seguramente la elocuencia y una prosa brillante habían sido las armas con las que había salido adelante en la vida.

–Nunca he fumado aquí dentro por temor a que los cuadros se impregnasen de humo. Hoy es la primera vez –explicó como disculpándose, y se volvió hacia ellos.

Tenía mechones canosos que le cubrían las orejas. Pensé que se había olvidado de ir a cortarse el pelo. Acababa de darme cuenta: él quería a Inju. No sabía desde cuándo, pero aún la quería.

–Debe de haber mucha más gente que conozca mejor que yo a Inju desde que comenzó a pintar –dije tras un momento de silencio–, pero no creo que encuentre a nadie más que conozca su vida anterior. ¿No quiere oír mi testimonio?

Giró la cabeza para mirarme. A la pálida luz de los fluorescentes, se veía avejentado. Por la tarde me había parecido que tenía algo más de cuarenta y cinco años, pero ahora tenía el aspecto de alguien por lo menos diez años mayor.

–Claro que me gustaría.

–Entonces ¿podría atrasar un poco la publicación del libro? –pregunté, articulando las palabras con la mayor claridad posible.

Se llevó el cigarrillo a la boca con mano temblorosa. Con esas manos temblorosas y ese aire de estar un poco perdido, probablemente no viviría mucho tiempo.

–Lo decidiré cuando hayamos hablado –repuso después de expulsar el humo.

–Ahora no. Necesito ordenar mis pensamientos.

–De acuerdo. ¿Cuándo, entonces?

–Deme una semana. Otra cosa… –le dije, mirándolo a los ojos–, me gustaría quedarme más tiempo aquí, pero a solas. ¿Sería posible?

–No, eso no –respondió con determinación–. Lo siento. Comprendo sus sentimientos, pero no es posible.

En ese instante, yo también lo comprendí. Comprendí su dolor, su oculta obsesión. Sería inútil insistir.

–Vámonos, pues –dije, levantándome del asiento.

En el taxi, que circula veloz, todo se entremezcla: la oscuridad que se derrama como tinta china, las farolas que brillan vagamente, la calle desierta, las tiendas con las persianas bajadas, la fuente congelada, los edificios de apartamentos como gigantescos osarios, las afiladas ramas de las árboles, que parecen gritar.

Pago el taxi y camino hacia mi edificio. Mis zapatos resuenan quedamente. Son las tres y veinte de la madrugada y no se ve siquiera un borracho, tampoco ventanas con las luces encendidas. Todo duerme o está temporalmente muerto. Abro la puerta de mi apartamento y enciendo la luz de la sala antes de que la oscuridad me asfixie.

Después de tres horas de ausencia, el silencio de la casa sigue siendo tan denso como siempre. La falta de sueño hace que me maree, la cabeza me da vueltas. Me quito el abrigo y el suéter, y voy al baño. Me enjabono las manos hasta que no se ven bajo la espuma. Se me pone la piel de gallina en los hombros desnudos. Al lavarme la cara me miro en el espejo, y veo a una mujer impenetrable que me mira fijamente. La densa cabellera que le cubre los hombros muestra algunas canas en el lado derecho. Frías gotas de agua que parecen rezumar desde el interior de su rostro resbalan por sus mejillas y mojan su pecho.

Después de secarme la cara, me acerco a mi mesa. Cierro el libro que estaba leyendo y me quedo mirando las resplandecientes nebulosas de la contraportada.

«Están muy lejos», pienso.

Las ciudades, las fronteras, las tierras y los mares, los bosques, los callejones y las alcantarillas, los cementerios y los perros, los árboles, los amantes, las prisiones, los campos de batalla, las aulas y los teatros, los cortejos fúnebres, el traqueteo del metro, el griterío de los mercados al aire libre... todo está dentro de los 450 kilómetros de altura de la atmósfera. Sobre la corteza que o bien sobresale o bien se hunde, a través de innumerables caminos, carreteras anchas o estrechas: la vida se despliega en esa delgada capa de 450 kilómetros. Con vehemencia o con despreocupación, reímos, hablamos, enfermamos y bailamos en ese pequeño espacio. Todo lo que abrazamos, con esfuerzo y valentía, se encuentra encerrado en esta delgada atmósfera. Hasta el momento de nuestra muerte, e incluso después de nuestra muerte, el cuerpo no puede escapar. Solo las miradas, los pensamientos y las conciencias nadan como extrañas criaturas o como espíritus en el vacío oscuro entre las nebulosas.

Si el tío pudiera oír lo que acabo de pensar, sacudiría la cabeza. Esbozando aquella dulce sonrisa que arrugaba las comisuras de sus labios, habría dicho en voz baja, con timidez, como si se disculpara:

–Ahora ya no es así. Tenemos la sonda Voyager.

A medida que las imágenes enviadas por la nave lanzada al espacio en 1978 salían publicadas en periódicos y revistas científicas, el tío recortaba las que más le gustaban y las pegaba en la pared ante la mesa de su taller. No era una persona escandalosa. Todo lo contrario, si estaba profundamente conmovido o algo le impactaba, apenas hablaba. A menudo lo veía sentado ante esas fotografías sin decir nada. Solo una vez me dijo:

–Dentro de cincuenta años, la Voyager abandonará nuestro sistema solar y, a partir de entonces, navegará sin detenerse a través del infinito vacío que hay entre las estrellas… Cuando haya terminado de dar la vuelta alrededor del centro de la galaxia, en la Tierra habrán pasado varios cientos de millones de años.

Cojo el libro y lo coloco en la estantería. Meto las notas en el cajón de mi mesa y llevo a la cocina la taza con restos de café seco en el fondo. Voy a por un trapo húmedo y limpio el polvo de la mesa. Me recojo el pelo en una coleta y me siento con la silla bien pegada a la mesa. Cierro el portátil y lo guardo bajo la mesa, dejando encima únicamente un lápiz y hojas de papel blanco A4. Aunque uso el ordenador, siempre que empiezo a escribir lo hago en papel. Es un hábito que me quedó de la época en que escribía obras teatrales. Escribo con la mano izquierda, que no había vuelto a usar desde que mi madre me azotaba para impedirme usarla cuando era pequeña. Y escribo hacia la izquierda, como reflejada en un espejo.

La última obra teatral que escribí fue hace ocho años. Entonces, como ahora, lo que me mantenía económicamente era la traducción, ya fuera de libros infantiles y de cultura general o de guiones de musicales y novelas para el gran público. A un ritmo muy rápido, de dos páginas por hora, hacía traducciones que, si bien no se podía decir que fueran especialmente buenas, tampoco contenían errores importantes. Afortunadamente, nunca me ha faltado el trabajo. El hecho de que mis ingresos me alcanzaran para vivir con modestia tenía el lado positivo de que no me despertaba deseos innecesarios. No tenía ahorros ni seguros ni fondos para la jubilación, pero no me preocupaba. Si a veces alguien me sugería que volviera a escribir, le respondía con el silencio, como si no tuviera interés en ello. En realidad, no podía explicarle a nadie que el terror se adueñaba de mí con solo pensar en sentarme ante una página en blanco, el terror a ese momento en que la dichosa ceguera ante la vida, como la nieve que cubre la inmundicia, se derrite y deja al descubierto la podredumbre encharcada.

Sin embargo, en ese instante me encontraba sentada a mi mesa, dispuesta, por primera vez en ocho años, a escribir en la página en blanco.

¿Qué y de qué manera?

No tenía ni idea.

¿Acerca de Inju?

¿Acerca de su tío?

Sobre los dos.

Fuera como fuese, sería algo muy diferente de lo que había escrito Kang Seogwon, algo con verdades muy distintas.

Lo único que sabía era que mis palabras no serían tan pulidas como las suyas, tampoco tan sólidas ni coherentes.

No resumas tu vida como te dé la gana. No hables sin saber. Cierra esa maldita boca que tiembla de amor.

No sé tartamudear. Tampoco gritar. Mis palabras se enfrentarán a las suyas. Me haré trizas y lo haré trizas. Me romperé y lo romperé en mil pedazos.

En el silencio de la madrugada, se oye el tren de mercancías que recorre las vías férreas a dos calles de distancia. La barrera está baja y suena, ansiosa, una estridente campana de advertencia. Pulverizando con decisión ese frágil sonido, el tren pasa rugiendo. En medio de la quietud hecha pedazos, oigo el tictac del segundero de mi reloj, girando inexorablemente.

Tengo sed.

¿Bebemos agua cuando la vida se consume porque el agua es vida? ¿Porque la mayor parte de nuestro cuerpo está compuesta de agua?

Me levanto y me acerco a la mesa de la cocina. Mientras me sirvo agua de la botella, decido que mañana iré al taller de Inju. Si es necesario, llamaré a un cerrajero y entraré cambiando la cerradura. Miraré a mis anchas los cuadros de su tío –mejor dicho, los cuadros de Inju–, porque debo verlos para comprenderlos, porque debo comprenderlos para poder escribir.

Eso será mañana durante el día, cuando Kang esté en la universidad o en la calle. De momento, a pesar de que no comprendo nada, tengo que recordarlo todo. Tengo que soportar el silencio, el tiempo que se prolonga en la eternidad.

El agua fría baja por mi garganta. Pasa por el pecho y se queda dentro del cuerpo. Miro el cuenco blanco cerca de la puerta del balcón. ¿Seguirá viva? ¿Las arañas hibernan? ¿Dormirá plácidamente y se despertará cuando la luz se cuele por debajo del recipiente? ¿Se moverá de nuevo con su tranquilo y espeluznante paso?

Cierro los ojos con fuerza. Tengo la imagen de la araña, paseándose por el suelo con sus ocho patas negras, gruesas y peludas, grabada bajo mis párpados. Abro los ojos y me dirijo con paso decidido al cuenco de porcelana. Me agacho apoyando una rodilla en el suelo, extiendo el brazo y le doy la vuelta al cuenco.

2

EL TIEMPO DE PLANCK

En el libro *Maestros de Huainan*, escrito en el siglo II, durante la dinastía Han, se dice que en los tiempos primigenios, antes de que se formaran el cielo y la tierra, todo estaba a oscuras, sin forma alguna, como en penumbra. Las canciones chamánicas de Jeju hablan de que el cielo y la tierra estaban mezclados y todo estaba oscuro. En el *Clásico de las montañas y los mares*, este caos se describe como un pájaro con el cuerpo rojo como una brasa encendida, seis patas y cuatro alas, un pájaro al que le gustaba cantar y danzar. ¿Cómo habrán sido el canto que entonaba y la danza que ejecutaba ese caos? ¿Una canción sin melodía ni ritmo? ¿Un baile sin coreografía? ¿Ese amasijo febril anterior al canto y a la danza habrá sido una especie de torbellino al rojo vivo? En la antigua mitología babilónica, el joven dios Marduk mató a Tiamat, caos y madre de todos los dioses. A partir de su cuerpo partido por la mitad creó el cielo y la tierra, y con la cabeza creó las montañas y los ríos. El dios mongol Otchirvarni capturó a Losun, caos y serpiente del mar primordial, y, tras enrollarla tres veces en el monte Sumeru, centro del universo, le estrelló la cabeza contra la cima. Pangu, el gigante dormido de la mitología china, nació rompiendo el huevo de los orígenes, lo que liberó la energía clara que formó el cielo y la energía turbia que formó la tierra. Y mucho después, Zhuangzi dijo que Caos murió a raíz de los siete orificios que le practicaron Shu y Hu.

Ya sea un pájaro de fuego, una serpiente que habita en el mar primordial o el huevo de los orígenes, el caos siempre muere. Muere con la cabeza aplastada, rota en pedazos o agujereada. A partir de su cuerpo muerto, se separan el cielo y la tierra, y nacen los árboles y los animales.

Según lo que aprendí del tío y de los libros que solía leer, el origen del universo puede explicarse mediante los conceptos de la mecánica cuántica. El concepto clásico de espacio-tiempo, en el que podemos hablar de delante y atrás, pierde todo sentido al referirnos a antes del principio de los tiempos. Antes del nacimiento del universo, la energía era cero, pero el espacio-tiempo se agitaba sin descanso en un estado de caos cuántico, creándose y destruyéndose una y otra vez. En un momento impredecible, una estructura atraviesa la pared de energía y comienza a crecer. Es a partir de ese momento cuando se aplican los conceptos clásicos de tiempo y espacio. En el poco tiempo que tardó el extenso caos en dividirse y crear el cielo y la tierra, el universo se expandió con rapidez y se creó la materia. De un modo asombrosamente parecido al mito, eso ocurrió en el llamado «tiempo de Planck», 10^{-43} segundos, en ese instante del instante.

Nací el 27 de noviembre de 1970. Nueve meses antes de esa fecha, mis padres se unieron y, en un momento impredecible, una célula invisible a simple vista se dividió y expandió. Fue el instante en el que, atravesando la barrera de la materia, brotó la vida.

La primera vez que le dije la fecha de mi cumpleaños, el tío se quedó pensativo por un momento y luego sacó de la estantería un grueso libro de arte. Poniéndose guantes para no lastimarse las manos, empezó a pasar las cortantes páginas.

–Es sobre el pintor Mark Rothko –explicó–. Nació en Rusia en 1906, a los nueve años de edad se exilió con su familia en Brooklyn y murió el 25 de febrero de 1970. Eso significa que a ti te concibieron alrededor de la fecha en que él murió.

Me quedé mirando la fotografía de uno de sus cuadros. La tela estaba dividida por la mitad, de tal manera que dos grandes rectángulos de diferentes colores se fundían y entremezclaban con el fondo.

–Para que los colores se fundieran, utilizaba esponjas en lugar de pinceles.

Me sorprendió sentir que el choque de los colores era como las emociones que emanan del interior del ser humano. También me extrañó que una composición abstracta tan sencilla pudiera expresar de un modo tan dramático la intensidad del caos infinito que acaba de desgarrarse y se desangra.

–Este artista no estudió pintura a la manera convencional. Pintó telas muy grandes para la época, algunas incluso cubrían toda una pared. Explicó que pintaba de ese modo porque quería convertirse en un ser íntimo y cálido. Dijo que pintar un cuadro pequeño era como ponerse fuera de la experiencia y mirar esa experiencia a través de una lupa o una lente de aumento; en cambio, pintando un cuadro grande, se sentía dentro del lienzo, y entonces ya nada era abarcable de un solo vistazo.

A medida que iba pasando las páginas del libro, los colores de Rothko se fueron oscureciendo. Los cuadros de sus últimos años estaban hechos de azules profundos, negros, grises y marrones oscuros. Los lienzos divididos parecían la tenaz confrontación de un espíritu oscuro con otro todavía más oscuro. Entre unos y otros, destacaban unas pinturas de colores tan claros y brillantes que llegaban a causar inquietud.

–¿Cómo murió? –pregunté de repente.

El rostro sereno del tío se volvió serio.

–Se suicidó a los sesenta y cuatro años. Lo encontró su ayudante en la cocina de su taller, con las venas de ambas muñecas cortadas.

–¿Por qué lo hizo?

–No lo sé.

—¿Qué quería pintar?

—Quién sabe —respondió el tío con una sonrisa amarga—. Alguna vez dijo que pintaba la totalidad de la experiencia humana... En realidad, nunca he visto sus obras con mis propios ojos. Con las pequeñas fotografías de este pequeño libro es difícil sentir alguna emoción, así que recurro a la imaginación. Me pregunto qué hizo para asegurarse de que algo más que el color, la totalidad de la experiencia humana según él, impregnara la tela. Imagino cómo se verían los enormes cuadros que insistió en colgar en lugares poco iluminados y parecidos a santuarios; cuadros que hacían castañetear los dientes, sollozar... o hincarse de rodillas en el suelo frío para rezar.

Esa tarde, mientras volvía a casa, me pareció ver los cuadros de Rothko en el suelo de tierra del callejón. Su fotografía pasaba ante mis ojos: un hombre de origen judío, con aire un poco serio, rostro corriente y entrado en carnes. Pensé que en el instante en que él moría debió de crearse la primera célula de mi ser. Sin que ni siquiera mi madre lo supiera, debió de crecer como un punto de color rojo claro en su útero. En ese preciso momento, a finales de febrero en el hemisferio norte, las manos de Rothko aún no se pudrían bajo la tierra fría.

El empinado callejón del barrio de Suyuri serpenteaba como un gigantesco anélido. Al llegar a la casa de Inju ya estaba sin aliento, y luego de ascender jadeando otro trecho semejante, allí estaba la pequeña y vieja casa de ladrillos, de una sola planta, donde nací y crecí.

Mi madre tenía un pequeño restaurante cerca de nuestra casa, enfrente de la universidad femenina. Era un local en un sótano donde se vendían platos occidentales y que solo contaba con diez mesas pequeñas. La mayoría de las universitarias eran de condición modesta y solían marcharse en cuanto terminaban las clases de la semana, y los excursionistas que venían los sábados y los domingos preferían ir a las tabernas de *makgeolli*, así que mi madre siempre estaba buscando la manera de atraer a más clientes. Durante las vacaciones me hacía repartir, ante la entrada principal de la universidad, folletos que decían: «Menú especial de almuerzo: *tonkatsu* a 1.900 wones, postre incluido». Mi madre abría el restaurante desde las diez y media de la mañana hasta la una y media de la madrugada. A veces, cuando había clientes trasnochadores que se quedaban bebiendo, volvía a casa pasadas las tres de la mañana. Solo tenía dos días libres: el Año Nuevo Lunar y Chuseok. En comparación con las cafeterías de los alrededores, la clientela era estable, pero, a pesar de todo el esfuerzo que mi madre hacía, las ganancias eran escasas. Sin embargo, mi madre no podía dejarlo aunque quisiera, pues no se fiaba de los negocios que emprendía mi padre, que nunca duraban más de un año.

Naturalmente, las tareas domésticas recaían en mí. Con lo machistas que eran mi padre y mi hermano mayor, no podía esperar que me ayudaran. Mi día empezaba al amanecer, cuando me levantaba para preparar los almuerzos de mis dos hermanos y el mío. A la luz azulada del alba, que se colaba por la cocina orientada al este, picaba ajo y condimentaba carne de cerdo. En invierno, el kimchi guardado en una tinaja enterrada en el patio estaba tan frío que me producía escalofríos, incluso con guantes de goma. Mi madre estaba siempre agotada y olía a una mezcla de tabaco y parches para el dolor muscular, por tanto yo no me quejaba. Los fines de semana iba a ayudarla al restaurante, donde me pasaba horas agitando la enorme olla de sopa para que no se pegara, me sentaba a la caja para cobrar a los clientes o servía los platos con un delantal de volantes. Una vez derramé la mitad del contenido de la olla de sopa al cambiarla de sitio. Por suerte, no me quemé, pero resbalé en el suelo de baldosas y tuve que ir al acupunturista durante varios meses por el dolor de espalda.

Del mismo modo que el restaurante era un simple local de comidas oscuro y pequeño en un sótano, mi madre era una mujer desaliñada y envejecida que no parecía ser la propietaria. Era de pocas palabras, y su cuerpo macilento y ensombrecido por el cansancio era incapaz de echar carnes. Cuando estaba agotada, le salían ampollas en el labio superior, que con el tiempo se extendían al labio inferior y se convertían en costras rojas. Mi temor más secreto era ser como ella: alguien que soporta la vida con infinita paciencia, alguien que jamás dice quiero hacer esto o quiero tener aquello, alguien que obedece incondicionalmente a su marido, alguien que siente veneración por sus listos y guapos hijos varones.

La única persona que tenía mi madre en este mundo, la única a la que podía pedirle un favor, era yo. Un día que el restaurante se inundó por la lluvia, fue a mí a quien llamó a gritos, como si aullara de dolor: «¡Trae periódicos viejos, rápido! ¡Todos los que puedas!». Llené una mochila de excursionista, cogí un paquete en cada mano y los envolví en un paño, y corrí las dos paradas de autobús que me separaban del restaurante, sudando a mares. Todo ese domingo, el día anterior a los exámenes parciales, no hice otra cosa que cubrir el suelo del restaurante con periódicos y fregar las escaleras.

Nunca le guardé rencor a mi madre, nunca le pedí nada y tampoco deseé que corrigiera ninguno de sus defectos. En ese sentido, de sus hijos yo era la que más se parecía a ella. Para mí, ella era mi talón de Aquiles, el arquetipo del sufrimiento, alguien que siempre despertaba mi instinto de protección.

Recuerdo que las manos del tío se parecían a las de mi madre. El día que lo conocí en casa de Inju, me sorprendió ver unas manos así en un hombre. Manos manchadas de tinta negra, manos que cocinaban, manos que acariciaban la cabeza de su sobrina como de pasada, manos ásperas y rugosas, manos con moretones azulados en el dorso, manos de alguien que ha aguantado mucho, manos que de repente quería tomar entre las mías, para comparar el tamaño y la temperatura.

Hace rato que estoy sentada en la oscuridad.

Pensaba encender la lámpara de la mesa en cuanto ordenara mis ideas, pero todavía no estoy lista.

Cuando apagué la luz, la oscuridad tardó en revelar sus partes y su textura, pero ahora deja ver cada uno de sus huecos y capilares. En la oscuridad reina la calma. Los objetos, con sus contornos vagos, redondeados o angulosos, permanecen en silencio. Lo único que no se calla son los recuerdos.

En la estantería, las agujas fosforescentes del despertador marcan las cuatro y media. He de hacer una llamada. Si no llamo ahora, tendré que esperar doce, o bien veinticuatro horas. Hay una diferencia horaria de tres horas con ese lugar, así que allí son las siete y media y ya ha amanecido. La gente se estará preparando para ir a trabajar o ya habrá salido de casa.

Justo cuando extiendo la mano para encender la lámpara, suena el móvil. Cojo el aparato, que está cargándose. El número que aparece en la pantalla tiene el prefijo de un distrito de Seúl. Me quedo mirando la pantalla parpadeante y pulso el botón para atender la llamada.

–¿Hola?

Hay silencio al otro lado de la línea. En lugar de apremiar a quienquiera que sea repitiendo el hola, me quedo esperando. Las agujas fosforescentes del reloj despertador siguen marcando las cuatro y media. Las personas que llaman a esta hora o bien son amantes, o bien enemigas. Alguien que no ha hecho más que dar vueltas en la cama imaginando insultos, alguien que ha perdido la razón por el dinero que le deben, alguien que ha decidido matar o matarse por un amor no correspondido. *Vamos, dime qué te quita el sueño. ¿Qué pecado cometiste? ¿De qué te arrepientes?*

Tras cuatro o cinco segundos de silencio, cuelgan. Enciendo la lámpara. Anoto en la libreta el número de teléfono y añado un signo de interrogación apretando mucho el lápiz. Quizá sea de la casa de Kang Seogwon, o del taller de Inju. O de alguien que se ha equivocado.

Todavía es pronto para saberlo, porque no sé nada sobre Kang.

Si ha sido él quien llamado, ¿por qué lo ha hecho?

El silencio se ha roto. Dejo a un lado el móvil, que puede

volver a sonar, y observo el papel con el número de siete dígitos con el prefijo nacional de Australia seguido del regional.

Lo ideal sería que Minseo atendiera el teléfono y respondiera sorprendido: «¿Eres tú, tía?». «Sí, soy yo. Perdóname por no haber podido llamarte antes». Antes de que terminara la frase, oiría la voz de un adulto preguntando: «¿Quién es?». Si fuera Jeong quien cogiera el teléfono, le diría: «Soy amiga de la madre de Minseo y llamo porque quiero preguntarle algo. Le escribí un correo electrónico, pero no me ha contestado».

Todavía no ha amanecido. El sonido de las manecillas del reloj me taladra los oídos. Dejo el papel con el número y me levanto. Apago la lámpara y todo vuelve a sumirse en la oscuridad.

La oscuridad no es pesada ni sólida. Tanteando en la oscuridad, ligera como la muda de una serpiente, busco el tirador de la puerta del armario. Saco una chaqueta, que cruje con solo rozarla, y me la pongo sobre el jersey. Levanto la barbilla y subo la cremallera hasta el cuello. Salgo al vestíbulo y me pongo las zapatillas. Me agacho para anudarme bien los cordones y me cubro bien con la capucha de la chaqueta. Abro la puerta y salgo al frío.

Hace alrededor de un año, cuando todavía vivías en tu cuerpo, una tarde larga y tranquila en que estábamos en la cocina, pronunciaste mi nombre. Yo estaba de espaldas, cortando el kimchi en la tabla de madera.

Al darme la vuelta, estabas mirándome, sentada a la mesa, con una mano entre los cabellos y la otra bajo el mentón. Esa tarde me pareció extraño que no fuéramos de la misma familia, esa tarde sentí una felicidad inmensa por estar a solas contigo, al verte desprevenida y dejándote observar por dentro, y todo fue tan natural que hasta me pareció misterioso.

Lentamente, buscando las palabras adecuadas e intercalando silencios, me dijiste:

¿Sabes, Cheonghee? Cuando alguien dice que me quiere, siento algo extraño…

Cuando un hombre me dice que me quiere, puede que esté pidiendo que lo quiera, puede que esté malinterpretando mis sentimientos, puede que quiera que renuncie a muchas cosas por él, puede que simplemente quiera poseerme o incluso doblegarme para que me adapte a su cuerpo, o puede que quiera que lo proteja del terrible vacío y la soledad que siente…

Por eso, cuando alguien dice que me quiere, lo primero que siento es miedo.

El día que la vi por primera vez, Inju corría por la pista de atletismo del colegio después de clase. Tenía trece años, un año más que yo, y era una velocista de la que nadie habría imaginado entonces que más tarde se convertiría en pintora. Cuando estaba en sexto de primaria, había ganado la medalla de plata en la competición de atletismo infantil como representante de Seúl. Alta y con unos rasgos bien definidos y andróginos, era admirada por muchos niños.

Mientras cruzaba la pista en dirección a la puerta del colegio con la niña que ese día me había tocado de compañera de limpieza, y que me hablaba con entusiasmo de una cosa y de otra, no podía apartar los ojos de Inju. Sus cabellos cortos se agitaban al viento. Pese a lo rápido que corría, se veía tranquila y no parecía jadear en absoluto. Era extraño. Su cuerpo parecía ligero, como si sintiera menos la gravedad que otras personas. Corría como si estuviera haciendo un ejercicio de calentamiento antes de ponerse a volar. En un momento dado despegaría y planearía por el aire, estirando con ímpetu sus largas piernas, con expresión serena, sin esfuerzo aparente.

Cuando, a los veintiún años, estando en su cocina, le conté que había empezado a correr, Inju esbozó una sonrisa vaga. Pero al oírme decir «Cuando corro, no le tengo miedo a nada», su sonrisa se desvaneció. «Ya no soy esa que tú crees, ya no volveré a enfermar ni a vomitar. Voy a correr olvidándome de todo. Voy a conocer a un montón de hombres, me dejaré llevar y me revolcaré en el barro. Y no me pasará nada».

Inju se levantó despacio y se acercó a la sartén en la que el aceite empezaba a chisporrotear. Lo hizo cojeando despreocupadamente con la pierna izquierda, algo que normalmente se esforzaba por ocultar. Inclinó la cabeza y me fijé en que su estructura ósea, desde la nuca hasta los hombros, era estrecha y recta como la de su tío.

Tras colocar con cuidado los *mandu* en la sartén para que el aceite no salpicara, se giró bruscamente y me dijo:

–Me alegro.

Y me sonrió como si mintiera, con la vivacidad infantil que aún conservaba en aquella época y, al mismo tiempo, la cara de resignación de quien ha envejecido de repente.

Es como si me hubiera convertido en un pez. El aire que respiro parece agua azul. Respiro con las branquias en lugar de los pulmones. Los árboles negros, aún dormidos, se agitan. Oigo los ruidos que emite mi cuerpo: mi respiración, mis pasos, los latidos de mi corazón a punto de estallar. Siento el sudor caliente que se acumula en mi espalda como si fuera una aleta.

Al acercarme a las personas que esperan el primer autobús en la parada, aminoro el paso. Esas mujeres de mediana edad que llevan la cabeza envuelta en un pañuelo de colores y visten pantalones acolchados deben de encargarse de la limpieza de algún edificio. Me duele verlas dando golpecitos en el suelo con los pies congelados en la penumbra de la madrugada. La imagen de mi madre volviendo a casa después de medianoche con olor a parches para el dolor muscular y a tabaco rancio aparece y luego se desvanece. Aunque no corro, cuando paso junto a ellas camino rápido para alejarme pronto.

Para cuando mi madre cerró por fin el restaurante, la artritis de sus rodillas había empeorado de un modo irreversible tras una década de tormentos. Cuando la visitaba en casa de mi hermano, donde criaba a sus nietos, le cogía las manos arrugadas y sentía un dolor secreto porque sabía que las personas que envejecen son como niños pequeños. Y volvía a ver a la niña que gritaba, con la mano crispada sobre el auricular del teléfono: «¡Rápido, tráeme periódicos! ¡Todos los que puedas!».

Con el rostro de alguien que ha sido engatusado y chantajeado a conciencia por las zanahorias y los palos que da la vida, mi madre languidecía en una pequeña habitación de la casa de su hijo mayor. Cuando sentía su olor, tumbada junto a ella en el suelo caliente, no podía evitar pensar que para ella la vida no había sido más que una sucesión de actos violentos. ¿Con qué tipo de esperanza la habría engatusado? ¿Con un matrimonio pacífico, el éxito de sus hijos varones, una boda feliz para su hija, una plácida vejez junto a su marido? Aunque al final sus rodillas se resintieron tanto que no pudo subir ni bajar las escaleras, jamás se quejó de la vida que le había tocado.

«Plásmalo todo en una pincelada –decía el tío–. Piensa que todo lo que has vivido solo necesita un trazo para expresarse. La naturaleza, las personas que te criaron, los perros que tuviste, la comida que comiste, los caminos que recorriste… Todo eso está dentro de ti. Piensa que la persona que dibuja ese trazo con el pincel que sostienes en tu mano es la misma que ha adquirido todas esas experiencias y emociones plenas…».

Negué con la cabeza porque nunca me había considerado alguien con experiencias y emociones plenas. Sin embargo, la primera vez que pinté un trazo, conteniendo la respiración, me di cuenta de que en mi cuerpo había un espacio del que no era consciente; mi interior estaba lleno de bultos y agujeros retorcidos e irregulares. A medida que trazaba otras líneas sin decir nada, me venían a la mente pequeños recuerdos en los que no había pensado y que desaparecían enseguida, barridos por el silencio. Recordaba haber visto llorar a mi madre mientras la observaba a escondidas, en la mesa de la cocina a altas horas de la noche; haber cerrado la puerta del baño para escribir con la mano izquierda las palabras «estúpido» e «idiota» en el espejo empañado; la áspera palma de la mano de mi madre un día que me froté los ojos después de pelar ajos y ella me sumergió la cara en una palangana, y haber abierto por primera vez los ojos dentro del agua.

El pájaro blanco del sueño cantaba despreocupadamente, como si esa fuese su tarea, como si esa fuera su naturaleza. No era un canto triste ni desesperado, pero, mientras lo entonaba, el color blanco desaparecía de la parte superior de su cabeza como los granos de un reloj de arena, como obedeciendo tranquilamente la ley de la gravedad, como acariciando en silencio el paso invisible del tiempo.

En el sueño, creo que me quedé allí esperando el momento en que el pájaro desaparecería por completo, queriendo sentir el atronador silencio que se produciría en ese instante. Sin embargo, cuando por fin abrí los ojos en la oscuridad estaba helada, pero contenta de haberme despertado antes de que el pájaro hubiera desaparecido.

¿Qué significaba aquel sueño? ¿Significaba que volvería a escribir? Sin embargo, no quería escribir sobre mí, no tenía la intención de vaciarme como aquel pájaro. Quería escribir sobre Inju, sobre el tío y los cuadros que habían pintado. Eso era todo. Solo porque ellos vivían en mis recuerdos, todos sus olores, sonidos y colores acudían en tropel.

¿Podré dormir?

¿Podré abrirme paso entre esos pedazos rotos sin cara, sin voz y sin pisadas, aferrándome únicamente a las precarias barandillas de mi memoria?

Avanzo pisando las baldosas oscuras. En la penumbra del amanecer, el hielo incrustado en las grietas de la acera brilla y cobra vida. Arrastro los pies, mientras el aliento se esparce en el aire como una llama blanca.

Me detengo para contemplar la cresta de la montaña que se ve al este, más allá del paso elevado. El frío me recorre la espalda al secarse el sudor. Poco a poco, la silueta de la montaña se vuelve más nítida.

Como al tío, a Inju le gustaba este momento del día. Disfrutaba del silencio y de la luz azulada, de la hora azul, de ese temblor como un pequeño terremoto en el que los secretos de la noche dan paso a la claridad del día, del frío que tiñe de azul hasta la sangre y los huesos, del momento en que la temperatura de los durmientes está en su punto más bajo, cuando la superficie de la tierra está más fría.

Esa hora se desvanece lentamente en los veinte minutos que tardo en volver sobre mis pasos hasta mi casa. Las calles recuperan su color natural, como si nunca se hubieran confundido con la oscuridad. Despojadas de sus secretos, parecen desnudas. Es como si, con esa desnudez, preguntaran algo con apremio.

Emerges de la esquina de un callejón oscuro. Tu cuerpo largo y delgado, el estrépito de tus zapatos, tu pelo corto moviéndose. Vienes con pasos despreocupados. Más oscura que la oscuridad, dándole la espalda a la luz, te vas acercando. Es extraño. Mejor dicho, es natural. No hay rastro de lágrimas en tu rostro. No hay sangre fluyendo ni sangre seca. Paso junto a ti. Camino con los ojos cerrados. Con la boca cerrada.

El reloj de la pared todavía marca las ocho y diez. El balcón, que da al oeste, aún está oscuro.

¿Tengo hambre?

¿O no tengo hambre?

Pongo en el filtro lo que queda de café molido. Me quedo de pie escuchando cómo caen las gotas negras en la cafetera. Se oye un golpe en el vestíbulo, pero no salgo corriendo al rellano. No miro por la mirilla temblando entre el miedo y la expectación. Suena otro golpe. Es el chico del apartamento contiguo, que abre y cierra de una patada la puerta de su casa al salir. Nadie que estuviera vivo llamaría a mi puerta a esta hora.

Vierto café hasta la mitad de la taza y lleno el resto con leche de la nevera. Me bebo de un trago ese líquido que no es ni café ni leche y me siento en mi mesa. Miro un momento el papel, que sigue en blanco, y lo aparto. Me levanto y subo la persiana. Por la ventana veo el lúgubre edificio de apartamentos de enfrente y también a un grupo de niños de jardín de infancia esperando el autobús; llevan abrigos de colores brillantes y mochilas a la espalda que les hacen parecer caracoles gigantes. Los rayos del sol invernal caen como lluvia sobre sus cabellos.

Dejándome llevar por un impulso, cojo el teléfono y empiezo a marcar el número. Los doce sonidos mecánicos que produce el teclado componen una especie de melodía extraña. Unos segundos después, oigo el tono de llamada. Una vez, dos veces, tres veces... Después de contar hasta diez, cuelgo. Me tiemblan las manos. En ese lugar, donde ahora debe de ser mediodía, el teléfono lleno de huellas dactilares de Minseo deja de sonar.

–Tía, déjame escuchar tus latidos.

Minseo se quedaba largo rato con la oreja pegada a mi pecho y luego levantaba la cabeza con las mejillas sonrosadas. A continuación, yo apoyaba mi oreja sobre su pecho, luchando contra el extraño impulso de abrir mi blusa y enterrar la cara del niño contra mis pechos desnudos. Su corazón latía con regularidad y su suave ropa de verano olía a recién almidonada.

Una vez cumplido este rito, que realizábamos siempre que nos veíamos después de mucho tiempo, cada uno volvía a lo suyo. Yo me ponía a hervir una sopa y a asar un pescado antes de que volviera Inju; mientras, Minseo montaba una camita o una mesa con un martillo y una llave inglesa de madera que sacaba de una caja de juegos didácticos.

–Tía, ¿vienes a jugar conmigo?

–Claro, después de poner esto al fuego.

–¿Has terminado, tía?

–Claro, ya voy.

–Me siento solo. Abrázame.

Entonces apagaba el fuego y lo abrazaba. El niño respiraba a grandes bocanadas contra mi pecho, como un pececillo de vuelta en el agua.

–Echo de menos a mamá.

–Claro, vendrá enseguida.

–Cuando se os ponga el pelo blanco a ti y a mamá, y no tengáis fuerzas, voy a jugar con vosotras a menudo para que no os aburráis.

–Claro. Gracias, Minseo.

–No digas «claro» todo el rato. Si se te llenan de lágrimas los ojos otra vez te regañaré.

Tras deambular de aquí para allá por los rincones de la sala, me muerdo el labio y me siento a mi mesa. Abro de nuevo el libro que guardé en la estantería. Busco la parte que subrayé hace mucho tiempo y la releo rápido, como devorándola:

> ¿Qué edad tiene el universo? Basándonos en la edad de los astros más antiguos, se estima que el universo tiene unos 15.000 millones de años. Por ejemplo, en nuestra galaxia hay cúmulos globulares en los que se agrupan cientos de miles de estrellas. Todas tienen más de 10.000 millones de años, pero no es posible encontrar ninguna con más de 15.000 millones de años.
>
> Aunque el espacio cósmico sea infinito, como la edad del universo es finita, también es finito el universo que podemos ver. Cuando «vemos» algo, en realidad estamos percibiendo la luz que emana de ese objeto. Dado que la velocidad de la luz es

de 300.000 kilómetros por segundo, es decir, es finita, no podemos ver estrellas que estén más lejos que la distancia que ha recorrido la luz en 15.000 millones de años. Teniendo en cuenta que el espacio se está expandiendo, se estima que el tamaño del universo visible para nuestros ojos es de aproximadamente 39.000 millones de años luz. Este es nuestro horizonte cósmico. La luz emitida por las estrellas situadas más allá de este límite solo nos llegará en el futuro.

Cuanto más nos adentramos en el mundo de la astrofísica, más nos damos cuenta de que el espacio y el tiempo se confunden. Una estrella que titila en la lejanía de la bóveda celeste pertenece a un pasado muy antiguo y quizá ya haya dejado de existir. Cuanto más lejos están los cuerpos que vemos, más nos hacen retroceder en el tiempo. El horizonte cósmico es el límite de lo que podemos ver, el punto más lejano en el tiempo al que podemos llegar. Si no existiera ese límite, podríamos incluso asistir al nacimiento del universo.

Era otoño y yo tenía quince años. Después de leer con frenesí varios libros que tomé prestados de la biblioteca del taller, incluido este, anoté en un papel una serie de preguntas para hacerle al tío.

–Entonces… ¿en su origen el universo está compuesto por una única materia? ¿Quiere decir eso que, según cómo se combinan los neutrones con los protones, se forman el nitrógeno, el carbono y todo eso? Este papel, la pared, un cuerpo humano, el agua… ¿todo?

–Sí, así es –me respondió, indiferente–. Son las mismas perlas y todo depende de cómo se ensarten.

En ese instante, noté que me mareaba y lo miré a los ojos. Me pareció un milagro prodigioso que nuestros cuerpos estuvieran hechos de la misma materia, de las mismas partículas.

–Pero este libro… dice que esas partículas están casi vacías…

–Así es.

–Entonces, $E=mc^2$ quiere decir que…

–Que, aunque estén vacías, no lo están realmente, puesto que están llenas de energía. La fórmula que acabas de citar es la equivalencia entre energía y masa.

–Como por ejemplo el vapor, que parece que no existe, pero que se convierte en agua y en hielo cuando la temperatura desciende, ¿no?

–No sé si es el mejor ejemplo, pero es algo parecido.

–Entonces, si existiera un ojo capaz de ver simultáneamente varios estados del universo, incluido el tiempo, el universo sería un punto… el punto anterior al Big Bang, que ni siquiera es un punto, que está vacío pero que no está realmente vacío… Entonces el hecho de que estemos vivos…

Dejó de sonreír y me miró. No sé cómo explicarlo, pero en ese momento pasaron por mi mente en rápida sucesión una extensa llanura erosionada, un río que se secaba y estrellas que explotaban. Experimenté ese instante intenso en el que todas las perlas, ensartadas de cierta manera, volvieron a ser una sola. Ese momento no fue ni triste ni doloroso, pero tampoco alegre.

Creo que fue a partir de aquel día. Porque me cogiste la mano, porque supe claramente que los elementos que formaban tu mano eran los mismos que los que formaban la mía. No, no estoy segura de nada de eso, pero no es porque haya pasado mucho tiempo, sino porque no encuentro las palabras para expresar con claridad lo que recuerdo de ti. Lo único que puedo decir es que no lo sé, que todo se me vino encima de golpe, que todo se infiltró, se extendió por mi cuerpo, al igual que los temblorosos vasos capilares de tus cuadros.

Hago una inspiración profunda. Hundo mi rostro en las páginas llenas de ilustraciones a color. Contemplo las llamas de la supernova que explota. Siempre que echaba de menos tus cuadros, me ponía a observar esta fotografía, ya que es el único fenómeno que pude encontrar en este mundo que se parecía a tu pintura.

Tengo que confesarlo.
No confío en mí misma.
No confío en mis lágrimas.
No confío en mi verdad.
No confío en mis recuerdos, en mi dolor.

En esos momentos en que no puedes creer en nada, en que todo se vuelve un espejismo y el mundo parece una cáscara fina, como la membrana blanca y opaca que rodea la clara del huevo, yo no creo en nada. No creo que la vida tenga ningún sentido, no creo en ninguna verdad ni que podamos ver este mundo tal y como es. Ni siquiera creo en ti. Así es. Lo confieso con duda y temor. Ni siquiera puedo creer que hayas existido, que alguna vez hayas estado a mi lado.

Salvo este libro, tiré todo lo que me regaló. Incluso los dibujos que pintó para que me sirvieran de modelo en el examen de ingreso en la facultad de Bellas Artes: el jarrón de barro y el ramo de crisantemos, la flor de iris y la zapatilla, la cebolla y el pescado seco, los rábanos que comenzaban a brotar. Me mostró la técnica dibujando hojas de orquídea y cañas de bambú, y, para enseñarme a controlar el matiz de la tinta y la intensidad del color, me pintó innumerables puntos brillantes.

También tiré los trozos grandes y pequeños de papel reciclado con sus anotaciones, un mechón de su cabello que había guardado con la admiración y la pasión propias de la edad, e incluso una de sus pestañas, que había pegado con cinta adhesiva en una agenda.

Entonces no sabía que los agujeros que se abren en la vida cuando alguien muere no cicatrizan por mucho esfuerzo que hagas y que es mejor mirarlos de frente para acostumbrarse a ellos. No sabía que aunque huyeras y te fueras a vivir lejos durante mucho tiempo, esos agujeros seguirían allí y que nunca se cerrarían.

–Come algo –me diría Inju, enfadada, si ahora estuviera aquí–. Come primero y luego ya pensarás en todo lo demás.

Cogería un sushi de gambas y, con el gesto decidido de una mujer que ha criado a un niño, le arrancaría la cola, lo mojaría en la salsa de soja con mostaza picante y me lo pondría delante diciendo:

–Come, que me duele el brazo de sostenerlo.

Se le formarían unas arrugas finas en las comisuras de la boca y pequeños hoyuelos en las mejillas.

–Debes de ser una mutante –me dijo Inju, moviendo la cabeza–. Seguro que los genes de las personas sensibles como tú se habrán extinguido de manera natural durante la evolución.

Acabábamos de ver *La lista de Schindler* en el cine Daehan del barrio de Chungmuro. Yo tenía veintitrés años. No pude soportar las imágenes de la película, tan realistas que parecía un documental. Cuando salí del baño, donde había vomitado hasta la bilis amarilla, Inju me esperaba en la puerta con sus vaqueros azul claro desgastados en las rodillas y su bolso en un hombro y el mío en el otro. Al salir, el sol de abril brillaba. Todo me parecía deformado, como si me hubiera puesto alas de insecto en los ojos a modo de gafas. Aún presa de las náuseas, me senté en las escaleras y miré pasar a los transeúntes con aire distraído. Entonces, ofreciéndome la espalda, Inju me dijo de repente:

–Vamos, súbete… Te llevo.

No pude evitar reírme.

–¿No dijiste que ahora eras otra? ¿Que ya no eras la misma de antes? –De pronto Inju se frotó los párpados con los puños como una niña–. No sé qué voy a hacer contigo, de verdad. –Con los ojos húmedos y apretando los labios, me miró fijamente y repitió–: De verdad, no sé qué hacer contigo.

Ningún científico, por precisas y convincentes que sean sus teorías, ha podido afirmar con certeza cómo se originó el universo. Y mucho menos cómo será su fin. Es posible que el universo se expanda eternamente, sin principio ni fin. Es posible que todavía sigan produciéndose pequeños bigs bangs y que existan múltiples capas del universo al mismo tiempo. Entre las numerosas teorías sobre las que el tío y yo debatimos largo y tendido, mi favorita era que el universo en expansión alcanzaría un punto crítico y comenzaría a contraerse. Al encogerse rápidamente, volvería al estado original, a la nada, al caos. Pero antes de volver a ser un punto, ese caos, agitado por fluctuaciones como enseña la mecánica cuántica, pasaría por el tiempo de Planck y generaría una gran explosión.

No importa cuántos nacimientos hayan sido necesarios para que apareciera el universo actual. El universo existe en la eternidad, contrayéndose y expandiéndose una y otra vez. El tiempo, empujado a las orillas de la existencia, se rompe en la espuma blanca; luego retrocede y regresa como una ola enorme para estallar con estruendo. O quizá se mueve como el aleteo de una mariposa gigantesca. ¿Hacia dónde volará abriendo y cerrando sus alas?

Cuando todo se contraiga en un punto, cuando el tiempo, el espacio, la materia y la no materia se vuelvan uno, volveremos a encontrarnos. Eso quiere decir que nunca nos hemos separado. Que nunca morimos ni tampoco nacimos.

«Cállate», murmuro apretando los dientes. Ante el rostro hinchado de Inju, que respira con dificultad bajo la máscara de oxígeno, todo eso no es más que palabrería.

Saco del armario el jersey de cuello alto morado y el pantalón de lana negro. Aunque no las he usado en los últimos años, son las mejores prendas de invierno que tengo. Me peino y me pinto los labios del mismo color que el jersey. Me pongo el abrigo morado oscuro y me cuelgo al hombro un bolso grande de cuero. Me miro al espejo y veo una mujer decentemente vestida que nadie confundiría con una ladrona o una intrusa.

Antes de doblar y meter en el bolso el número de enero de *El espíritu del arte*, contemplo la página donde aparece la foto de Inju, que me mira con sus ojos grandes y serios. No creo que le cayera bien la persona que le tomó esa fotografía, ya que cuando se siente a gusto nunca frunce el entrecejo de esa manera.

Debieron de tomársela hace tres años. En esa época Inju llevaba el pelo muy corto, al punto de que se le veía el cuero cabelludo. Si hubiera querido suicidarse, habría sido en esa época, cuando le quitaron a Minseo por primera vez. En esta imagen en blanco y negro de su rostro en primer plano, sus ojos miran con tanta fuerza que parecen atravesar la lente de la cámara. Es la cara de alguien que no ha dormido en mucho tiempo, alguien que sabe lo que es no poder quitarse de encima el dolor. Me quedo observando esos labios apretados, el contorno decidido de su mentón, que parecen saberlo todo pero no quieren decir nada, que se niegan a suplicar. ¿Siempre tenía esa expresión por dentro y no la mostraba? ¿La ocultaba bajo su alegre rostro de niña, bajo sus ojos luminosos y vivaces y su voz sorprendentemente clara?

Bajo la cabeza y apoyo la mejilla en la foto. El brillante y delgado papel es liso como el hielo. Cuando tocamos algo muy frío, al principio parece arder. Ante esa sensación caliente y fría a la vez, cierro los ojos.

Ahora voy a ir tu taller.

Me pongo mis zapatos negros de tacones gastados. A punto de salir, me vuelvo hacia la sala donde, durante toda la noche pasada y hasta ahora, he deambulado sin rumbo como un insecto que ha perdido las antenas. Abro la puerta del apartamento con fuerza y salgo a la calle. El sol del mediodía invernal me hiere la frente con su gélido filo.

3

LA TINTA ES ROJA Y LA SANGRE ES NEGRA

En la clase de matemáticas, había dos conceptos que no terminaba de comprender: el cero y el infinito. Si se multiplica cualquier número por cero, se convierte en cero, como absorbido por un agujero negro; pero si se lo divide por cero, da infinito. Cuando pensaba en eso sentía vértigo, como si estuviera entre dos espejos colocados uno frente al otro que se reflejaran entre sí sin fin.

El que el universo haya nacido en algún momento implica que el cero se hizo infinito. El hecho de que el universo se expanda significa que el cero continúa ampliándose dentro del espacio. ¿Cómo es posible? La fuerza de expansión del Big Bang y la fuerza de atracción de la materia deberían haberse equilibrado hace mucho tiempo. Para mí era tan extraño como imaginar a una bailarina saltando que se hubiera quedado suspendida con el torso hacia arriba y las piernas hacia abajo, y en lugar de caer se elevara indefinidamente hacia el cielo, impulsada por una fuerza desconocida.

Mientras vertía agua caliente en tres tazas en las que había puesto un puñado de hojas de caqui, el tío dijo:

–¿No crees que te parece confuso porque piensas que el espacio vacío del universo es cero? Probablemente los peces piensan que el agua es un espacio vacío; también nosotros pensamos que la atmósfera está vacía, aunque respiramos el aire que contiene. Pero la atmósfera no está vacía. El viento sopla, los rayos caen, el aire ejerce una fuerte presión sobre nosotros... En cuanto al universo, si pudiéramos verlo con otros ojos, los ojos de una dimensión superior, entonces lo entenderíamos.

–Entenderíamos ¿qué? –pregunté con un suspiro, tartamudeando–. Es demasiado difícil... ¿Qué comprenderíamos?

–Tienes razón, es un tema difícil. Lo es también para mí.

Las tres tazas humeaban. En la sala, más allá de la puerta de la cocina, se oía silbar a Inju. Silbaba en un tono tan agudo que parecía que se interrumpiría en cualquier momento, pero no lo hacía. El tío levantó la vista hacia mí. La serenidad de su mirada me partió el corazón, pero sostuve esa mirada.

Ese otoño devoré esos libros difíciles que había tomado prestados de la estantería del tío. Como si fuera pan duro que se mastica hasta ablandarlo, leía y releía a solas hasta el absurdo. La Tierra sobre la que caminaba, con los pies firmemente plantados, era en realidad una combinación de electrones girando a toda velocidad. El espacio entre el núcleo y los electrones estaba tan vacío como una enorme catedral en la que se hubieran esparcido unos granos de sal por el suelo. Cuando estaba con el tío, todo eso me parecía un milagro natural y una realidad evidente, pero, cuando volvía a casa caminando sola, me invadía la incredulidad en cuanto enfilaba el callejón. ¿Cómo era posible que ese cero que caminaba pisando el cero de dentro del cero convertido en infinito vacío fuese yo misma? ¿Y que dentro de ese cuerpo hecho de nada mi corazón latiera bombeando sin cesar sangre roja y caliente?

«Hola», me saludaba el tío. A veces levantaba la vista y me sonreía, pero la mayoría de las veces ni me miraba. «Hola», contestaba yo, dejando la mochila con los libros y la fiambrera en el umbral de su taller del semisótano. Sacaba un delantal negro del cajón de debajo del fregadero, me lo ponía, y llenaba de agua un cubo de plástico manchado de tinta. A unos seis o siete pasos de sus cuadros, extendía en el suelo una manta y un paño blanco y empezaba a disolver en agua la barra de tinta frotándola contra una piedra. Cuando obtenía un líquido negro lo bastante espeso, empezaba a trazar líneas en el papel.

El olor a tinta lo invadía todo. Reinaba el silencio, solo perturbado por el roce de las mangas. Cuando mi corazón se apaciguaba y encontraba su ritmo, él llegaba sin que yo me diera cuenta y se ponía detrás de mí. A veces se quedaba en silencio y otras veces decía: «Sigue así». De vez en cuando comentaba con voz suave pero severa: «Esta línea está muerta».

La palabra «muerta» me hería como una puñalada. Entonces, con las orejas rojas de vergüenza, me masajeaba el corazón con el puño.

Un día que me estaba costando pintar me puse a hojear los libros de arte que cubrían toda una pared del taller.

–Haces bien –dijo–. Es mejor descansar cuando no te sale.

Al día siguiente, animada por esas palabras justificadoras, ni siquiera me molesté en disolver la tinta y pasé todo el día junto a la estantería, consultando libros, hasta la noche. No me di cuenta de que ya casi no se podían ver las láminas hasta que el tío encendió las lámparas fluorescentes. Tras dejar los libros en su sitio, le pregunté:

–¿Cuál de todas estas obras es tu favorita?

–No estoy seguro –dijo tras una pausa y, esbozando una sonrisa incómoda, añadió–: Tendría que pensarlo.

Creí que se había olvidado, pero unos días más tarde, cuando me disponía a disolver la barra de tinta, se acercó con tres libros de arte en la mano. De las tres láminas que me enseñó, el primero era *Sueño de un viaje a la tierra de las flores de ciruelo*, de An Gyeon. Era una pintura muy conocida que había visto por todas partes, incluso en los libros escolares, por lo que me decepcionó un poco. Cuando me contó que el príncipe Anpyeong, tercer hijo del rey Sejong, había soñado con ese lugar a los treinta años y el pintor de la corte, An Gyeon, lo había plasmado en el lienzo en solo tres días, hasta me aburrió.

–Mira estas rocas que parecen nubes –continuó diciendo con seriedad–. ¿No te parecen tristes, como si no fueran de este mundo? Transmiten lo que sintió el príncipe antes de despertar, justo antes de volver a este mundo terrible y aterrador. Es el paisaje que contempló en ese instante entre el sueño y la vigilia, antes de abrir los ojos…

El invierno en que cumplí diecinueve años, volví a fijarme en esa reproducción. En ese entonces Inju pasaba los días encerrada en una de las habitaciones de la planta superior de la casa, y yo permanecía en el taller del semisótano, a pesar de que su dueño ya no estaba. Si nos encontrábamos casualmente en el patio, las dos evitábamos la mirada de la otra, como si no nos hubiéramos visto. En el parterre del patio la maleza estaba cubierta de escarcha y nadie barría las hojas secas que cubrían el suelo hasta los tobillos.

Para estar en un semisótano, en el taller del tío entraba bastante sol. Si me subía hasta el cuello la cremallera de la chaqueta acolchada y me sentaba de espaldas a la ventana, no pasaba demasiado frío. Cuando me parecía percibir olores extraños en los objetos que había usado el tío, miraba alrededor para intentar localizarlos. ¿De dónde salía ese olor como a flores secas, y ese a trapo enmohecido? A veces hasta sentía náuseas. Estaba asustada, exasperada por la llegada de la primavera y por todos los olores a podredumbre que traería consigo.

No tengo ni idea de por qué me pasaba tanto tiempo mirando la reproducción de ese cuadro. Cuanto más lo contemplaba, más extraños eran mis sentimientos. No aparecía una sola persona, ni un animal, ni huellas. Los gigantescos peñascos ardían como llamas que fueran a congelarse en el aire y petrificarse. Si se lee la pintura de izquierda a derecha, se entra en un sueño tras otro hasta llegar al bosque de ciruelos. Sin embargo, si se lee de derecha a izquierda, como se hacía en aquella época, se sale del bosque de los ciruelos hasta llegar al mundo plano de la realidad. Como si ese fuera el último instante de ese sueño, yo recorría en sentido inverso el camino que se perdía entre angostos precipicios dejando atrás el lejano bosque de ciruelos en flor.

¿Por qué An Gyeon habría pintado el final del sueño y no el principio? ¿Qué oscura premonición le hizo representar el futuro del joven que había tenido ese sueño? Siete años después, a la edad de treinta y siete años, el príncipe Anpyeong murió en Ganghwa, donde había sido desterrado, tras beber el veneno que le había enviado su hermano Suyang. Anpyeong era un admirado calígrafo, que reunió cientos de libros y pinturas con un gusto y un criterio extraordinarios y se rodeó de numerosos artistas talentosos... y pese a todo cruzó la frontera de lo irreversible.

Vi el original de ese cuadro diez años después, durante la exposición del Tesoro Nacional de la dinastía Joseon, organizada en el museo H. Fue una oportunidad única, ya que la obra se encuentra en Japón y no es frecuente que permitan su salida del país. Para evitar las multitudes, visité el museo una mañana entre semana. Al aproximarme a la última sala, donde se exponía *Sueño de un viaje a la tierra de las flores de ciruelo*, lo primero que vi fueron los ciruelos a la derecha de la tela. Había sido pintada sobre seda, de modo que los colores se habían desvanecido con el tiempo. Traté de imaginarme cuán intenso habría sido el rosa de las flores en la época en que se pintó.

De pronto recordé un verso de un poema chino que me había recitado el tío. Literalmente significa «Un rostro hermoso como la flor de ciruelo» y quiere decir que la añoranza embellece el recuerdo del rostro de un ser amado ausente. Las flores de ciruelo de aquella pintura no eran fantasmales ni seductoras. Como el rostro de alguien a quien no volveremos a ver, como un sueño que nunca se hará realidad, no eran más que una mancha de color sobre seda vieja.

La sala de exposición estaba en penumbra y la vitrina que protegía la pintura era alta y sólida. La oscuridad, que la discreta iluminación apenas disipaba, se agazapaba en silencio a su alrededor. Yo tenía veintiocho años y era una persona muy diferente de la chica de dieciocho que había mirado la obra de An Gyeon en el libro de arte, de espaldas al sol que entraba por la ventana del taller del semisótano. Llevaba un vestido negro hasta las rodillas y tacones altos. Me supuraban los lóbulos de las orejas porque me los había perforado una semana antes. Tres meses antes había sufrido mi segundo aborto y K, que aún no había dejado a su mujer y a su hijo, dormía en el coche aparcado fuera del museo, con el asiento del conductor reclinado hacia atrás.

Me alejé del cuadro, pasé junto a los grupos de visitantes que contemplaban las piezas expuestas y entré en el baño que estaba junto a la salida de la exposición. Después de vomitar todo lo que tenía en el estómago, me dirigí al lavabo y abrí el grifo cromado. Con el agua fría como el hielo, me enjuagué la boca y los ojos, pero no levanté la vista para mirarme en el espejo.

Esa línea está muerta.

Así solía regañarme, con una voz cálida, irrebatible precisamente por su calidez. Yo, que había trazado esa línea muerta, que había estado muerta mientras trazaba esa línea, lo miraba a los ojos, a aquellos ojos increíblemente vivos. Sin decir una palabra, ambos apartábamos la mirada de aquellos fugaces instantes de terror y plenitud extremos, mezclados con miedo y dolor.

«Lo sé –había dicho Inju–. Sé lo de vosotros dos, lo sé todo».

¿Qué sabía y hasta qué punto? ¿Sabía cuán difíciles y lentos habían sido los inicios? ¿Sabía lo tímidos y apasionados que habíamos sido los últimos diez días? ¿Sabía que nos besábamos sin cesar en medio del taller a oscuras, como un par de pájaros que se buscan las partes más blandas, como frotando una cerilla con mano temblorosa para que saltara la chispa?

Había momentos en que no podía creerlo. Más bien, no lo creí nunca. No podía creer que de la nada hubiera nacido el todo; que nuestros corazones, que latían con furia, estuvieran en realidad vacíos; que nuestros labios secos, las manos temblorosas y nuestras mejillas, calientes como la corteza del pan recién sacado del horno, eran algo que nunca existiría, que no existía incluso antes de desaparecer. Todo eso era una nada, como el último instante de un sueño oscuro.

Sopla el viento.

Las ramas secas arañan el aire. Mujeres con largos abrigos caminan a paso rápido, con sus largos y lisos cabellos alborotados por el viento. Una hoja blanca llega de alguna parte, se engancha en el limpiaparabrisas del taxi y aletea con fuerza hasta que se desprende y sale volando otra vez.

–Este invierno es frío de verdad. Y hoy hace mucho viento. Por eso todo el mundo ha sacado el coche y hay este atasco… –se queja el taxista de nuca entrecana, chasqueando la lengua.

Observo las largas filas de coches que se alinean con inmensa resignación. En los altavoces estallaban las risas del presentador de un programa de variedades, los anuncios me trituran la cabeza y ruge una música de un ritmo estridente.

–Perdone, ¿podría bajar aquí? –Alargo un billete al taxista de nuca entrecana, que no me contesta, y agrego–: Es que tengo mucha prisa. Puede quedarse con el cambio.

El taxista vuelve hacia mí su rostro lleno de arrugas, me lanza una mirada resignada y coge el billete de mala gana.

Abro la puerta del vehículo y me bajo. Una fuerte ráfaga de viento me enmaraña el pelo. Subo a la acera frotándome un ojo con el dorso de la mano porque se me ha metido una mota de polvo.

Dejando atrás los coches atrapados en el atasco hasta el cruce, recorro rápidamente la distancia de una parada de autobús. Los transeúntes se apresuran, encorvando los hombros y mirando el suelo. Temo que se me caigan las orejas de lo heladas que están. Mis manos sin guantes se congelan aunque las llevo dentro de los bolsillos del abrigo.

Cuando por fin llego al instituto femenino Y, un grupo de chicas con parkas acolchadas sobre los uniformes están esperando a alguien pegadas a la valla del colegio. Las pancartas ondean al viento, así como las faldas a cuadros grises del uniforme. Sus blancas piernas están cruelmente expuestas al frío y al viento. Me quedo mirando sus mejillas coloradas, los flequillos tan cortos que casi les dan aspecto de tontas y sus manoplas de distintos colores.

Entro por una estrecha calle del barrio residencial. Con la luz del sol y el viento, todo tiene un aspecto muy diferente al de anoche. Ahora puede verse el sucio y desordenado interior de las tiendas que ayer tenían las persianas bajadas. La superficie de la acera es irregular; una bolsa de plástico negro arrugada pasa volando y hay un escupitajo congelado en el suelo. Todo esto me recuerda al aspecto que tenía Suyuri, mi barrio hace dos décadas, y me sorprendo.

El taller de Inju estaba junto al portón de hierro de una casa unifamiliar en un callejón apartado, sin edificios comerciales. Cuando veo un callejón similar, me siento tentada a entrar en él, pero ninguno se parece al de anoche. Mis recuerdos se desvanecen. Ese edificio que vi ayer, del que guardaba una imagen oscura pero muy precisa, parece haber desaparecido en otra dimensión, engullido por otro espacio.

¿Tanto caminamos ayer?

Sí, estaba bastante lejos.

¿En serio? ¿Giramos a la derecha? ¿El callejón era tan estrecho? ¿Y tan largo?

No, era más recto y menos largo.

Me detengo en medio de una callejuela desconocida. Miro hacia arriba, al poste eléctrico, donde hay una maraña de cables instalados ilegalmente para suministrar electricidad a varios hogares. Los cristales de las ventanas de los edificios bajos gimen con el viento como si fueran a romperse en cualquier momento. Me siento en los sucios escalones de un edificio de apartamentos y cierro los ojos tratando de recordar.

Debo ignorar este viento que me marea, esta luz de sol fría como el mercurio que lo evapora todo a mi alrededor.

Recuerdo la fachada del edificio con el revestimiento roto aquí y allá, y el hoyo en el suelo donde casi me torcí el tobillo.

En ese momento sucede algo increíble.

Una somnolencia despiadada y pegajosa se abalanza sobre mí.

Tengo los pies tan congelados que ya no los siento. Un viento helado se cuela por la parte delantera del abrigo. Me froto los párpados con los puños y a duras penas consigo mantenerlos abiertos. «Estoy soñando», pienso. Sueño que me duermo después de vagar por las calles a plena luz del día. *Sueño que me muero congelada, que me quedo tiesa como un pescado seco.*

Al intentar incorporarme, se me dobla la espalda. Lo veo todo negro, como si alguien me hubiera vertido tinta en los ojos. Me acurruco de nuevo y la oscuridad se disipa lentamente.

Lo primero es salir de esta calle. Tengo que volver al instituto femenino y empezarlo todo desde el principio. No, será mejor que antes vaya a un supermercado, compre un café caliente y me lo beba de un trago, como si fuera una medicina.

Mis cuatro noches en vela se condensan y explotan dentro de mí como una bomba. Camino protegiéndome del sol, que brilla y se derrama sobre mí como un somnífero. Al llegar a una esquina, miro a ambos lados en busca de una tienda de comestibles. Un pelo que no parece el mío se me mete en la boca entumecida. Al dar unos pasos vacilantes, el callejón de enfrente me llama la atención por su aspecto extrañamente triste. Una calle sinuosa y estrecha. Miro con más detenimiento y diviso un edificio comercial que se yergue obstinado, con una tienda en la planta baja cuyo escaparate está cubierto de cristales tintados de azul. Me froto las mejillas y los ateridos párpados con las palmas de las manos.

Avanzo unos pasos. No siento los pies, como si pisara en el vacío. En ese instante, el zapato cruje al hundirse en un hoyo de tierra seca.

Levántate.
No grites.
Aguanta.
No cojees ni te detengas.
No te toques donde te duele.
Eso es, sigue andando.
No te ha pasado nada.

Sigo andando. No cojeo ni me detengo. Busco en los bolsillos y saco el móvil, que está frío. Lo abro. Me oigo soltar explicaciones interminables en el aire frío. Aguanto lo que sea.

Miro las ventanas, tapiadas con gruesas planchas de poliestireno sobre las que han grapado bolsas de plástico transparentes para protegerlas del viento. En esa callejuela desierta, lo único que se mueve y hace ruido es ese plástico que revolotea al viento.

He leído que la velocidad de movimiento de todos los objetos, sin excepción –incluso de los que están en reposo–, es igual a la velocidad de la luz. Y la velocidad de la luz es igual a la velocidad en el espacio más la velocidad en el tiempo. Además, cuanto más rápido se mueve el objeto en el espacio, más lento transcurre el tiempo para él. Einstein ilustró esta ecuación diciendo que una persona que viajara en una nave espacial a una velocidad cercana a la de la luz no envejecería.

A veces, cuando estoy quieta esperando algo, contemplo las baldosas, los árboles y los edificios inmóviles a mi alrededor y pienso: «Ellos también están viajando a través del tiempo a 300.000 kilómetros por segundo, soportando la pura velocidad del tiempo».

Me quedo esperando.

Espero con el dolor punzante del tobillo, el frío, el hambre que siento ahora en lugar del sueño y la sed abrasadora. Espero en el tiempo que transcurre a la velocidad de la luz.

Y sigo esperando.

–Vaya, ¿ha estado esperando todo este tiempo, con este frío? ¿Y por qué no ha entrado en alguna tienda? Me pregunto cómo ha conseguido nuestro número. Ah, ¿llamó a información? Claro, si les dice la zona y el tipo de comercio que busca, le dan el número. No pusimos carteles publicitarios en esta zona, por eso me extrañó que nos llamara…

»¿Por qué no instala una cerradura con contraseña para evitar que vuelva a ocurrir? Se trata de una planta baja, así que debería reforzar la seguridad. ¿Qué más da que sea la inquilina? Puede llevarse la cerradura cuando se mude. Pero también podemos ponerle un modelo más económico. ¿Qué le parece este? Está fabricado en Israel. La llave no puede duplicarse, así que es lo más seguro después de una cerradura con contraseña. Cuesta la mitad. Claro que vale el doble que una cerradura común, pero se la recomiendo especialmente si vive sola. Si pierde la llave, llama a la central coreana. ¿Ve este número? Es el número de serie. Cuando se lo da por teléfono, ellos le hacen una llave nueva y se la envían… Ha hecho una elección acertada. Merece la pena, aunque sea un poco más cara. Si vuelve a perder la llave, cosa que puede ocurrirle a cualquiera, incluso más de una vez, llámeme de inmediato. No podré hacerle una copia, pero me encargaré de que al menos entre en su casa. Claro, le cobraré el desplazamiento, pero no es mucho.

El cerrajero, que lleva una chaqueta de cuero negro y la mascarilla bajada hasta la barbilla, me da su tarjeta y el cambio.

–Hasta las doce de la noche, voy a donde me llamen –dice.

Mientras el hombre carga la caja de herramientas en la motocicleta, lo despido con un movimiento de cabeza.

–¡Buena suerte! –grita con voz rasposa mientras se aleja. Es de esas personas a las que, cuando abre mucho los ojos, se le arruga la frente, y que siempre tiene una expresión de disculpa en la cara. Ha hecho todo lo posible por ocultar su fuerte acento provinciano adoptando el habla de Seúl, pero no ha dudado ni por un segundo de que yo había perdido la llave de mi casa. Cuando compruebo que el cerrajero se ha perdido de vista, saco las llaves del llavero plateado. Llevo las uñas cortas, así que la punta del aro se me clava en la carne del pulgar. A continuación reparto las llaves en el compartimento trasero del bolso, la cartera y los bolsillos del abrigo y del pantalón.

El taller está oscuro.

Vuelvo a abrir la puerta de entrada para buscar el interruptor. Al colarse la luz de fuera, lo veo en la pared de cemento gris. Mientras el tubo fluorescente se enciende con un temblor, cierro la puerta.

Veo el aliento blanco que sale de mi boca. Seguro que el agua del cubo de plástico que estaba junto a las mantas está congelada. Me quito los zapatos y entro. El suelo está tan frío que apenas puedo mantener quietos los pies. Descubro las zapatillas de Inju, forradas de piel, junto a la pared y me las pongo. Unas zapatillas a cuadros grises y marrones, ligeras y prácticas, del estilo que a ella le gustaba.

Avanzo cojeando hasta el centro de la habitación. Aunque el dueño del taller parece haberse ausentado por un rato, en realidad todos los objetos están cubiertos de una capa de polvo parecido a la ceniza. Respiro hondo para detectar los olores casi imperceptibles que aún persisten. Huele a tinta y a pintura acrílica, a hojas secas de jazmín. También hay un leve aroma a tabaco.

El teléfono descansa sobre una vieja mesa junto a la estantería de los libros. Es un modelo antiguo que no tiene identificador de llamadas. Obedeciendo a una vaga intuición, saco mi móvil del bolsillo. Marco el número que ha quedado registrado esta madrugada y espero. Un segundo después, el teléfono de la mesa empieza a sonar con estridencia.

«¿Por qué? –me pregunto para mis adentros–. ¿Por qué me habrá llamado a esa hora si no soy más que una extraña para él? ¿Pasó la noche aquí sin ni siquiera una estufa? ¿Con ese abrigo tan fino?».

Apago el móvil. Un instante después, el teléfono deja de sonar. Entonces, poco a poco los fragmentos del silencio empiezan a unirse, lamiendo sus heridas, y se hacen uno como el agua.

El taller de Inju se parece al del tío, salvo en una cosa: que no entra el sol.

Al igual que aquí, el tío extendía mantas en el suelo y encima colocaba la hoja de papel *hanji* que había empapado en tinta, pegaba en el centro una masa gruesa y redonda de papel triturado y la rociaba con el pulverizador de jardín; entonces el agua se esparcía por todas partes, formando pequeños arroyos que repelían la tinta en forma de aureola. Tras varias semanas, las partes esparcidas por el agua se veían como los bordes de una llama. Me parecía tan increíble que me quedaba contemplando el cuadro terminado durante horas, sin ser consciente del paso del tiempo. Solo volvía a la realidad cuando el tío me preguntaba si quería dar un paseo.

Las formas de esas estrellas están presentes en todo lo que recuerdo de aquellos días. Una vez que empezaba a mojar el *hanji* con tinta, la rutina del tío ya no se separaba de esa pintura. Prestaba mucha atención a las condiciones meteorológicas, ya que la velocidad de difusión de los líquidos, y por lo tanto las formas producidas por el contacto del agua con la tinta, cambiaban en función de la presión atmosférica y el índice de humedad. Cuando el agua se secaba, significaba que el fenómeno capilar se había detenido definitivamente y, por ende, que la pintura estaba terminada. Hasta que decidía que era suficiente, comprobaba una y otra vez la humedad y rociaba más agua si era necesario. Decidía la cantidad de agua según las partes en las que el agua debía diseminarse con más fuerza y aquellas en las que debía detener su avance. Cuando pegaba una bolita de papel del tamaño de una judía empapada de agua en algún punto del cuadro, la densidad del agua aumentaba en esa zona y esta dejaba de fluir hacia allí. Esta técnica requería algo más que agudeza visual; hacía falta una capacidad especial para prever las reacciones de la tinta, el papel, el agua y el aire, y además imaginar cómo iban a cambiar con el tiempo. El tío no podía perder de vista nada de esto mientras comía, dormía o, incluso, mientras conversaba con alguien.

Tengo dos dudas.

La primera es por qué Inju reprodujo las pinturas de tinta de su tío, y la segunda, por qué fue esa noche a Misiryeong.

No esperaba resolver estas dudas con solo entrar en este lugar, pero tampoco imaginaba que me surgirían incógnitas aún más complejas.

¿Cómo era posible que Inju, que siempre había trabajado con materiales muy diferentes, hubiera sido capaz de reproducir la técnica del tío en tan solo un año? Si simplemente había cambiado su forma de trabajar, ¿por qué no dejaba entrar a nadie en ese lugar? Cuando me dijo que quería ver las rocas de Misiryeong cubiertas de hielo, ¿se refería a que necesitaba cambiar de aires, o a que tenía un proyecto que, de alguna manera, estaba directamente relacionado con este trabajo?

Cojo una botellita de agua medio vacía que está sobre la mesa. Todavía falta mucho para la fecha de caducidad, así que supongo que la trajo Kang Seogwon. La destapo y bebo sin apoyar la boca en el cuello de la botella. Me seco el agua que me cae de los labios con el dorso de la mano. Noto un frío helado bajándome por la faringe.

No tengo sueño, ni hambre.

Todos mis sentidos están despejados, punzantes como agujas.

Miro las pinturas atadas con un cordel y alineadas como columnas junto a la puerta. Cuando terminaba un cuadro, Inju lo despegaba de la pared, lo envolvía en papel encerado por ambos lados, lo enrollaba y lo ataba con destreza con un cordón blanco. Su personalidad se hacía evidente incluso en la forma en la que hacía el nudo.

Era otra persona la que había atado todos esos lienzos de papel con un nudo holgado. Significaba que alguien los había desplegado uno a uno para verlos. Lo sé, sé bien que las pertenencias de un difunto quedan expuestas a la profanación. ¿Acaso un cuerpo no se convierte en objeto de una autopsia?

A su exmarido no le gustaban las pinturas de Inju, así que ¿por qué iba a desenrollarlas? ¿Para venderlas, tal vez? Que yo supiera, Inju no vendió un solo cuadro en toda su vida. Eran demasiado grandes para los coleccionistas, además de demasiado oscuros. ¿Habría sido Kang? ¿Habría desplegado una pintura tras otra para mirarlas? ¿Habría traído un fotógrafo para tomarles fotos? ¿Habría seleccionado las que necesitaba para usarlas como ilustraciones de la biografía que iba a escribir?

Me quedo de pie, con los labios apretados. A veces la furia no se apaga. Alimentada por la confusión, la impotencia y el dolor, arde lentamente, como una brasa. No calienta la cabeza; todo lo contrario, la enfría como el hielo.

Había una pintura de Inju que me gustaba especialmente. Cuando iba a verla a su taller anterior, le pedía a menudo que me la mostrara. Con una sonrisa tranquila, sin alegrarse ni tampoco molestarse, la sacaba de donde la tenía guardada. Yo iba a buscar al sótano la escalera metálica plegable y, ayudándonos mutuamente, la colocábamos en la pared. Después de fijarla con chinchetas en las cuatro esquinas, Inju salía del taller. Durante los veintitantos minutos que tardaba en volver, yo me quedaba mirando aquel cuadro. Me fundía por completo con él, hasta el punto de que al rato no sabía dónde me encontraba. Entonces Inju llegaba silbando bajito, con las manos en los bolsillos del pantalón. Sin decir nada, volvíamos a subirnos a la escalera, quitábamos las chinchetas, enrollábamos la pintura y la atábamos con el cordel blanco.

Un día le dije que quería comprarla.

–¿Para qué, si puedes venir a verla cuando quieras? –me respondió, y al sonreír mostró sus grandes incisivos, como los de un conejo–. Además, ¿dónde ibas a colgarla?

La pintura era demasiado grande para colgarla en la casa de alguien, y mucho menos en la mía. Extrañamente, yo pensaba que quedaría mucho mejor en un pasillo del metro que en una galería de arte. Me estremecía al imaginarla colgada en un oscuro y lúgubre pasadizo subterráneo, con la gente pasando por su lado.

Bajo una materia oscura formada por numerosas líneas trazadas y repintadas unas sobre otras, como de carne y músculos aplastados, brilla una luz que parece emanar de la propia oscuridad. Una silueta negra con los brazos extendidos hacia abajo avanza hacia esa luz. Es una figura sin rostro ni orejas, sin nariz ni boca, sin detalles corporales, como si también ella hubiera nacido de la misma oscuridad. Milagrosamente, aunque nacida de una materia triturada, no será triturada a su vez, es indestructible. Esa persona desciende hacia ese lugar donde brilla la luz, un lugar abismal a decenas de miles de kilómetros de profundidad, un lugar adonde no llega ningún sonido; un lugar donde el sonido aún no ha nacido. No es alguien que nada, sino alguien que simplemente desciende hacia esa quietud, hacia el silencio aterrador.

–Todo lo que pintas es, en realidad, tu propio retrato –me dijo una vez el tío.

Fue el día que le enseñé la magnolia del patio que había copiado con trazos simples.

–Veo que es un árbol muy sensible, que los hombros le pesan toneladas... –dijo, y al sonreír se le marcaron las arrugas en las comisuras de los ojos–. Pero también deja traslucir mucha fortaleza.

Era extraño. Los dibujos que él me hacía para que me sirvieran de modelo me parecían serenos y cálidos, pero cuando yo los copiaba siempre tenían un no sé qué de obstinación. Quería copiar idénticos los pétalos de loto y el jarrón de barro, las ramas floridas del ciruelo extendidas despreocupadamente, quería hacerlos idénticos y los calcaba con papel traslúcido, pero nunca me salían igual.

–Es natural –me decía él–. Lo raro sería que te salieran idénticos. Acuérdate de que son tu retrato.

¿En qué momento debió de pintar Inju ese cuadro que me gustaba tanto, el más tranquilo de esa serie de obras vehementes en que representaba personas sumergidas en el agua? Si también era su retrato, ¿a qué profundidad se ocultaba su rostro?

Es probable que ese cuadro esté entre esas columnas de papeles, pero, a menos que abra todos los rollos uno por uno, no podré encontrarlo. Me hiere los ojos. La imagen de Inju haciendo equilibrios sobre la escalera mientras clavaba las chinchetas en las esquinas de la pintura me hiere los ojos.

Acerco la silla a la mesa y me siento. A la derecha hay un montón de catálogos de exposiciones apilados sin ningún orden. Todos están relacionados con Inju. Encuentro el de su primera exposición individual y lo abro. Ojeo rápidamente la introducción del comisario, que recuerdo haber leído hace mucho tiempo.

> John Adams cita un poema de Neruda al comentar la música de Piazzola. En la música de Piazzola se percibe «la confusa impureza de los seres humanos [...] penetrada por el sudor y el humo, oliente a orina y a azucena [...] impura como un traje, como un cuerpo, con manchas de nutrición, y actitudes ver-

gonzosas, con arrugas, observaciones, sueños, vigilia, profecías, declaraciones de amor y de odio, bestias, sacudidas, idilios, creencias políticas, negaciones, dudas, afirmaciones, impuestos».

Estas palabras pueden aplicarse tal cual a la pintura de Seo Inju.

Al fijarme en el nombre del comisario escrito en ideogramas chinos, dejo de pasar las páginas: es Kang Seogwon.

Me quedo observando las tres sílabas del nombre, impresas allí como si se tratara de una indicación objetiva e indiferente. Cierro el catálogo y compruebo el año y la fecha de la exposición en la portada, lo que me lleva a suponer que él e Inju se conocían desde hacía siete años como mínimo.

Cojo otro catálogo de la misma galería de arte y miro quién ha organizado esa exposición temporal. También es Kang Seogwon. Esa exposición, centrada en el tema del cuerpo, tuvo lugar un año antes de la primera exposición individual. Inju presentó dos obras que a primera vista llamaban la atención por ser extrañas y muy diferentes de las de los demás artistas. En la introducción, Kang le dedicaba un comentario inusualmente largo a los cuadros de Inju.

> Cuando nos encontramos por primera vez con estas pinturas, tan oscuras que parecen grabados mal ejecutados, una estupefacción abrumadora asalta nuestras mentes acostumbradas a la luz, seguida de una sensación de misterio inescrutable.
>
> Sobre la superficie, ennegrecida por la violenta superposición de trazos de carboncillo, se arrastran cuerpos desnudos y sin deseo, como marcas de cuchillo, como profundas cicatrices. ¿Hay que llamar cuerpos o espíritus a esas masas de carne sufriente, sin género ni edad discernibles? ¿A qué profundidad del abismo quieren llegar esos cuerpos que se estiran y se doblan en posiciones verticales, horizontales y oblicuas?

Lo recuerdo muy bien. Esas dos exposiciones, organizadas con un año de diferencia, habían supuesto para Inju un punto de inflexión decisivo y definitivo. Incluso después de comprobar que el nombre de Kang Seogwon no aparecía en las dos muestras individuales restantes, una inquietud y una ansiedad difíciles de resumir me oprimían el pecho. ¿Fue él quien dio a conocer la pintura de Inju al mundo?

Al abrir el cajón frontal de la mesa, me llama la atención un estuche de tela acolchada de color gris. En su interior hay cuatro lápices largos 4B y 8B, y una goma de borrar gris con las esquinas tan gastadas que tiene una forma circular casi perfecta. Junto al estuche hay una pila de postales bien ordenadas con los carteles de sus exposiciones. También hay un bálsamo labial sin perfume ni color junto a un paquete de chicles con xilitol y una bolsita de papel descolorido de color verde claro.

Al abrir la bolsita, encuentro un puñado de pétalos de cornejo secas y una foto en blanco y negro. En ella, una mujer joven con una blusa clara de manga corta y las cejas ligeramente fruncidas posa delante de un arbusto de azaleas blancas. Me pregunto si será la madre de Inju, porque los ojos y la frente me resultan familiares. También hay dos caramelos, uno de sabor ciruela y otro de menta, que probablemente cogió de un restaurante. Y un paquetito de plástico que contiene un diente de leche del tamaño de un grano de arroz blanco, probablemente de Minseo, con la fecha en que se le cayó anotada. Junto a él encuentro un papel amarillento doblado varias veces. Al desplegarlo leo, escrito con tinta azul oscuro: «Come el huevo duro con un poco de sal y toma un sorbo de agua cada dos bocados».

Es la letra del tío, escrita de la forma más clara posible. Las consonantes son grandes y redondas; parece la letra de una mujer. ¿Es un papelito que le puso con la comida en la fiambrera a Inju? Por el tamaño de la letra, tuvo que ser cuando Inju estaba en la escuela primaria.

No me acuerdo de qué día fue.

Ni en qué estación o año.

Solo recuerdo el paño blanco lleno de manchas que se secaba en el tendedero de la cocina, el fino guante de algodón que el tío llevaba en la mano derecha, tres huevos duros cortados por la mitad sobre un recipiente de porcelana blanca y un pequeño cuenco lleno de sal al lado. El tío nos llamó a Inju y a mí a la mesa.

–¿Solo hay tres? ¿No hay más? –preguntó Inju, con el labio manchado de yema de huevo, mientras llenaba un vaso de agua.

–Dicen que no es bueno comer más de un huevo al día. Que es malo para la salud… –respondió el tío con tono inocente.

–¿Has visto? Es lo que pasa cuando vives con alguien tan miedoso –dijo Inju, dirigiéndose a mí–. No te vas a morir por comer tres huevos en un día.

La risa de Inju resonaba en la cocina como el tintineo de una cuchara contra un vaso. Su tío extendió la mano izquierda hacia ella y le limpió con suavidad la yema del labio. Sonriendo, se chupó el dedo sin pensarlo, como hacen las madres.

Lo recuerdo perfectamente.

El tejado era azul y la puerta principal tenía cristales tintados en tonos amarillos y naranjas. En el patio crecían un caqui, una magnolia y un azufaifo, y las flores de las peonías del parterre eran increíblemente grandes. En medio de esa quietud clara como el agua fría, el tío estaba en el patio mirando el cielo.

–¿Qué miras, tío? –preguntó Inju en voz alta.

Él se sobresaltó, le temblaron un poco los hombros, y esbozó una sonrisa tímida. Llevaba una camiseta blanca con el cuello abierto y manchada de tinta. Al verme llegar detrás de Inju, me dio la bienvenida y respondió:

–Nada, el cielo.

Miré también al cielo. Era un día de poco viento, pero allí arriba las condiciones meteorológicas debían de ser diferentes, pues unas nubes blancas y esponjosas se movían muy rápido.

–Me dijiste que si tenía una amiga la trajera, así que la he traído, la he secuestrado –dijo Inju con un tono afectuoso y franco que yo nunca había usado con nadie de mi familia–. Por cierto, ¿has preparado los fideos de boniato salteados con verduras que te pedí esta mañana?

–No, todavía no... –respondió el tío, y enseguida nos preguntó mirándonos a las dos–: Aún falta mucho para la cena, ¿queréis comer boniato hervido mientras tanto?

Al seguirle vi la estrecha escalera que llevaba al semisótano. Caminaba con cuidado, como si tuviera miedo a dañar la tierra.

Me pareció un poco extraño; no parecía realmente un hombre. Como si fuese una madre, trajo los boniatos en un plato, nos sirvió agua y, sonriendo amablemente, escuchó con atención todo lo que lo Inju y yo decíamos. En esa época yo era muy tímida, pero no me sentí incómoda en compañía de aquel extraño.

–¿Todo esto lo ha pintado usted?

–Lo ha pintado el agua. Yo solo me ocupo de que fluya bien o de bloquearla. Es como cuidar plantas.

Me acerqué a un cuadro donde una estrella recién nacida ardía con llamas blancas. Me explicó que el papel *hanji*, fabricado con corteza de morera, tiene miríadas de fibras que actúan como vasos capilares. Su trabajo consistía en encauzar, de un modo u otro, la forma en que se extendía la tinta siguiendo esos caminos. Añadió que a veces le parecía que la tinta era la sangre que escapaba de su cuerpo y corría por los vasos capilares del papel.

El hecho de que el agua y la tinta fluyeran por un papel de menos de un milímetro de espesor como si se tratara de un espacio ilimitado me sumía en una profunda confusión.

–¿Puedo volver para ver las pinturas? –pregunté superando mi timidez.

–No me importa, siempre que te quedes en silencio y no me dirijas la palabra –respondió el tío con afabilidad.

A Inju no le gustaba el taller de su tío.

–El problema es que se pasa todo el día allí. ¿Cómo es posible que alguien solo se dedique a la limpieza de la casa y a pintar?

Yo me sentaba en un rincón del taller y dejaba sola a Inju, enfadada, en la planta baja. Hojeaba los libros de arte de la estantería, miraba las pinturas o me quedaba observando cómo trabajaba el tío, aunque la mayor parte del tiempo él no hacía otra cosa que contemplar el lienzo de papel cubierto de tinta que extendía sobre las mantas en el suelo.

Cuando el tiempo era húmedo, la velocidad en que el agua avanzaba por los vasos capilares era tan lenta que, al volver cuatro días después, yo no veía ningún cambio. Aun así, el tío examinaba la pintura muy de cerca y con perseverancia, como si la observara con una lupa. A veces, humedeciéndose los labios secos con la punta de la lengua, se levantaba apresuradamente para poner agua en el pulverizador, como si tuviera que rociarla en ese preciso instante.

Cuando pasaba toda la tarde en su taller, el olor a tinta impregnaba mi ropa. No me estaba permitido romper el silencio, pero el tío me hablaba de vez en cuando. Tras un diálogo breve en voz baja, él volvía a su trabajo y yo seguía hojeando los libros o mirando las pinturas. Cuando lo veía muy concentrado, me marchaba sin despedirme, subía a la planta baja para pasar un rato con Inju y luego me iba a casa.

Si pude seguir yendo a ese lugar fue, seguramente, porque cumplí mi promesa de quedarme callada.

Lo recuerdo perfectamente.

En el momento en que entraba en su taller, yo dejaba de ser una adolescente de secundaria con granos en la nariz.

Cuando empapaba el pincel en tinta y trazaba el primer punto, dejaba de ser la hija de la dueña del restaurante que los fines de semana removía la sopa en aquella cocina húmeda. Cuando el azul y el marrón, mezclados en muy pequeña cantidad con la tinta negra, se difuminaban en finos claroscuros, y ese silencio ensordecedor caía sobre mi frente como un chubasco, dejaba de tener quince años y de ser Lee Cheonghee.

Solo volvía en mí cuando él me preguntaba si quería dar un paseo. En el breve intervalo en que me iba a buscar a Inju, percibía todo lo que había en el patio con tal intensidad que me parecía un grabado en relieve. Entreabriendo la puerta de la casa, por la que el sol entraba a raudales a través de los cristales de color naranja, llamaba a Inju. Como si se estuviera muriendo de aburrimiento, ella estaba haciendo flexiones de brazos en el suelo de madera de la sala, leyendo una novela tumbada boca abajo sobre una estera o exhalando el humo de un cigarrillo mentolado hacia el patio. Pero al oírme se levantaba de un salto, como impulsada por un resorte, se ponía las zapatillas y salía de casa.

Las ramas de los árboles ocultaban el cielo por encima del muro, por lo que el callejón estaba en sombras incluso en pleno día. Era una callejuela estrecha por la que apenas podían pasar dos personas juntas. Cuando Inju me ponía el brazo sobre el hombro con naturalidad, me encogía, avergonzada de su gesto cariñoso.

Subiendo por esa callejuela estrecha había un templo budista a partir del cual el camino empezaba a ensancharse. Unas diez casas más adelante, llegaba a un terreno abandonado. Y después de cruzar una colina cubierta de maleza, aparecía un arroyuelo que corría entre las parcelas cultivadas.

Recuerdo una tarde que me toqué la cabeza mientras subíamos y noté que el pelo me ardía por el sol. También recuerdo que vi a Inju limpiándose descuidadamente el sudor de la nuca con la mano y luego se la secó en la camiseta. En el patio de una vivienda construida ilegalmente recuerdo que habían tendido unas prendas de ropa interior pobres y que había una zinnia con muchas flores rojas. Mientras los tres volvíamos caminando juntos como si fuéramos una familia, las hojas de los árboles cambiaban rápidamente de color, iluminadas oblicuamente por el sol de la tarde. También recuerdo que un perro vagabundo nos seguía de lejos aullando como un lobo. Que cuando pasamos por debajo de un árbol que tenía un panal de abejas silvestres nos miramos y amortiguamos el paso. Recuerdo nuestras caras, nuestros ojos, riendo en silencio.

¿Tú también sentiste ese olor en el taller?

Era un olor persistente, de algo que se descomponía en silencio.

En el momento en que mi mirada se desviaba del borde izquierdo de la pintura, el olor, que esperaba, agazapado, ese instante invadía repentinamente la habitación; me pareció que quería lamer, aplastar y pudrir todo lo que había allí, incluso los dedos de mis pies entumecidos.

Tenía frío y sed. Aguantándome las ganas de orinar, esperaba a que anocheciera. Cuando ya no podía ver el color rojizo de las flores del ciruelo, cerraba el libro. Entonces me parecía oír una respiración que no era la mía en algún rincón de la oscuridad, así que respiraba más fuerte y más hondo. Escapaba de aquel lugar tanteando el suelo con las manos temblorosas y arrastrándome de rodillas.

No te llamé. No llamé a la puerta de la casa en la que no había luz. No quería saber qué había detrás de esa puerta oscura. No quería verte.

Abro el segundo cajón de la mesa, que contiene pinceles grandes y pequeños, bolsas de pegamento sin abrir y pigmentos en polvo, y lo cierro enseguida. Al abrir el tercer cajón, el más profundo, donde Inju guardaba las cartas, encuentro una treintena de sobres esparcidos en desorden. Alguien ya los ha revisado meticulosamente. Tras echarles un vistazo a los nombres de los remitentes, me los meto en el bolso teniendo cuidado de que la bolsita de papel que he guardado antes no se arrugue.

No tengo ni idea de qué voy a hacer con todas estas cosas, ni siquiera sé si podré averiguar algo o escribir algo con ellas.

Me levanto de la silla y me acerco a la estantería de los libros. Paso la mano por los apretados lomos. Algunos me resultan familiares y otros tienen títulos que desconozco. Del borde de la segunda balda sobresale un librito delgado, más ancho que largo. Es el libreto de una obra de teatro que se representó hace unos diez años. El título, *Cállate*, escrito como con pincel sobre la cubierta plateada, tiene un diseño pasado de moda. Al abrirlo, encuentro una dedicatoria escrita de mi puño y letra, «Para Inju, de Cheonghee», además de una pequeña fotografía de 3 × 5 pulgadas.

En ella aparece el patio de la casa de Inju.

Inju y yo estamos sentadas, hombro con hombro, en la alta tarima que había debajo del caqui. Los grandes ojos de Inju brillan en su rostro, que ya es el de una mujer, y yo, a su lado, sonrío con timidez. No me reconozco en ese rostro infantil de mejillas regordetas y rosadas.

Tal como había dicho Kang, el libreto tiene notas y pasajes subrayados. Lo meto en el bolso, pero enseguida lo saco. Guardo la fotografía en un compartimento de mi cartera para que no se arrugue ni se pierda.

Me parece ver la mano de la persona que pulsó el disparador, por lo que cierro firmemente los párpados y luego los abro. Es una mano con manchas azuladas que no se sabía si eran de tinta o eran moretones.

«Tu frente, percibo inteligencia en tu frente», dice, tocándome con la mano como si me tomara la temperatura.

Luego, la mano se aleja temblando en silencio.

Un día, Inju me habló en tono despreocupado de esas manos amoratadas.

–No es nada, no debes preocuparte.

Era un sábado por la tarde, después de clase, y yo ya llevaba más de un año frecuentando esa casa. Estábamos despidiéndonos en la callejuela y lo dijo sonriendo, enseñando los dientes, como si se le hubiera ocurrido en ese momento, mientras le daba pataditas a la farola con la punta de la zapatilla. Inju, que ya tenía quince años, medía dos palmos más que yo. Sin saber si debía tomármelo a broma como ella, levanté la vista para mirarla. Aunque sus ojos eran profundos y brillantes, era imposible saber lo que estaba pensando.

–¿Hoy también vas al restaurante? –preguntó, cambiando de tema con expresión risueña–. Deberías llevarme contigo algún día. Soy buena fregando platos.

–Sí, más adelante… –me excusé–. Se lo preguntaré a mi madre.

–Oye, Cheonghee… –dijo de repente Inju, escrutándome la cara con preocupación.

–¿Sí?

–No le des importancia.

Tenía quince años y había empezado la escuela un año antes que los demás, pero no era una niña especialmente madura para mi edad. Tuve miedo de que me temblara la voz y no le respondí. Nuestras miradas se cruzaron. Tenía que decir algo, pero no se me ocurría nada.

–Qué tonta eres… –murmuró Inju, frunciendo el ceño.

Me dio la espalda y se alejó a grandes zancadas, bajo las ramas que ocultaban el cielo sobre los muros a ambos lados de la calle. Como si ya estuviera anocheciendo, la sombra azul oscuro engulló su esbelta silueta.

Ese día Inju me contó que al tío no le coagulaba bien la sangre, por lo que solo con que se cortara un dedo o le sangrara la nariz debían hacerle una transfusión.

–No te lo digo para que te preocupes, pero pensé que debías saberlo –añadió, frunciendo el ceño y soltando una risa un poco forzada.

Ese día comprendí por qué el tío caminaba con tanta precaución, como si tuviera miedo de dañar la tierra: era un hábito que había adquirido desde niño, pues debía moverse con cuidado para no lastimarse. También supe que esa era la razón por la que siempre tenía pequeños moratones en el cuerpo, aunque no se hubiera golpeado con nada.

Como una hemorragia estomacal podía poner en peligro su vida, comía con moderación y solo alimentos blandos. Trataba de dormir lo suficiente y no bebía ni fumaba. Tampoco viajaba, nadaba ni conducía. Obviamente, había estado exento del servicio militar y también de las clases de gimnasia en primaria y en el instituto. Además, había pasado la mitad de sus años escolares en el hospital.

Quizá debido a su hábito de ser cuidadoso con todo, nunca me dio una orden, a pesar de que era casi veinte años mayor que yo. Cuando me aconsejaba algo nunca insistía, ni intentaba imponerme nada de forma velada. Siempre que quería proponerme algo, lo hacía en forma pregunta o sugerencia.

«Si quieres aprender a pintar, ¿por qué no empiezas aquí y ahora mismo?».

«Hoy se ha hecho tarde, ¿quieres quedarte a cenar?».

«Basta con que recojas tus cosas antes de irte».

Inju tenía razón. Yo era una tonta.

Desde que me enteré de la enfermedad de su tío, me ponía nerviosa cada vez que caminaba a su lado; y por miedo a que él se diera cuenta, me ponía aún más nerviosa. Temía que pisara un clavo o una chincheta, que se cortara con la hierba, que le golpeara el balón lanzado por los niños que jugaban en el callejón. Pero él, ajeno a mi preocupación, se detenía a cada rato para admirar algo.

–¡Oh, mira esto! –decía, sin añadir ninguna explicación, ante un árbol, una flor o un insecto que encontraba en la calle.

Yo no estaba lo bastante tranquila como para reparar en aquellas cosas. Temiendo que se pinchara con la punta de una hoja o le picara el aguijón de un insecto, no dejaba de insistir en que volviéramos a casa.

Ese invierno, una mañana muy temprano me corté el dedo corazón mientras cortaba *odeng* al preparar las fiambreras.

La ventana de la cocina que daba al este aún estaba en tinieblas. Todos dormían en la casa. Solo se oía vagamente la voz de mi hermano mayor, que se preparaba para el examen de ingreso a la universidad y estaba memorizando palabras en inglés. Observé cómo la sangre caía gota a gota en el fregadero y formaba extraños arabescos rojos al mezclarse con el agua de la pila. Pensé que junto con la sangre algo se escapaba de mí para siempre.

Quería comprender la enfermedad del tío y al mismo tiempo no quería. Quería perder más sangre y al mismo tiempo no quería. Todas las luces de las casas del otro lado de la callejuela estaban apagadas. Solo las farolas que se alzaban cada cierta distancia emitían una luz anaranjada y turbia en la oscuridad.

Como no podía aguantar más, fui a la alacena a buscar la caja de primeros auxilios. Al ponerme agua oxigenada, se levantó una espuma blanca en la herida. Aunque la espuma fue desapareciendo poco a poco, no paraba de perder sangre. Ahogando un gemido, me vendé la herida con una gasa estéril y apreté la venda con todas mis fuerzas.

La pintura que hay en el suelo no está terminada.

La llamarada es aún pequeña y tanto su posición como su forma son chapuceras. ¿Pensaría Inju en volver antes de que se secara la tinta? Imposible, pues en invierno la humedad es tan baja que no podría haberse ausentado más de siete horas. ¿Significa, entonces, que desistió de terminarla? En ese caso, la dejó secarse después de que el agua estuviera fluyendo por los vasos capilares del papel como mínimo veinte días. Abandonó la pintura en ese momento y se marchó.

¿Qué razón repentina la impulsó a hacerlo? ¿Hubo alguna razón?

Me pongo de cuclillas en el mismo lugar donde seguramente se sentó Inju. Observo la piedra de moler en la que se ha secado la tinta disuelta y la barra de tinta medio gastada. Alargo la mano y acaricio el grueso papel *hanji* frío. Cojo una bolita de papel triturado del tamaño de un guisante que se utiliza para crear puntos en el cuadro. La humedad se ha evaporado por completo y es duro y ligero como un trozo de basalto.

¿Tendría Inju los dedos manchados de tinta? ¿Se quedaría observando los arroyos del agua, mirándolos muy de cerca, como con una lupa? Al igual que su tío, ¿habrá tirado cuadros llenos de moho durante la temporada de lluvias? ¿Quizás estas pinturas colgadas en la pared son las que se salvaron?

¿Habrá sentido también Inju que su sangre se convertía en tinta y fluía a través del papel? ¿Que se expandía, imparable y como tanteando, por las venas del tiempo?

No lo entiendo. No entiendo por qué pintaste estas obras. De verdad, ¿por qué lo hiciste?

Las pinturas de Inju no se parecían a las de nadie.

Por supuesto, tampoco a las de su tío.

Eran tan oscuras e imprecisas que daban ganas de acercarse y de mirarlas con una linterna. Las de su tío, en cambio, había que contemplarlas desde lejos para entender el conjunto.

Por supuesto, también tenían similitudes: no pretendían seducir, los dos pintaban cosas que no eran de este mundo y ambos querían que el espectador tomara conciencia de que el universo del cuadro no existía en la realidad. Pero ¿acaso podía decirse que esas eran similitudes concretas?

Las pinturas de Inju distaban de ser trascendentales. En ellas, las personas y los árboles ardían como llamaradas negras. Los brazos y las piernas, las ramas y las raíces se extendían hacia el extremo opuesto del cuadro como si lucharan contra algo. Esas feroces llamaradas ardiendo unían el cielo y la tierra. Esa unión manchada de sangre negra me dejaba sin aliento.

Pero, curiosamente, cuando contemplaba sus obras durante mucho tiempo, sentía una calma inesperada. No obstante, era una quietud diferente a la que impregnaba las pinturas del tío.

Las pinturas del tío parecían pintadas desde lejos, como un fresco en el techo y sin escalera. Parecía que hubieran surgido sin cuerpo, o más bien que habían tenido un cuerpo, pero que, una vez terminada la obra, solo quedaba el espíritu. Las estrellas blancas ardían, pero las llamas no revelaban ningún padecimiento. Sus obras parecían estar más allá del sufrimiento: o bien en un lugar donde este dejaba de existir, o bien en un lugar donde se concentraba con tal densidad que se volvía invisible.

Además, a Inju no le gustaban las pinturas de su tío. Y no lo ocultaba.

–Siempre pinta lo mismo. Yo en su lugar estaría harta –murmuraba Inju, como hablando consigo misma.

También odiaba el olor de la tinta, así que lo primero que hacía cuando entraba en el taller era abrir las ventanas para ventilar.

–¿Por qué no te gusta? Si huele bien –le decía yo, sonriendo.

–Lo que a ti te gusta es el perfume que le ponen –respondía enseguida–. La tinta china en sí no huele nada bien. ¿Has olido un cuadro antiguo hecho con tinta? Al evaporarse el perfume, solo queda olor a agua estancada.

Un día, mientras ella estaba copiando un modelo por diversión, sacudió la cabeza y dijo:

–La verdad es que no os entiendo… ¿Cómo podéis estar haciendo esto todo el día?

Luego corrió hacia la puerta, se puso las zapatillas y se despidió:

–Adiós, me voy.

Levanté la vista y vi, a través de los cristales esmerilados de la ventana, sus pantalones de gimnasia azul marino moviéndose al ritmo de sus pasos. Cuando eché una mirada al interior del taller, donde el sol se derramaba como agua tibia, vi que el tío hacía estiramientos con el cuello mientras esperaba a que el cubo se llenara. Miré el lugar vacío a mi lado que Inju acababa de abandonar. Había pintado una flor de ciruelo de un color sorprendentemente refinado para ser su primer intento. Debajo había dibujado con tinta un perfil con la frente exageradamente abombada: esa caricatura traviesa que sonreía como una heroína de historieta era yo.

Con los dedos entumecidos por el frío, abro el grueso cuaderno de bocetos que está junto a la piedra de moler tinta. Está casi nuevo, solo se han usado las cuatro primeras hojas. Probablemente había planeado hacer cuadros enormes, pues en cada una de las páginas hay dos bocetos con tres o cuatro estrellas de diferentes tamaños.

Cuando levanto el cuaderno, se cae al suelo una hoja de papel que estaba entre las páginas. Está doblada en cuatro, y al desplegarla veo un dibujo a lápiz hecho con trazos gruesos. Parece un peñasco.

La tinta es negra y la sangre es roja.

De pronto me parece oír una voz tan clara que me parece real, así que levanto la cabeza. La puerta de cristal se sacude como si alguien llamara. El viento, como un grito agudo, se cuela por una rendija invisible.

Pero a veces me parece que es al contrario.

Que la tinta es roja y la sangre negra.

Abro el bolso y guardo el cuaderno de bocetos. Es tan grande y grueso que la cremallera no cierra. La luz del tubo fluorescente parpadea ligeramente. El silencio es oscuro como las aguas profundas; bajo los agudos chillidos del viento se fragmenta en innumerables pedazos y luego se recompone.

Pon atención.

El tiempo apremia.

Me dirijo a la cocina a toda prisa. No parece que Inju haya cocinado aquí, porque casi no hay utensilios de cocina en el viejo mueble. Solo hay una tetera pequeña sobre la cocina, de esas que silban cuando hierve el agua, y dos botellas de agua mineral de un litro vacías sobre el estante, con solo algunas gotas en el fondo. En el interior de un cajón al que se le ha caído el tirador hay palillos de madera sin usar con el logotipo de un restaurante chino, una guía telefónica y folletos de restaurantes.

Tras una pared divisoria, hay un perchero pequeño de dos niveles. Reconozco el abrigo de lana negro con capucha, la rebeca gris y la bufanda marrón. Descuelgo el abrigo y me lo pongo encima del que llevo. Es tan amplio que se abotona sin problemas. Siento frío en la espalda, pero enseguida entro en calor.

Al echar un vistazo rápido alrededor, algo me intriga y me acerco a la puerta de cristal, la que en otros tiempos era la entrada al lugar, pero que ahora está tapiada con cinta adhesiva azul oscuro que impide la entrada de la luz del sol. En ella hay una pequeña abertura rectangular que ha sido cubierta con dos radiografías pegadas una sobre otra. Tienen el mismo color que la película adhesiva, por lo que casi pasan desapercibidas. En esas placas azules como profundidades marinas se superponen los contornos blanquecinos de las rodillas y los huesos de una pierna. En la parte inferior se puede leer un número de serie de siete cifras y la fecha en la que se tomó la radiografía. Me doy cuenta enseguida de que fue en el invierno del año en que murió el tío.

«¿Qué hacen estas radiografías pegadas aquí?», me pregunto, pero, en vez de perder el tiempo en conjeturas, las arranco y las guardo como puedo en el bolso. Ahora la luz de la tarde entra a raudales a través de la abertura en la cinta adhesiva. Cada vez que exhalo por la boca, veo mi aliento como un vapor blanco, pero con el abrigo de Inju ya no tengo frío. Mis dedos entumecidos se van relajando poco a poco. De repente, como una señal de alarma, como ocurre después de tomar una bebida fuerte de un trago, me doy cuenta de que el sueño está a punto de vencerme.

Me coloco delante del cuadro de tinta negra que cuelga en el centro de la pared. La llama blanca arde como si tuviera vida propia. Tiene un parecido asombroso con las pinturas del último año del tío, las que más le gustaban.

Tengo que mantener la mente despejada, he de tomar una decisión.

¿Qué posibilidades tengo de volver a entrar en este lugar y ver estos cuadros de nuevo?

Como tiene la llave, Kang vendrá aquí cuando le dé la gana. Al igual que ayer, puede que vuelva hoy a pasar la noche. En cuanto se dé cuenta de que han cambiado la cerradura, hablará con el propietario del lugar –al que no conozco– y pondrá una nueva. Y, temiendo una nueva intrusión, puede trasladar los cuadros importantes a otro lugar.

Me pregunto si también presentará una denuncia. Si se descubre que se han robado cuadros, y no solo unas cuantas cartas, un cuaderno de bocetos y unas radiografías de hace veinte años, la policía investigará. De todos modos, he dejado infinidad de huellas dactilares y el hombre de la cerrajería me ha visto la cara, así que no tengo escapatoria. La perspectiva de ser detenida no me asusta, ya nada me asusta. Pero hay cosas que solo puedo hacer si tengo libertad de movimientos, como hablar con la gente o investigar lo ocurrido.

Me acerco al cuadro de la estrella azul. Anhelante y resignada al mismo tiempo, toco el centro de la estrella con mano temblorosa. Inju no pintó de azul el espacio que quedó en blanco al desplazarse la tinta. Primero impregnó el papel con pigmento azul y, después de secarlo bien, lo cubrió con tinta negra. Luego aplicó el mismo procedimiento que en las otras pinturas, y el azul volvió a aparecer cuando la tinta fue repelida.

Si me llevara una pintura, me llevaría esta…

En ese momento oigo unos pasos que se detienen ante la puerta.

Como en los pisos superiores hay un cibercafé y miniestudios en alquiler, he oído de vez en cuando pasos y conversaciones que me han puesto los pelos de punta. Pero es la primera vez que los pasos se detienen ante de la puerta. A pesar del punzante dolor del tobillo, corro hasta allí. Apago el interruptor de la luz fluorescente. La única manera de escapar de allí es rompiendo la puerta de cristal tintado, pero ¿con qué? Miro a todas partes buscando algo cuando suena el timbre. Siento que las fuerzas me abandonan.

Pero si han tocado el timbre, significa que no es Kang.

Acerco el ojo a la mirilla. Se trata de una mujer pequeña y corpulenta de mediana edad, que lleva una chaqueta de piel vuelta con cuello de borreguillo. Tiene el pelo corto como un hombre, los labios muy pintados de rojo y unos ojos feroces que hacen suponer que no pierde fácilmente una pelea. Murmura algo para sí misma con esa boca roja, como quejándose de algo. Seguro que no ha venido a leer el contador del gas ni la han enviado de alguna iglesia. ¿Será una vecina o una representante de la junta vecinal?

Tras echarle otra ojeada por la mirilla, abro la puerta. Sea quien sea, es arriesgado dejar que alguien me vea, pero quizá sea la única oportunidad de saber algo de las personas que han entrado y salido de este lugar durante el último año.

–¡Qué susto! Así que estaba usted dentro… –dice la mujer, con cara de sobresalto–. Pero ¿es usted la nueva inquilina? ¿O es su hermana?

–¿En qué puedo ayudarla?

–Me encargo de los miniestudios de arriba. Ya hablé con los del cibercafé, pero aquí es que nunca hay nadie, ni siquiera de día. ¿Es usted su hermana mayor o menor? Se parece mucho a ella, a la mujer alta… En fin, siempre nos saludamos cuando nos encontramos. Hasta he visto en varias ocasiones a su hijo, un niño pequeño.

No me lo esperaba. Ha pasado más de un año de su muerte y esta mujer sigue pensando que Inju aún vive aquí. Al parecer, trajo a Minseo.

–¿Le ha contado el problema que tenemos? El propietario ha subido muchísimo los alquileres, por eso queríamos ir a hablar con él. ¡Este edificio es tan viejo! En primavera el revestimiento exterior se cae a pedazos. Es increíble que a nadie le haya caído todavía un trozo en la cabeza. Por no hablar de la caldera y los marcos de las ventanas, que están fatal. Como hemos pagado todos los arreglos de nuestro bolsillo, el propietario cree que no tenemos intención de irnos y hace lo que le da la gana, pero esto ya es pasarse, ¿no cree?

No parece que la mujer tenga malas intenciones, pero es el tipo de persona que me agota. Mientras sigue hablando a toda velocidad, me mira fijamente y lanza miradas curiosas por encima de mi hombro.

–No tiene buen aspecto. ¿Se encuentra mal? ¿Ha apagado las luces porque ya se marcha? Está muy oscuro… ¿Por qué lo tiene todo tapiado y no deja entrar el sol? ¡Y qué frío hace! ¿No tiene calefacción?

Para poner fin a sus interminables preguntas, finjo ser lo que ella cree que soy.

–Es que mi hermana ha salido un momento. Le transmitiré lo que ha dicho cuando vuelva esta noche.

–Deme el número de su hermana, por favor. No el de su casa, sino el del móvil. Como vamos a ir a quejarnos al propietario, no se lo puedo pedir a él. He venido un montón de veces a tocar el timbre y nunca la he encontrado… Y, de todos modos, es bueno que nos conozcamos todos los del edificio.

Retrocedo un paso desde el umbral e invento una excusa:

–No me sé su número de memoria porque acaba de cambiar de móvil. Cuando venga más tarde, le diré que suba a verla.

–¿Quiere que marque mi número en el móvil de usted?

Tras un momento de duda, saco el teléfono del abrigo, pero su mano regordeta casi me lo arrebata. Sin darme tiempo a reaccionar, comienza a marcar su número. Alargo rápidamente la mano y recupero mi móvil.

–Dígame los últimos números, los marcaré yo misma –le digo sonriendo, aunque la mujer está claramente ofendida.

Menos mal que se lo he quitado antes de que pulsara el botón de llamada. Ya fue un error abrirle la puerta, así que no puedo permitir que mi número quede en su lista de llamadas recibidas. No puedo evitar que me tiemble la mano al pulsar el botón de guardar.

–Soy de los miniestudios El Futuro, de la segunda planta. Dile que me llame sin falta esta noche, no importa lo tarde que sea, ¿de acuerdo?

Ahora hasta me ha tuteado. Asiento con la cabeza, pero ella se aleja con una mueca de disgusto y desconfianza.

Con mano sudorosa, cierro la puerta con llave.

He cometido un error. Esta mujer tan charlatana seguro que hablará con cualquiera que quiera escucharla sobre mí y sobre las sospechas que le he despertado. Pero ya es demasiado tarde para lamentarlo.

Me apoyo en la puerta metálica y me doy la vuelta. Al contemplar el interior a oscuras se me corta la respiración.

No me había dado cuenta al tener las luces encendidas, pero la luminosidad que se filtra a través de los cristales tintados de azul oscuro es similar a la del amanecer o el anochecer. Los cuadros de tinta que cuelgan de las paredes parecen sumergidos en una oscuridad azulada. Como si contemplara el firmamento nocturno ampliado miles de veces, se ven todavía más lejanos e irreales.

¿Dónde estoy?

¿En qué punto del tiempo me encuentro?

Cierro los ojos con fuerza y los abro. Todos los objetos que me rodean son azules; se hinchan poco a poco, su superficie reseca se agrieta y deja escapar un líquido viscoso que se derrama a mi alrededor. Con la espalda apoyada en la puerta helada, me deslizo hacia el suelo y me siento. Voy a contar hasta tres y me pondré en pie. Abro bien los ojos y apoyo las manos en el duro suelo de baldosas.

No sé quién empezó.

No sé cómo se encontraron nuestros labios a pesar de que nadie nos enseñó a hacerlo.

No sé cómo nuestras lenguas, como pececillos recién nacidos, encontraron su camino nadando dentro de esa boca caliente que no sabíamos de quién era.

Él tenía treinta y seis años y yo era una niña. Inclinándose sobre mí, me abrazó en el suelo helado y me besó una y otra vez como si tuviera sed, como si tuviera hambre. Quería que estuviéramos más cerca, más calientes, pero no sabía cómo. Y aunque lo hubiera sabido, tenía miedo. Cuando atraje su mano temblorosa y la metí debajo de mi jersey, él me miró con lágrimas en los ojos.

–¿Por qué lloras? –le pregunté.

–No lo sé.

Retiró sus dedos fríos y delgados de mi jersey.

–No sé nada de nada.

No hablamos.

Ninguno de los dos se movió.

A través de la ventana de cristal esmerilado, se filtraba la luz azulada del anochecer. No se oían pisadas ni el ruido del viento.

–¿Tú también lo sientes?

Su mano descansaba sobre mi áspero jersey, sobre mis senos, que aún no se habían desarrollado del todo. Sentí el sonido de su voz, no a través de mis oídos, sino a través de su mano. Acaricié su pelo, los lóbulos de sus orejas y su nuca tibia. Al hundir la cara en el hueco entre su barbilla y su hombro, percibí un olor ligeramente amargo. Olía a un medicamento que yo no conocía, también a hojas de caqui y pétalos de jazmín.

—En este momento, siento como si unos vasos sanguíneos recorrieran la oscuridad… —Percibía su calor y el movimiento de su garganta contra mi mejilla—. Y la sangre azul corriendo por sus venas.

Los agujeros negros están por todas partes. No tienen luz, ni forma, ni volumen, pero sí una masa enorme y una fuerza de atracción considerable. ¿Cómo fluye el tiempo para ellos? ¿Está eternamente detenido o se prolonga eternamente? ¿Qué encuentra una estrella muerta, absorbida indefinidamente, cuando llega al corazón del agujero negro? ¿Atravesará la masa concentrada de todas las sombras del universo, amontonadas sin volumen en la oscuridad implacable? ¿Qué experimentará el cuerpo o la forma de una estrella muerta que explotó hace cientos de millones de años en el interior del agujero negro, mientras se abre camino a tientas hasta nosotros a través del pozo de sangre de la oscuridad?

La estrella blanca del tío, mejor dicho, la estrella blanca de Inju, arde dentro de la tinta de un negro azulado.

Hace mucho tiempo, mientras salía del taller del tío, me volví y susurré: «Eso parece una joya».

La cristalización del agua a la vez que un instante de fuego.

El cero y el infinito.

No puedo moverme. Me asaltan demasiados recuerdos a la vez, pero desaparecen hechos trizas antes de que pueda examinarlos con atención. En todos esos breves instantes, arden las estrellas blancas en la tinta negra. Cada vez que desaparecen esas lágrimas ardientes acumuladas en mis ojos, los objetos deformados se vuelven nítidos como el hielo.

Si no hubiera sido por los golpes en la puerta, quizás habría descubierto o habría comprendido algo allí dentro.

Aturdida, aparto la espalda de la puerta que se sacude. Oigo los golpes ásperos, el tintineo de una llave que es introducida a la fuerza en la cerradura, sin éxito, las maldiciones en voz baja.

Me quito las zapatillas de Inju y las dejo donde estaban. Sin hacer ruido, me pongo los zapatos. Doblo a la fuerza la parte superior del cuaderno de dibujo y cierro la cremallera del bolso.

Tengo miedo.

No tengo miedo.

Sí que tengo.

Un minuto después cesan los golpes y los insultos. En medio de un silencio de mal agüero, calculo el tiempo que tardaría en despegar la película de vinilo tintado, romper el cristal y escapar por la puerta delantera. Sé que no soy la protagonista audaz de un thriller o de una novela policiaca. Los recuerdos han dejado de asaltarme, pero aún me queman el cerebro, y mis puños se romperán como el cristal de la puerta, además de que no puedo correr por que me he torcido el tobillo.

Apoyo la cara en el frío metal de la puerta y observo el exterior por la mirilla. No hay nadie. Como una atleta esperando a que suene el silbato que señala el comienzo de la carrera, inclino mi cuerpo hacia delante. Contengo la respiración y, con manos temblorosas, abro el cerrojo.

4

EL MAR DE MAGMA

Le tiembla la mandíbula. Le late con fuerza un ojo detrás de las gafas y parpadea.

–¿Qué… qué…? –exclama tartamudeando–. ¿Qué hace… a… aquí? ¿Qué… qué ha hecho?

Me masajeo el brazo dolorido, que antes me ha agarrado y acaba de soltar. Retrocedo un paso.

Cuando me ha oído abrir el cerrojo, debe de haberse pegado a la pared, junto al timbre. Ni siquiera alguien más ágil que yo habría podido escapar de la celada. Agarrándome del antebrazo, me empuja de nuevo hacia el interior del taller y luego cierra la puerta y corre el cerrojo. Lo ha hecho todo sin vacilar, como si hubiera atrapado a otros intrusos antes.

–E… ese… ese… abrigo, qui… quíteselo.

Me señala el pecho con mano temblorosa, algo que contrasta con la fuerza y la destreza que acababa de exhibir. Miro el abrigo negro de Inju que llevo sobre la chaqueta y luego miro sus ojos desorbitados, que me escrutan como si hubieran visto un fantasma. Dejo el bolso en el suelo y desabrocho los botones del abrigo de Inju, que había cerrado hasta el cuello. En cuanto su calor abandona mi cuerpo, me lo arrebata y él lo agarra con ambas manos.

–La llave… co… cómo… por… por… qué demonios…

De pie junto a la puerta, aprieta el abrigo hecho un bulto bajo el brazo. Saca del bolsillo un paquete de cigarrillos; su mano no deja de temblar. Se le cae un pitillo al suelo, pero no lo recoge y saca otro.

Siento que toda la situación se aleja de mí, lo que me crea una extraña sensación de irrealidad. En los segundos que tarda en encender el cigarrillo, sin parar de temblarle la cabeza, me doy cuenta de que no tengo miedo, de lo vacía que está mi vida, de que no tengo nada valioso que tema perder o romper.

Está muy oscuro.

Tanteando la fría pared, pulso el interruptor. Observo cómo le da dos caladas profundas y seguidas a su cigarrillo y cómo se le endurece la mirada cuando la dirige a mí.

–Hable.

Ya no tartamudea, solo le tiembla la mano que sostiene el cigarrillo. Se le ha acumulado una espuma blanca en los bordes de su boca reseca.

–¿Qué ha estado haciendo aquí?

–Estaba mirando.

–¿Qué?

–Los cuadros.

–¿No se los mostré anoche?

Ya ni siquiera le tiembla la mano. Lo único que se mueve entre ambos es el humo del cigarrillo.

–Si Inju estuviera con vida… –Trago el nudo rígido y caliente que me sube por la garganta. Le miro a la cara, endurecida como el hierro fundido, y me corrijo–: Si le hubiera dicho a Inju que quería verlos, me habría dejado venir cuando quisiera.

Sus ojos delatan una fría hostilidad. Esboza una sonrisa mordaz que borra al instante.

–¿Cambiando a su antojo la cerradura?

–¿Este lugar no es propiedad de la familia de Inju? ¿Acaso le encargaron a usted que lo cuidara? Yo misma me pondré en contacto con Jeong para disculparme por lo ocurrido y pedirle permiso para volver.

–Se equivoca –me interrumpe–. La familia de Seo Inju no tiene ningún derecho sobre este lugar.

Y para dejar claro que no está dispuesto a oír más preguntas o comentarios, concluye de manera tajante:

–No encontrará a nadie que le dé permiso para ver o coger cualquier objeto de este lugar, sea lo que sea lo que usted esté buscando.

Me quedo callada para pensar en sus palabras, que me suenan ininteligibles, como si hablara en un idioma extranjero. Contemplo su nariz, que se ve chata por la luz, su frente dura como cuero correoso y la saliva gris que se le acumula en las comisuras de los labios. Las ideas se me van aclarando poco a poco y, de repente, lo veo todo enfocado y completo. ¿Está diciendo que él le compró el taller a Jeong, el exmarido de Inju, y a Minseo, que todavía es demasiado pequeño para entender nada? ¿Con todos los cuadros de Inju incluidos? ¿A cambio de cuánto? *¿Cómo ha sido posible?*

–En esta situación, si yo le hiciera daño, nadie me pediría cuentas. Si llamara a la policía, a la que se llevarían detenida es a usted. Según lo que yo diga, incluso podría cumplir una condena, ya que todo dependería de mi declaración.

Cierro y abro los párpados con lentitud, tratando de registrar en mi mente las frases que acabo de oír, que me suenan aún más como un idioma extranjero que antes. Su voz, que sale de su boca junto con el humo azul del cigarrillo, es grave y clara. No se percibe la más mínima pausa entre sus palabras, ninguna emoción que perturbe la fría esencia de lo que acaba de decir.

–Antes de que ocurra todo eso, dígame qué ha hecho aquí.

Me doy la vuelta. Después de revisar la mesa, la estantería y el fregadero, lo he vuelto a colocar todo en su sitio. He hecho bien en descolgar la pintura de la pared. El lugar de donde he quitado las radiografías está lejos y casi no se ve. Con un poco de suerte, quizá deje que me vaya sin mirar dentro del bolso.

Pienso en el silencio hermético de mi casa, donde no se cuela el viento; en la mesa sin polvo; en el portátil, que ya tiene varios años; en el montón de hojas de papel en blanco donde todavía no he escrito una sola frase. Siento un fuerte deseo de llevarme allí todos y cada uno de los objetos que tengo en el bolso.

–Lo siento –respondo bajando la voz–. He estado mirando las pinturas. Pensé que no me dejaría volver a verlas... Es que es muy importante para mí.

–¿Por qué? –dice, acercándose–. ¿Por qué es tan importante? ¿Quién podrá creer que la razón por la que ha cometido un acto ilegal para entrar aquí ha sido simplemente contemplar las pinturas?

Sus palabras son perfectamente lógicas, pero revelan una ira más cruel que si me hubiera gruñido o insultado. Percibo la locura secreta que brilla en sus ojos cuando se me acerca hasta casi tocarme la nariz.

Me agacho. Me impulso con fuerza con el pie sano y me lanzo hacia la puerta. Entonces, su mano me retuerce el hombro como una llave inglesa. Giro el torso para liberarme, pero mi cuerpo sale despedido hacia atrás. Un dolor, breve y agudo como un grito, me atraviesa la espalda.

Ahora, esas manos húmedas pueden estrangularme.

Intento apoyar las manos en el suelo e incorporarme, pero lo veo todo blanco. En mi pecho, unas uñas afiladas se clavan en mi corazón, se hunden como esquirlas de acero ardiente y lo atraviesan. Abro mucho los ojos desenfocados. Sin hacer ruido, como serpientes, sus manos se posan en mis hombros.

Ninguna palabra sale de su boca.

Cuando por fin se aflojan las garras que me oprimían el corazón, abro los ojos. Un escalofrío se extiende desde mi espalda húmeda de sudor al resto de mi cuerpo. No he perdido el conocimiento, simplemente me he quedado sentada en el suelo del vestíbulo con las rodillas levantadas y la espalda y el cuello encorvados, esperando a que se me pasara el dolor del pecho.

Kang no ha hecho nada por socorrerme. Me ha dejado allí más de diez minutos sin tocarme un pelo. Si la negligencia es una forma de homicidio, él ya me ha matado. Al mismo tiempo, me ha salvado la vida al no asestarme un segundo golpe, que habría sido fatal.

Junto a mis pies veo mi abultado bolso. Levanto la vista y ahí está él, a tres o cuatro pasos de distancia. Está sentado en la silla plegable con las piernas cruzadas y mirando hacia la puerta, es decir, hacia mí; veo sus zapatos negros, que no se ha quitado. Como tiene la luz de los fluorescentes detrás de él, no puedo distinguir bien la expresión de su rostro. Me parece estar en medio de una pesadilla que he tenido innumerables veces.

Él no se mueve.

Ni siquiera se le oye respirar.

Al levantar la cabeza para mirar más allá de sus hombros, veo las pinturas de Inju sobre la pared gris de la derecha. Las blancas estrellas arden en la oscuridad de los enormes lienzos de papel.

Si todos los idiomas se comprimieran en una sola palabra, si existiera una palabra así, ¿qué pasaría si abriéramos la boca para pronunciarla? De la misma manera, si todas las formas del mundo se condensaran en un cristal o en un punto, entonces…

La voz del tío se desvanece lenta y silenciosamente como el suero que gotea por la vía intravenosa, y se superpone la voz clara de Inju:

–¿Por qué estás tan delgada?

Fue lo que me dijo Inju cuando me abrió la puerta con su bebé dormido y sudoroso cargado a la espalda; Minseo entonces tenía un año. Yo no daba crédito a lo que veía. En poco más de dos años, Inju se había convertido en una persona completamente distinta. Se le había adelgazado el rostro lleno de pecas y sus ojos parecían aún más grandes. En aquel apartamento de menos de cuarenta metros cuadrados hacía tanto calor como fuera, donde lucía un sol de justicia.

–Tú estás más delgada que yo –le respondí.

Entonces, una sonrisa clara iluminó su rostro. De las sienes le caían gruesas gotas de sudor. Su fresca voz atravesaba el aire caliente, pronunciando cada sílaba como si fueran cubitos de hielo redondos:

–¿Por qué no entras? ¿Te vas a quedar ahí parada?

Al cerrar la puerta y agacharme para quitarme las sandalias, la mano de Inju me acarició la mejilla. Fue un gesto breve, casi indiferente. Como si, retrocediendo en el tiempo, me secara una lágrima invisible de otra época.

–Inju no se suicidó –digo mientras apoyo las manos en el suelo helado para incorporarme. Lentamente, enderezo el torso y me pongo en pie. Kang sigue mis movimientos–. ¿De verdad ve la muerte en esos cuadros?

Me froto el pecho con el puño izquierdo, pues el dolor no ha desaparecido del todo. Al mismo tiempo, levanto el brazo derecho y señalo la pintura de la estrella azul en llamas.

El viento se cuela por las rendijas del escaparate de cristal entintado de azul oscuro. Sus finos y agudos gemidos rasgan insistentemente el silencio. De pronto, veo la forma redonda de esa llama azul que arde en medio de la tinta negra como un ombligo.

Él no responde.

No mira mi mano.

No se gira para mirar el cuadro.

Cojo el bolso, que estaba tirado junto a mi pie, y me lo cuelgo al hombro.

–Me voy.

Al fin abre la boca y dice en un tono seco:

–Deje las llaves.

Rápidamente, se levanta de la silla y se acerca a mí. Levanto la mano, con la tonta esperanza de detenerlo. Con la otra mano, rebusco en los bolsillos del abrigo y saco cuatro llaves. Sin titubear, me las arrebata. Siento el roce de sus dedos tibios y eso me pone la carne de gallina, más que si los tuviera fríos.

–Deme la que falta.

–Aquí están todas.

Kang no es alto. Yo tampoco lo soy, pero no tengo que levantar la vista para mirarlo a la cara. Recorro con la mirada cada una de sus finas arrugas, cada poro de su piel, como si quisiera encontrarle un punto débil. Pero no tiene ninguno.

–Enséñeme el bolso.

–Tengo que irme –digo, retrocediendo.

Antes de que yo dé un paso atrás, me arrebata el bolso. Lo abre y lo sacude violentamente boca abajo.

Todo lo que había dentro cae al suelo: el bolsito de papel, las radiografías, mi libreto de teatro de hace diez años, el paquete de pañuelos de papel y la cartera. Al caer el cuaderno de bocetos, que había metido a la fuerza, se abre en una hoja que no había visto antes. Es algo que Inju había escrito con rotulador rojo. La letra es tan pequeña que no puedo leer una sola palabra. Escrita con trazos rápidos y ásperos, parece una mancha de sangre, flores rojas esparcidas.

Kang coge del suelo los pañuelos de papel y la cartera y los mete de nuevo en el bolso. Me lo acerca al pecho como si me lo tirara.

–Se lo he advertido –dice, dejando escapar un hosco silbido entre los dientes–. Si vuelve a entrar aquí, llamaré a la policía. Y entonces… –se inclina amenazadoramente, casi tocándome– no tendré piedad.

Sus ojos brillan de ira. Huelo el tufo a tabaco de su boca. Quisiera gritar, saltar, retorcerme como un animal atrapado. Pero, antes de que me asalte otra oleada de dolor en el pecho, me doy media vuelta. Sin mirar atrás, salgo por la puerta. Me alejo de ese lugar lo más rápido que puedo.

El breve día está llegando a su fin. Poco a poco se encienden las luces de esas calles miserables. Cojeando con el pie izquierdo, paso por delante de una panadería con bollos, una pequeña librería, una tienda abierta las veinticuatro horas, un restaurante de comida rápida y una hamburguesería con baldosas negras.

El viento de la tarde me azota las mejillas y las orejas. Sopla con menos fuerza, pero me parece aún más helado por la humedad. Me detengo ante un restaurante destartalado y desierto. Sin pensarlo dos veces, alargo la mano y empujo la puerta de cristal. Me siento en un lugar desde donde se ve el exterior, pido unos fideos con caldo de anchoas y contemplo la calle helada. La noche se acerca rápidamente. Es hora de comer algo, hora de saciar el hambre.

Desde lejos, leo los titulares del periódico deportivo que está sobre la mesa de enfrente. El salario anual de alguien ha alcanzado una cifra récord, la Bolsa ha caído estrepitosamente, una pareja se ha separado y una tercera persona lleva meses en coma. Al mirar al techo, veo en los largos tubos fluorescentes la oscura mancha de los insectos alados que murieron el verano pasado.

La vergüenza es silenciosa.

Contemplo la vergüenza como si me asomara a un pozo silencioso.

«¿Le duele el pecho?», me preguntó anoche Kang. Lo hizo con frialdad, casi con desprecio. No, más bien fue sin compasión. En ese instante caí en la cuenta de que estaba frotándome el pecho con el puño.

¿Cómo podía interpretar aquello?

Esa sensación, que había estado dormida durante dos años, de tener unas uñas ardientes clavadas en mi corazón se había despertado la noche anterior, cuando fui por primera vez al taller de Inju; ahora estaba allí de nuevo. ¿Cómo debía interpretarla? En silencio observo ese dolor en el pecho que ha regresado con la vergüenza, como dos gemelos de rostros impasibles, y vuelvo a pensar en la espalda magullada, en el antebrazo retorcido con fuerza y en el tobillo que parece aullar aunque me quede quieta.

Me traen la sopa de fideos enseguida, deben de haberla preparado con antelación. Como si estuviera rezando, me quedo inmóvil ante el cuenco humeante. Tras mirar cómo el vapor se disipa en el aire, cojo los palillos. La sopa está buena. No, no está buena, solo normal.

Cuando he comido la mitad de los fideos, suena el teléfono. Es el número de Kang. Abro el móvil y espero.

–¿Dónde está? –me pregunta, pero no le respondo–. ¿Me oye? ¿Dónde está?

–Estoy comiendo –le digo.

–Vuelva, por favor. Tengo que decirle algo.

No me lo esperaba. Tras pensarlo un momento, repito:

–Estoy comiendo.

–¿Dónde se encuentra?

Le doy el nombre del restaurante.

–Ahora voy.

La llamada se corta.

Es una voz grave, cansada y fría.

Una voz inconfundible.

Una voz avasalladora.

Una voz que asfixia.

Dejo el móvil sobre la mesa y abro la cartera. Saco la foto que nos tomaron a las dos hace veinte años, lo único que he podido sacar indemne de ese lugar. Al abrir la cremallera del compartimento de las monedas, encuentro la última llave, la que no le he dado a Kang. Si no me la ha quitado ha sido por descuido, o tal vez por indulgencia, o porque tenía algo en mente.

Tras echar un vistazo alrededor, me agacho discretamente bajo la mesa y deslizo la foto y la llave dentro del sujetador. Apoyando las manos en la mesa, me incorporo.

Al otro lado del pasaplatos, veo a una mujer mayor con el pelo blanco, corto y con permanente que remueve el caldo con un cucharón de mango largo. Lo prueba mojando los labios en el cucharón. En el televisor de dieciocho pulgadas que hay junto al dispensador de agua se emite un programa de concursos en el que participan estudiantes de bachillerato. Sentada a la caja, una chica de unos veinte años con el pelo teñido de castaño claro y recogido en una coleta teclea en el móvil; debe de ser la hija de la dueña del restaurante. Fuera ya está tan oscuro que parece de noche. Los coches circulan lentamente con los faros encendidos.

A esta hora, la vida, frágil como un animalito, tiembla sobre la palma de la mano.

Todavía sale vapor de los fideos. El calor blanquecino se eleva con tenacidad y, tras serpentear un poco en el aire, desaparece.

La primera vez que sentí ese dolor en el pecho fue una madrugada de hace diez años, más o menos en esta época del año.

Me había ido de la casa de Suyuri y vivía en un estudio. Hacía cuatro horas que K, que venía a verme una o dos veces a la semana, se había marchado. Cuando sentí ese intenso dolor en el corazón, avancé a gatas hasta el interfono y cogí el auricular. Justo cuando estaba a punto de perder el conocimiento, el portero contestó con voz soñolienta. El buen hombre, de unos sesenta años, hizo lo que pudo. Me puso un abrigo sobre el pijama y me cargó sobre su espalda hasta la avenida, donde llamó a un taxi y me metió en el asiento trasero.

Hacía frío dentro del vehículo. El asiento de cuero sintético era duro y percibí un ligero olor ácido por el motor de gas licuado. Acostada y encogida en el asiento, veía desfilar por la ventanilla edificios de apartamentos en construcción que me parecieron aún más gigantescos desde ese ángulo. «Socorro», murmuré en voz baja sin saber a quién dirigía mi petición. Con sus agujeros oscuros, los edificios inacabados parecían colmenas y las grúas suspendidas en el aire semejaban conchas vacías, burbujas que desaparecerían cuando mi corazón dejara de latir.

Quería abrir la ventanilla, pero no podía alcanzarla. No me salía la voz. A partir de cierto momento, ya no pude abrir los ojos y solo percibía el gas asfixiante y el ruido del motor.

Era como ir flotando sobre un enorme bloque de hielo.

El taxi parecía dar vueltas sin fin.

Creí que no podría salir nunca de aquella madrugada.

Dejó de salir vapor de los fideos.

Por delante de la puerta de cristal pasa un grupo de chicas, abrigadas con chaquetas acolchadas sobre el uniforme y los cabellos al viento, que estallan en carcajadas silenciosas. Detrás de ellas va un hombre de mediana edad con orejeras y una chaqueta con cuello de piel.

Kang aún no ha llegado.

Pienso, con los fideos fríos delante.

Me pregunto por qué lo estoy esperando.

Quién de los dos es más raro, si él o yo.

Pienso en el momento en que me retorció el hombro como si me hiciera una llave inglesa.

Pienso en su cara a contraluz, mirándome desde la silla como un dios de la muerte.

Pienso en el pájaro blanco que vi en el sueño,
en ese pájaro transparente y vacío hasta el cuello,
en su canto, que, extrañamente, no logro recordar.

No dejo de pensar.

Pienso en él tumbado boca abajo en el suelo del taller.

Imagino su pelo,
su nuca
y los pantalones de algodón manchados de tinta negra.

Inju me llamó al patio de los profesores, donde estaba el almacén de lignito. Llevaba una semana faltando a la escuela, nadie contestaba al teléfono, y cada vez que iba a su casa encontraba la puerta cerrada. Al verme, Inju fue directa al grano. El tío tenía un hematoma en la nuca y, como su nivel de plaquetas era inferior a cinco mil, no pudieron drenársela.

–¿Y qué pasó? –le pregunté, sin entender nada–. ¿Qué ocurrió?

–Lo que te acabo de decir. Tenía en la nunca una acumulación de sangre del tamaño de un cartón de leche pequeño. Cuando fui a llamarlo para cenar, ya estaba…

Me la quedé mirando, con la mente en blanco; tenía los ojos enrojecidos e hinchados. Solo después de un rato, conseguí abrir la boca para decir:

–¿Y por qué no me has llamado? –Me temblaba la voz–. ¿Por qué no lo hiciste? ¿Dónde está el tío ahora?

–No tenía sentido que vinieras –dijo Inju con una serenidad que rayaba en la frialdad–. No volvió en sí ni una sola vez. Fue el final.

No la comprendí durante mucho tiempo.

No podía perdonarla.

Tampoco me perdonaba a mí misma no tener un vínculo familiar con el tío y que, por ende, Inju no estuviera obligada a llamarme.

Mucho tiempo después, finalmente lo comprendí.

Inju tenía dieciocho años cuando encontró a su tío tendido en el suelo del taller. ¿Cómo pudo correr con él a cuestas por esa calle estrecha y empinada por la que no podía subir la ambulancia? ¿Cómo se acordó de meter en el bolsillo del abrigo el dinero que guardaba en el cajón para ese tipo de contingencias? ¿De dónde sacó la fuerza sobrehumana para llevar a su tío hasta la clínica donde se encontraba el viejo doctor que lo había atendido durante décadas? ¿Cómo pudo soportar sola la espera en la sala de urgencias, y luego las largas y angustiosas esperas en el pasillo frente a la unidad de cuidados intensivos? ¿Cómo fue capaz de cruzar ese largo túnel en llamas sin la ayuda de nadie?

Relaja los brazos,
le dije al tío.
Soy pesado, me dijo.
Quiero ver cuánto.

Pesaba más de lo que había imaginado. Me oprimía cada vez más el pecho, hasta que apenas pude respirar.

Peso mucho, ¿verdad?

No, nada.

Nuestros labios y nuestras lenguas se fundieron una vez más. Me prometí, con los ojos cerrados, que recordaría su peso. Ese peso que había medido por el dolor de mi esternón y mis costillas, aplastadas bajo mi áspero jersey.

Un chico de instituto que lleva una mochila demasiado grande para él pedalea con lentitud en bicicleta, como si estuviera agotado. Una mujer anciana, con botas altas y las mejillas con tanto colorete que parece un payaso, pasa por delante y echa un vistazo rápido al interior del restaurante.

Tengo sed.

Abro el tapón de la botella de plástico y vierto agua en el vaso de cerámica. Sin querer, lleno el vaso hasta que rebosa y se derrama. El agua fría me moja la mano y cae sobre la mesa. Me tiemblan las manos de manera extraña, así que solo me humedezco los labios y bajo el vaso.

Ese día que el dolor clavó sus garras en mi corazón por primera vez.

Ese día en que la vida y la muerte, yo y el mundo, nos igualamos por primera vez.

Ese día en que la llama vital parpadeante no se apagó en mí.

¿Comprendí por fin al tío?

Solo por un momento.

Un instante muy breve.

La puerta de cristal se abre y por un momento se cuelan en el interior todos los ruidos de la calle.

Es Kang Seogwon.

Lleva un abrigo largo y negro sobre el jersey gris como su pelo entrecano y camina hacia mí con un paso firme que contrasta con el cansancio que refleja su rostro. Acerca una silla a la mesa y se sienta enfrente, trayendo consigo una bocanada de aire frío y olor a tabaco. Mientras se quita el abrigo negro y lo deja en la silla de al lado, observo que sus manos no tiemblan.

La hija de la dueña del restaurante, con el pelo castaño recogido en una coleta alta, le pone un vaso de agua delante.

–Una sopa con arroz.

Asintiendo con la cabeza como si lo esperara, la chica grita hacia la cocina:

–Mamá, una sopa con arroz para la mesa tres.

Al parecer, Kang ha decidido no quitarme los ojos de encima hasta que le sirvan la sopa. Tras sostenerle la mirada un rato, cojo los palillos, me meto en la boca los fideos fríos y los parto con los dientes. Sin prestarle atención, mastico un trozo de kimchi de nabos y bebo el caldo frío.

Cuando le traen la sopa, dejo los palillos sobre la mesa y hago lo mismo que él: me quedo observándolo en silencio mientras come. Al principio, incomodado por mi mirada, se le cae la sopa, no coge bien el kimchi de nabos y cada vez que se lleva una cucharada a la boca se limpia las comisuras con la servilleta de papel barato. Pero, al cabo de un rato, deja de prestarme atención y se concentra en su plato. Se nota que está acostumbrado a comer solo. Observo los movimientos involuntarios de alguien que come porque tiene hambre, y que mastica concienzudamente sin encontrar ningún placer en la comida.

Es un hombre extraño.

A veces es un orador elocuente, y otras, un tartamudo al que le tiembla el mentón.

Hace un momento, ha hecho uso de la fuerza física. Ahora es un viejo que come agachando la cabeza.

Lo observo en silencio mientras raspa con la cuchara el fondo del cuenco.

–Yo inmortalizaré el nombre de Seo Inju. Además de talento artístico, posee todas las cualidades para convertirse en un mito: juventud, belleza, una obra apabullante, una historia personal desgraciada e incluso un trágico final: un suicidio en coche. La convertiré en un mito. He invertido en ella toda mi fortuna, y mucho más. Y seguiré haciéndolo.

Apenas termina el plato de sopa, le vuelven los colores a la cara y habla con entusiasmo. Es como si antes no hubiera podido decir nada porque tenía el estómago vacío. Cuando vacía el vaso de un trago su nuez se retuerce como un gusano.

–No sé qué pensará de lo que voy a decirle…

Se interrumpe, deja el vaso sobre la mesa y me mira fijamente. Es la mirada de alguien que, queriendo ocultar sus sentimientos, acaba mostrando una emoción aún más intensa.

–Se trata de algo personal…

Sus ojos refulgen en silencio detrás de las gafas.

–Habíamos planeado irnos a vivir juntos…

El fuego de sus ojos tiembla.

–Desde el día que la conocí, he hecho por ella cuanto estaba en mis manos. Yo la descubrí y la recomendé para que se organizara una exposición individual de sus obras. Hasta abandoné a mi mujer y a mis hijos por ella. Jamás me imaginé que la perdería así, tan de repente.

Su voz tiembla y se eleva cada vez, impulsado por una pasión secreta.

–Pero mi labor aún no ha acabado. Todavía hay cosas que puedo y debo hacer. Estoy en contacto con un productor de televisión. Cuando el libro se publique, hará un programa especial sobre Inju. También conozco a un guionista que escribirá sobre su biografía. Cuando esté lista, buscaré la productora cinematográfica más adecuada para llevar la vida de Inju a la pantalla. Organizaré una exposición póstuma de sus obras y haré construir un museo que llevará su nombre donde se expondrán sus cuadros de forma permanente. Mi programa está yendo sobre ruedas. Voy a inmortalizarla, y nadie podrá detenerme. No dejaré que nadie se interponga en mi camino.

No me dejo impresionar. Su locura, su dolor y su obsesión no me perturban. Mirándole a los ojos inyectados de sangre, le pregunto:

–¿Para conseguir todo eso tiene que convertir la muerte de Inju en un suicidio?

El restaurante está tranquilo.

La mujer mayor que estaba en la cocina ha salido a la barra y conversa animadamente con su hija. Han bajado el volumen del televisor; ahora se oyen las risas amortiguadas del público de un programa de entretenimiento. Un hombre de mediana edad sentado a una de las mesas del rincón está acabando su sopa.

En lugar de responderme, Kang me pregunta a su vez:

–Disculpe, ¿está usted casada?

Estuve casada, pero me separé hace dos años. Sin embargo, no veo la razón de decírselo a este hombre. Al rato, reformula la pregunta:

–Si estuviera casada, no se habría encontrado con un desconocido como yo pasada la medianoche. ¿Vive con sus padres?

No me hace estas preguntas porque mi vida privada le suscite ningún interés o curiosidad. Sé que me odia. ¿Por qué me lo pregunta? ¿Qué desea saber de mí?

–¿Vive sola?

En lugar de responder, pregunto a mi vez:

–¿Duerme en el taller por las noches?

—La mayoría de las veces duermo en mi casa, aunque nadie me espera —responde dócilmente.

Su mirada indica que ahora me toca a mí responder, pero me mantengo firme sin decir nada. Rompiendo el incómodo silencio, pregunta:

—¿Hay alguien que conozca la relación que tenía usted con Inju?

—Todos los que me conocen saben que éramos amigas —respondo tras una pausa.

Presa de un frío extraño, me pongo a temblar.

—¿Sabe alguien que está usted aquí?

Pienso antes de contestar:

—Mi hermano menor me llamó esta mañana. Le conté adónde pensaba ir hoy. Él también le tenía mucho cariño a Inju. Si no fuera porque trabaja, me habría acompañado.

Asiente sin decir nada. Rebusca en el bolsillo interior de su abrigo, colgado en la silla, hasta que encuentra el paquete de cigarrillos. Con esos dedos suyos que siempre parecen estar húmedos, saca un pitillo.

—Está prohibido fumar en el local —advierte desde la barra la hija de la dueña, con voz suave pero firme.

Con movimientos lentos y confusos, vuelve a guardar el paquete de cigarrillos.

—¿Quiere agua? —le digo, abriendo la botella de plástico.

No contesta, pero le lleno el vaso de todos modos. Por mi parte, bebo un sorbo de mi vaso lleno hasta el borde. Me concentro en la sensación del agua bajando por mi garganta. Al levantar la vista, advierto que Kang vigila todos mis movimientos con esos ojos fríos que hielan la sangre.

Hace unos veinte años, un libro que tomé prestado de la biblioteca del tío me hizo reflexionar.

La teoría de la relatividad general nos enseña que la presencia de un cuerpo deforma y curva el espacio a su alrededor en proporción a su masa. En el caso de que esta teoría se aplique a otros cuerpos más pequeños y no solo a los planetas, vivimos entrando y saliendo el espacio curvo que envuelve el cuerpo de los demás, del mismo modo que los demás entran y salen del espacio curvo que nos rodea.

Si las ondas que emanan de una persona se extienden hasta el límite de ese espacio curvo –y si llamamos aura a ese contorno–, probablemente sentí el aura del tío. No con los ojos ni los oídos ni la nariz ni la piel, sino a través de un sentido distinto que no soy capaz de definir.

La sentí antes de que nuestros cuerpos se tocaran, incluso antes de rozarnos los dedos; sentí esas ondas increíblemente tiernas y suaves, esa infinitamente cálida y blanda presencia en el aire.

Con ese mismo sentido percibo el aura de Kang Seogwon: una vibración estremecedora que cruza la mesa y llega a mi cara, un amasijo hecho de furia asesina, sufrimiento reprimido y tristeza pegajosa.

Como si quisiera mostrar educación, endereza los hombros y pone las manos entrelazadas sobre la mesa. Pregunta como si se tratara de un interrogatorio:

–¿Sabe usted lo que Seo Inju hacía y con quién se reunía hace dos años? –Se refiere al último año de su vida–. Parecía otra persona. Cortó el contacto con todas las personas que conocía. Dejó de dar clases en la academia de Bellas Artes, donde preparaba a los alumnos para entrar en la universidad. Usted me dijo que se vio con ella durante ese año. Si es así, es la única persona que afirma haber estado en contacto con ella durante ese periodo.

Reflexiono un momento y respondo titubeando, como si estuviera en un interrogatorio:

–Minseo vivía con ella… Cada dos semanas, cuando llevaba al niño a casa de su padre, se encontraría inevitablemente con Jeong Seongyu. Si, como dice, usted tenía una relación estrecha con ella, también lo veía a usted.

Observo sus ojos, que parpadean inquietos.

–Por supuesto, Seo Inju vivía con su hijo y salía conmigo. Pero, aparte de eso, solo usted la vio. –Baja la voz–. ¿Sabe si Inju veía a alguien más, aparte de su hijo, su exmarido, usted y yo?

Yo no lo sabía. No sabía que había dejado de ver a todos sus conocidos, ni tampoco que salía con este hombre que está sentado frente a mí con los ojos inyectados en sangre.

–Hable sin miedo –dice, echándose hacia atrás tranquilamente.

El blanco de sus ojos está surcado de venas rojas. ¿Es posible que sean tan rectas cuando los vasos sanguíneos estallan espontáneamente? Parecen trazadas cuidadosamente con una navaja afilada. De esas líneas salen los hilillos de sangre.

–No lo sé. Inju nunca me habló de nadie en particular.

–Entonces ¿de qué hablaban cuando se veían?

De repente se me ocurre una idea y contengo la respiración. Este hombre debió de hacer infeliz a Inju de alguna manera. La preocupación que ella no compartía con nadie, la herida que llevaba tiempo supurando, era él. Independientemente de que, como dice Kang, sea verdad que fueron amantes, o una verdad a medias, o una mentira descarada.

–¿Ha mirado las cosas que me guardé en el bolso?

–Sí.

–¿Ha visto las radiografías?

–Sí.

–¿Sabe qué son?

Su cara se descompone. Si no lo sabe, es que no era la pareja de Inju. Si no sabe qué le atravesó el muslo y la hizo cojear durante veinte años, si nunca vio esa cicatriz…

–Es una radiografía de la pierna.

Cualquiera puede decir eso, aunque no haya sido la pareja de Inju.

–¿De quién?

–De Inju.

Eso lo puede suponer cualquiera, aunque no haya sido la pareja de Inju.

–¿Cómo y por qué se lesionó?

–Solo sé que es una radiografía de hace mucho tiempo. No me contó lo que pasó.

–¿Vio la cicatriz?

Él no responde.

–¿Cómo era?

Su párpado izquierdo comienza a temblar involuntariamente, como el ala de un insecto. Reprimo el impulso de alargar la mano y cerrarle el párpado. Quiero que cierre los ojos, pero él no lo hace. El parpadeo no cesa. Yo cierro los ojos, como si me hubiera pinchado con algo.

Te veo correr por detrás de mis párpados cerrados.

El viento aúlla. La camiseta blanca de manga corta se agita. Los músculos del muslo se contraen. La pértiga flexible se sacude en tu mano como una espada.

Clavas la pértiga con fuerza.

Te impulsas.

Vuelas.

Tu espalda dibuja un arco hacia fuera.

Cierras los ojos, los abres. Cruzas el listón, no lo cruzas. Gritas. Caes. No caes.

–¿Podría traerme un cenicero? –pide en voz alta Kang, en dirección a la barra.

–Le he dicho que está prohibido fumar –responde la hija de la dueña, abriendo mucho los ojos.

–Pero si no hay otros clientes. Solo fumaré uno.

Antes de obtener el consentimiento, enciende el mechero. Coge unas cuantas servilletas, las coloca sobre la mesa y las empapa con agua para poder tirar las cenizas allí.

–Hay algo que no entiendo –dice, exhalando el humo del cigarrillo y enderezándose–. ¿Cree que el hecho de que se haya suicidado mancha la memoria de Inju? ¿Por qué lo piensa?

–Inju no se suicidó –repito, como un disco rayado.

–Si tanto valora el honor de su amiga, ¿cómo puede afirmar que ha plagiado a un pintor aficionado y sin trayectoria? ¿No cree que tal afirmación podría ser fatal para su reputación?

Con un gesto lleno de insolencia y rudeza, deja caer la ceniza del cigarrillo.

–En tales circunstancias, ¿cómo puedo creerle cuando afirma que ha sido amiga de Seo Inju durante más de veinte años?

Como para esquivar los puñetazos que me lanza, me echo hacia atrás en la silla.

–Usted sostiene con vehemencia que Inju no se suicidó. ¿Tan bien la conocía? ¿Tan segura está?

No estoy segura de nada.

Todo aquello de lo que podía estar segura ha muerto. Se ha descompuesto y desaparecido.

Pero ahora, en este lugar donde dos personas están sentadas frente a frente, hay dos curvaturas distorsionadas y superpuestas. Si se extendiera una membrana transparente de otra dimensión sobre los bordes y tú, Inju, atravesaras esa membrana con rostro sosegado y te sentaras a mi lado, si nos miraras alternativamente a él y a mí con unos ojos más vivos que los de un ser vivo, si sacaras la carta de la verdad sin decir nada y la colocaras sobre la mesa, si de pronto alargaras la mano y me acariciaras la mejilla demacrada…

Con expresión hosca, la hija de la dueña se acerca con una bandeja y se lleva el cuenco de sopa vacío, los platillos de acompañamiento, la cuchara y los palillos. Le lanza a Kang una mirada de reojo mientras él exhala el humo del cigarrillo. La joven deja sobre la mesa la servilleta mojada con la ceniza del cigarrillo y se aleja haciendo sonar las chanclas. Cojo el bolso y lo pongo sobre mis rodillas. Veo que Kang tiende la mano hacia el abrigo colgado en la silla. Ya es hora de que nos vayamos. Sin embargo, en lugar de levantarse, saca un sobre blanco del bolsillo interior del abrigo.

–¿Quiere leerlo?

Lo cojo. Al abrir el sobre, en el que no figura nombre ni dirección alguna, aparece una hoja A4 doblada en cuatro.

–Es una carta que escribió unos días antes de ir a Misiryeong –explica, y añade rápidamente–: Una copia.

Parece escrita a lápiz o copiada con una fotocopiadora que no tenía suficiente tóner. Con las vocales alargadas y las consonantes parecidas a las pisadas de un pájaro, se parece a la letra desenvuelta de Inju, pero es difícil reconocerla porque es una copia muy borrosa. Parece ser un borrador o un extracto de un texto mayor, porque los párrafos del principio y del final están cortados y solo queda uno. El resto de la hoja está en blanco.

Nunca he tenido una religión, pero a veces le he rezado a alguien desconocido. Lo que le he rogado con más frecuencia e intensidad es que me deje morir. Si de verdad existiera alguien capaz de hacer realidad mis ruegos, yo habría muerto hace mucho tiempo. Si todavía estoy viva es porque en todas las ocasiones mi deseo de vivir ha sido más fuerte. Y esto no es un juego de palabras.

Se hace el silencio.

Desaparecen las paredes y el techo del restaurante. Desaparecen las mesas y las sillas vacías, el olor a caldo de anchoas y sopa de arroz y la persona que tengo delante. No siento la silla en la que estoy sentada.

Leo una y otra vez las cinco oraciones hasta que me aprendo de memoria cada palabra y cada letra. Este texto es auténtico. Es exactamente el estilo de Inju. Sin rodeos, atraviesa profundamente su propio corazón y el del lector al mismo tiempo.

Cuando finalmente levanto la vista de la carta, me sorprende que él siga allí sentado y no haya desaparecido, y me quedo aturdida un momento.

–¿De verdad no ha sentido la muerte en esos cuadros?

Siento su voz resonando en mis tímpanos.

–Si no es la muerte, ¿qué cree haber leído en esos cuadros que afirma que son plagios?

Sopla un viento helado.

Empiezo a temblar poco después de salir del restaurante. En la calle se agitan y parpadean los adornos navideños tardíos, los letreros luminosos y las luces de los puestos de comida. Las callejuelas estrechas y sin farolas se abren como trampas oscuras y profundas.

–No ha olvidado la promesa que me hizo, ¿verdad? –dice, y al abrir la boca un vaho blanco se dispersa en la oscuridad.

No le contesto.

–Se ofreció a ayudarme con la biografía de Inju. Dijo que me hablaría de la Inju que conoció. Habíamos quedado el próximo viernes. No me imaginé que nos veríamos hoy en estas circunstancias.

Sigo sin responderle.

–Espero no volver a verla hasta entonces. Me contará lo que hablaron usted e Inju ese último año. Espero que entonces se disipen las sospechas que me ha despertado.

Suena un bocinazo estridente en la calzada y él se interrumpe.

–¡Conduce bien, capullo! –grita un taxista, sacando el brazo por la ventanilla y señalando con el dedo.

–¡Hijo de puta! ¡Métete en tus asuntos! –dice el conductor de una furgoneta del carril contiguo, que por poco ha evitado el choque, mostrándole el puño.

Una anciana que hornea panecillos bajo una lona de plástico sacudida por el viento les lanza una mirada airada. Una mujer que espera los panecillos con un bebé a la espalda también se gira hacia ellos. Siguen las palabrotas y se oyen un par de bocinazos más. Kang y yo no volvemos a intercambiar ni una palabra y cruzamos la calle, llena de coches parados al pie del semáforo.

Nos detenemos en la entrada del metro. Sus ojos irradian un calor abrasador, como si fueran a engullir y carbonizar todas las cosas cálidas del mundo. Observo el contorno de su mandíbula fría y despiadada, y sus labios pálidos firmemente cerrados. Inclino la cabeza para despedirme.

Él no me devuelve el saludo.

Me doy la vuelta.

Él no se vuelve.

En el principio, antes de que nacieran las formas, los sonidos y la luz, existía un caos de fluctuaciones cuánticas. En un instante imprevisible, durante 10^{-43} segundos, surgió la existencia traspasando el silencio. El espacio-tiempo acababa de ser lanzado como una semilla, como un grano de sal que lo contenía todo. Antes de que ese grano comenzara a hincharse no había luz, pues no podía atravesar esa densidad descomunal. Finalmente, la luz comenzó a dispersarse. Los elementos químicos se calentaron, chocaron entre sí y se solidificaron. Las estrellas, que nacieron envueltas en llamas, comenzaron a girar a toda velocidad, las galaxias comenzaron a arremolinarse. El Sol inició la reacción de fusión nuclear.

La Tierra primitiva era una bola de materia fundida. Un magma incandescente rebosaba bajo la corteza, formando un océano. Los gases liberados por el calor del magma se combinaron en el aire y cayeron sobre la superficie de la Tierra en forma de lluvia. Una lluvia hirviente. Por mucho que lloviera, el fuego del magma no se apagaba. Durante decenas de millones de años, esa lluvia hirviente siguió cayendo sin interrupción sobre las olas del océano magmático. Por fin, al alcanzar el punto crítico, la lluvia se enfrió poco a poco. La Tierra, mojada por la lluvia, también comenzó a enfriarse. Tardó varias decenas de millones de años más en enfriarse lo suficiente como para que apareciera la vida. Decenas de millones de años durante los cuales la lluvia y el fuego se encontraron para escupir vapor hirviendo.

¿Por qué me vino a la mente esa imagen mientras bajaba cojeando las escaleras hasta el andén del metro? La lluvia hirviente que caía sobre las olas del rojo mar de magma en ebullición se derramaba también sobre mis ojos y sobre mi coronilla. Mis mejillas ardían como si me hubieran pegado.

Él no me siguió. No me agarró del hombro para sacarme fuera ni me estranguló por detrás. Seguro que volvería al taller de Inju, donde seguía ardiendo esa estrella. Seguiría ardiendo gracias a que el agua, que había avanzado durante varias decenas de días empujando la tinta, continuaba reteniéndola con esa fuerza lenta y tenaz que la caracteriza. Traté de recordar el borde luminoso de esas llamas creadas por el agua. Solo pude tocarlas en mi mente.

Apretando los labios, saqué las manos entumecidas de los bolsillos y me las puse sobre las mejillas ardientes. Necesitaba algo aún más frío. Necesitaba hielo, la nieve despiadadamente fría, críticas despiadadas y dedos acusadores. Sentía que lo había perdido todo, que me había rendido y que todo me había abandonado.

5

LA PARADOJA DEL CIELO NEGRO

«Cheonghee»,

me dijo Inju,

con la misma ternura en la voz que cuando llamaba a Minseo,

con una voz suave y cansada,

con los ojos brillando tenues como una pantalla a punto de apagarse,

como el cielo antes del amanecer.

Era noviembre, se acercaban las pruebas de acceso a la universidad. Al regresar de la academia de arte, pasada la medianoche, fue a echarle una ojeada a Minseo, que dormía como de costumbre, y luego volvió a mi lado. Se sentó en la silla del comedor con las piernas recogidas como si tuviera frío, vertió agua caliente en una taza con membrillo cortado en finos trozos y me dijo:

Cheonghee,

a veces me pregunto qué es lo sagrado.

¿No será algo que no existe en este mundo…, algo que solo se puede percibir en el vacío, como una silueta vacía? ¿No será que caminamos a tientas, como ciegos, por sus bordes?

Siento lo sagrado cuando me subo al metro empujada por la multitud, cuando me abro paso por los abarrotados pasillos de transbordo o cuando espero que la larga y desordenada cola ante la taquilla disminuya. Puedo sentirlo cuando pierdo la fe en los seres humanos, cuando una punta metálica afilada me atraviesa el pecho. Cuando, sin lavarme ni quitarme el abrigo, me tumbo agotada sobre el frío suelo de linóleo y observo esa parte dentro de mí que se ha desgastado, cuando miro aquellas cosas que se han roto o destrozado para siempre... No siento lo sagrado en ningún libro piadoso ni en ninguna reunión religiosa ni en ninguna capilla ni en ningún templo..., sino en medio de esta vida hecha jirones.

Cada vez que pienso en Kang, aprieto los dientes y reprimo un quejido de dolor; froto la mejilla febril contra la colcha, que noto helada. Él se quedó con todo lo que Inju dejó atrás: sus pinturas, sus escritos e incluso su olor. Como un loco, pasa las noches en vela en ese taller helado. Atribuye la muerte de Inju a un suicidio con una lógica imbatible, convierte su vida en un melodrama y moldea su biografía con palabras como si su espíritu le perteneciera. Todos estarán de acuerdo con lo que diga. Al pasar las páginas de su libro y al mirar las reproducciones de las obras, sentirán compasión y se estremecerán ante esa heroína trágica. Al ver sus ojos tristes en la foto, disfrutarán de una compasión malsana, sentirán una secreta satisfacción. No tengo fuerzas, no tengo fuerzas para frustrar todo esto.

Acurrucada bajo la colcha, susurro: «Quiero morir». Las palabras salen de mi boca sin la menor vacilación, como si hubieran estado esperando este momento. Apretando los dientes, intento averiguar quién las pronuncia. «¿Quién habla? ¿Quién quiere morir? ¿Quién no puede hacer nada? ¿Quién está ya muerta? ¿Quién es? ¡Sal y muéstrame tu rostro!». Aguanto la respiración. Niego con la cabeza.

Las luces de los coches que regresan al aparcamiento del edificio a altas horas de la noche se filtran cada tanto a través de las ventanas sin cortinas. El techo de color crema se ilumina por un instante y vuelve a oscurecerse. Las zonas en las que se superpone el empapelado se ven especialmente blancas, incluso en la oscuridad.

La vergüenza está hecha jirones.

Me pregunto qué hay debajo de esos jirones.

No puedo cerrar los ojos, que tengo abiertos de par en par.

Inju nunca fue guapa en el sentido usual de la palabra.

Hasta los veintitantos, solo llevaba vaqueros rotos, zapatillas viejas y camisetas blancas. Más tarde, empezó a vestir de negro de la cabeza a los pies. Casi nunca se dejó el pelo largo y nunca la vi maquillada.

Ni siquiera se ponía crema solar en verano, por lo que en junio ya tenía la cara bronceada como la de una extranjera. Pese a todo, siempre se la consideró una chica atractiva, incluso guapa.

Había algo extraño en su voz. No era en absoluto seductora, ni se percibía en ella ninguna intención de convencer o de ganarse la voluntad de las otras personas, pero estas se dejaban persuadir y, casi sin excepción, se ponían de su lado. A veces, cuando hablaba con seriedad, yo me limitaba a escuchar el sonido de su voz con los ojos cerrados. Tenía un timbre melodioso y grave que oscilaba entre el do y el la; a veces hacía pausas de tres segundos para elegir la palabra adecuada y otras intercalaba una risa suave y gutural.

Antes de cumplir los veinte años –antes de perder a su tío–, la voz de Inju era diferente. Aunque entonces también tenía una voz clara, su timbre era incomparablemente más brillante. Era una voz potente, que resonaba con fuerza no solo en el patio, sino también en el callejón. El tono cambiaba a cada rato, subiendo y bajando bruscamente, y las pausas no eran largas. Si se emocionaba por algo, se sumergía por completo en la historia y, con un tono apasionado que contagiaba a sus oyentes, hablaba a un ritmo muy rápido.

Creía que bastaba con saltar rápido y alto, pero el problema es la parte superior del cuerpo. Tengo que hacer más abdominales. La espalda debe arquearse hacia fuera todo lo posible; si no, la barra se cae. En el peor de los casos, puedo caerme sobre la pértiga o la barra y hacerme daño. No es fácil. Hoy he tirado la barra tres veces seguidas, pero ¿sabes qué? ¡Dicen que para ser la primera vez mi marca ha sido excelente! Dicen que en Japón hay una prueba de salto con pértiga para mujeres. Si de verdad quieres dedicarte a esto, tienes que ir allí. ¿Te lo imaginas? ¡Hoy he saltado dos metros veinte centímetros! No un metro veinte, sino ¡dos metros! ¡Cuarenta centímetros más que mi estatura!

Ese día Inju había probado a saltar con la pértiga por primera vez, animada por los compañeros mayores del equipo de atletismo del instituto masculino, con los que compartíamos el campo de deportes, y estaba tan emocionada que no pudo calmarse hasta bien entrada la noche. Su tío y yo la mirábamos boquiabiertos; tenía los ojos brillantes y no paraba de hablar con febril entusiasmo.

¿Puedes creerlo? Serguéi Bukba, un atleta de la Unión Soviética, saltó más de seis metros el año pasado. ¡Seis metros! Saltó dos metros más alto que un puente peatonal. Le llaman «el pájaro humano»... ¡El pájaro humano! ¡Como si pudiera volar!

Los ojos de Inju brillaban como minerales negros que emiten luz propia incluso en la oscuridad. Sus movimientos de hombros y brazos eran nítidos y enérgicos como los de una bailarina. Caminaba dando saltos como una pelota, como si sintiera menos el efecto de la gravedad que otras personas. Cuando estaba muy feliz, al hablar intercalaba risas, que sonaban como el ligero tintineo de las copas de cristal.

Tras la muerte de su tío, Inju cambió: su forma de caminar, su voz y su risa ya no eran las mismas. Pero su carácter siguió siendo el mismo, con esa capacidad para sentir una alegría desbordante. Tampoco perdió su habilidad para hacer reír a la gente, como un payaso. Cuando jugábamos con Minseo, me reía tanto que me dolía el estómago y tenía que rogarle que parara.

Sus mejores actuaciones eran cuando Minseo pulsaba los botones de un mando a distancia imaginario e Inju interpretaba un papel distinto para cada canal de televisión. De pronto se convertía en un reportero con micrófono que cubría un incendio, en un bombero que se lanzaba a las llamas, así como en la persona que acababa de ser rescatada y hablaba sin aliento, y en cada caso cambiaba la voz. Minseo se reía a carcajadas y cambiaba a otro canal imaginario. Entonces Inju se convertía en un rapero arrogante de un programa musical, en un joven detective de dibujos animados que hojeaba una libreta moviendo la cabeza dubitativo o se ponía a bailar el baile del pato al ritmo de la canción publicitaria de una marca de helados.

Durante su último año, su espectáculo en solitario se había convertido en una auténtica actuación profesional, tan deslumbrante que era una pena que Minseo y yo fuéramos el único público. De vez en cuando, dejaba de reírme para observar su cabello corto y despeinado, su rostro sudoroso y jadeante, y sus ojos brillantes, atentos a la risa de Minseo.

–¿Cuál es el secreto de tus actuaciones? –le pregunté un día.

–El ensayo, practicar sin descanso –me respondió muy seria.

Nos reímos de buena gana.

–¡En serio! Ensayo las expresiones en el ascensor. Muevo los músculos de la cara diciendo a, e, i, o, u y practico la vocalización. Me río y frunzo el ceño. Levanto las cejas y lanzo miradas furiosas como un villano... –explicó, poniendo cara de malvada–. Mientras tanto, rezo para que la cámara de vigilancia no me haya estado grabando.

De repente, dejó de reír y de acariciar la cabeza de Minseo, que se había quedado dormido, se quitó la máscara de payaso y dijo:

–Tengo sed. Dame agua, por favor.

Nunca se lo dije, pero estar con Inju a lo largo de veinte años fue siempre para mí una experiencia excepcional. Aunque no tenía un tono formal como el de una locutora ni un timbre ensayado como la de una actriz de doblaje, pronunciaba cada sílaba y cada palabra con una claridad que nunca volví a encontrar en nadie. Sus serios ojos negros parpadeaban y su voz clara y armoniosa, como purificada por el silencio, fluía con lentitud en la escala de re menor. Cada vez que la escuchaba, me quedaba fascinada como si fuera la primera vez.

De pronto, en la oscuridad, bajo mis párpados cerrados, en medio de la vergüenza hecha jirones, surge una imagen pequeña y tibia. Sorprendida, abro los ojos. Su piel suave, su aroma corporal, como de engrudo recién hecho, los latidos de su corazón resonando en mis oídos y su sonrisa, que deja ver unos dientes blancos y algo separados. Para volver a ver esa sonrisa, imagino el rostro de Inju imitando con energía a un reportero con un micrófono imaginario, y las gotas de sudor que caían de sus sienes y despertaban en mí el deseo de secárselas con la mano.

Yo debería haber muerto antes que ella.

Entré en el metro después de meter un cuchillo en el bolsillo del abrigo.

Aquella tarde, en la que podría haber matado a alguien, fui primero a la academia de Bellas Artes donde trabajaba Inju. Tal vez tenía miedo o tal vez quería verla por última vez. Quizás era la única persona a la que podía ver en ese momento.

Ocurrió en diciembre de hace dos años. El andén estaba abarrotado de gente, como es habitual en Fin de Año, y era imposible circular por los pasillos de transbordo. Bajé del vagón porque tenía la calefacción demasiado alta y estaba tan atestado que me asfixiaba, y me dirigí a la salida más cercana. La salida también estaba abarrotada. En los sucios escalones, los débiles rayos de sol caían entre los zapatos de los transeúntes. Apoyada en la barandilla, llamé al móvil de Inju, pero no me respondió. Justo cuando iba a colgar, oí su voz:

–¿Dónde estás?

–En la estación de Samseongyo.

Inju pareció sorprendida.

–¿Por dónde salgo? –le dije.

–Por la salida cuatro. Camina setenta metros en línea recta hasta la tienda de veinticuatro horas By the Way. Métete en el callejón. Es el cuarto edificio a la derecha, tercer piso –respondió con un tono rápido y enérgico, como si hubiera dado esa información muchas veces.

Al entrar en la academia, había dos chicas sentadas ante un caballete. Dado que era un día laborable por la tarde, supuse que eran estudiantes que debían repetir el examen de acceso o solicitar plaza en otra universidad. Inju estaba sentada con ellas y les explicaba algo. En cuanto me vio, dejó de hablar y se acercó a mí. No me preguntó qué pasaba ni por qué tenía aquella cara. En lugar de eso, me cogió de la mano y me llevó a su despacho, y luego cerró la puerta.

Cuando le dije que iba a matarlo, me miró fijamente y nuestros ojos se encontraron en silencio.

–Si lo matas, tú morirás también –dijo.

Llevaba un jersey negro holgado y vaqueros del mismo color. Con aquella ropa oscura, sus manos parecían aún más delgadas. Tenía una mancha de pintura acrílica verde en el dorso y los dedos pulgar e índice manchados de carboncillo.

–Si de verdad tienes que matarlo, lo haré yo, porque no quiero que mueras. ¿Qué te ha hecho ese cabrón? –preguntó Inju, tocándome la cara sin temblar, con una mano inexplicablemente tranquila–. ¿Acaso ha intentado matarte? ¿Violarte? ¿Te ha pegado?

No le respondí, e Inju me abrazó. Fue la única vez que ella y yo nos abrazamos con tanta fuerza. De su corto cabello emanaba un ligero olor a menta.

–No lo mates, Cheonghee –susurró.

Le hice caso a Inju.

Pero maté a la única persona a la que podía matar: a mí misma.

En la muñeca tenía dos cicatrices de intento de suicidio.

El tercer intento, que me dejó la cicatriz más profunda, tampoco tuvo éxito.

Lo primero que vi al abrir los ojos fueron unas pupilas. Pasaron unos segundos hasta que me di cuenta de que eran los ojos de Minseo. Tenía una mirada tan serena que me pareció irreal, una mirada imposible de encontrar en otro niño de su edad.

–Tiíta, ¿has sangrado mucho?

Tardé un rato en aceptar que seguía con vida. Los ojos, la boca, las piernas pesadas, una vía intravenosa en la mano derecha... Vi que los ojos de Minseo se detenían en el vendaje de mi muñeca izquierda. Sentí una oleada de furia hacia la persona que había sido capaz de traer a un niño de cinco años a un lugar como este, y también vergüenza, al punto de que me sonrojé intensamente. De pronto, como si de repente en mi cuerpo se hubiera restablecido la corriente eléctrica, se encendieron todas mis luces vitales.

–Menos mal que no eres una ballena... –dijo Minseo, sonriendo con timidez.

Poco a poco, su voz se volvió clara y alegre, como la de un niño de su edad.

–Las ballenas no dejan de sangrar cuando son heridas por un arpón. Como son muy grandes, no mueren enseguida, pero se van desangrando y acaban muriendo. Parece que todas las ballenas padecen esa enfermedad.

En ese momento, Inju entró en la habitación.

–Te has despertado... –dijo, con una sonrisa suave.

Pero se acercó a la cama con un aire extrañamente distante y tenso. Me sorprendió lo mayor que parecía. Sus ojeras contrastaban con la palidez de sus mejillas.

–Solo he avisado a Chungwoo porque me pareció mejor que tu madre no se enterara.

Chungwoo era mi hermano menor.

–Dile que no venga –dije con la voz quebrada, hablando por primera vez y moviendo los labios con dificultad.

Inju asintió con la cabeza.

–Vete tú también.

Esta vez no asintió.

–Vete ya.

Inju no respondió. Puso una mano sobre el hombro de Minseo y se llevó la otra a la cintura, y permaneció allí de pie, sin decir nada, mirándome con su cara pálida.

Después de que me dieran el alta, Inju vino a vivir a mi casa con Minseo y se quedó casi dos meses. Al principio dijo que se quedaría hasta que la herida cicatrizara y todo fuera bien, pero cuando las cosas volvieron a la normalidad no se marchó. Probablemente no quería dejarme sola. Nunca la odié tanto como en esa época, nunca su presencia me resultó tan insoportable.

–¿No tiene que ir Minseo a la guardería? ¿Por qué no te marchas?

Cuando le gritaba así, llena de furia, Inju sacudía la cabeza con energía y decía:

–Dale clases tú. Te pagaré.

Y, de hecho, me dejaba a cargo de Minseo cuando iba a trabajar a la academia. Esa era la época del año en que estaba más atareada. Salía temprano por la mañana y trabajaba también los fines de semana. Cuando tenía tiempo, recorría las inmobiliarias del barrio K, adonde planeaba mudarse e instalar su taller. Se quedaba en la sala de estar hasta las dos de la madrugada, dibujando y escribiendo, y luego se dormía acurrucada en el sofá. Se levantaba a las seis y cocinaba arroz con distintos tipos de cereales y hacía sopa. Tostaba algas secas condimentadas con aceite de sésamo y sal, y preparaba platos que guardaba apilados en la nevera. Al verme salir del dormitorio en pijama y temblando de frío, me decía:

–Al menos podrás sacarlos de la nevera, ¿no? ¿No irás a dejar que un niño de cinco años pase hambre, verdad? Si lo haces, no vivirás para contarlo.

Inju sonreía levantando el puño. Cuando su sonrisa se desvanecía, se me quedaba mirando sin decir nada. Era una mirada firme y serena, sin el menor rastro de duda o inquietud, y no pude olvidarla durante mucho tiempo.

–¿Estás durmiendo, tía?

–No.

–Mamá siempre me cuenta historias divertidas antes de dormir.

–¿Sí? Me alegro por ti.

–Como estás enferma, te contaré yo una historia.

– …

–No te duermas, tía.

–¿Por qué?

–Porque te voy a contar una historia.

–Venga.

–Me la ha contado mamá.

–Muy bien.

–Dicen que las ballenas se comunican por ultrasonidos. Si emiten ondas muy bajas, pueden comunicarse con las ballenas que se encuentran al otro lado del mundo. Por eso las ballenas no necesitan teléfonos móviles. Cuando una ballena mamá y su cría se separan sin querer, no se preocupan, porque pueden comunicarse todos los días así: «¿Estás bien?». «Sí, estoy bien». «¿Has comido? ¿No hace mucho frío en ese mar donde estás?». «Es soportable. Hay muchos peces sabrosos». «¿Cuándo vas a volver?». «Pues cuando haya comido cien sardinas más».

–¿Estás durmiendo, tía?

–Sí.

–Entonces ¿cómo puedes responder?

–Sí, tienes razón.

–No digas «sí» a todo, que me voy a enfadar.

–Está bien, no lo haré.

–Yo puedo verlo todo aunque esté oscuro. Esta es tu boca, ¿no?

—*Sí.*

—*¿Y esta es tu frente?*

—*Sí.*

—*No haces más que decir que sí. Ahora sí que me he enfadado.*

Los niños de primero salían al patio en fila india como pollitos. De entre ellos, un niño alto salió disparado como una flecha hacia mí, pero no lo reconocí de inmediato.

—Tía… —dijo con una débil sonrisa, tras detenerse sin aliento.

Solo habían pasado cuatro meses desde que nos habíamos visto en el funeral, pero parecía haber crecido unos cinco centímetros. Tenía el rostro más alargado, como el de un muchachito, y vestía una chaqueta gris claro y pantalones negros. Mirando detrás de mí como si esperara ver a un fantasma, me preguntó:

—¿Has venido sola?

Cogí a Minseo de la muñeca, delgada y flexible como un tallo, y entramos en una pastelería cercana. El niño separó con las uñas la corteza dulce y crujiente del bollo *soboro* y se la comió, dejando el blando interior.

—¿Qué hora es? Tengo que ir a la academia de inglés.

—¿Está lejos?

—Voy en autobús. Ah, ahí viene.

Sin probar siquiera la leche caliente que le había servido el empleado, salimos de la pastelería. Cuando el autobús se detuvo, lo atraje hacia mí y puse su oreja sobre mi corazón. A continuación le puse mi oreja sobre el pecho, pero la tela de la chaqueta era gruesa y rígida, y apenas noté el olor a engrudo.

—Tía, hay alguien viviendo aquí dentro.

Aparté la oreja y le miré a los ojos.

—¿Quién?

—Hay alguien que no deja de golpearme el corazón con el puño.

–¿Con el puño?

–Por eso me duele.

Extendí la mano para acariciarle la mejilla, cubierta de un fino vello blanco, pero el niño se apartó. Una timidez precoz se reflejaba en su rostro.

–¿Cuándo?

–Siempre.

–¿Incluso cuando comes?

–Sí, también.

–¿Incluso cuando duermes?

–Incluso ahora.

Si una de las dos tenía que suicidarse,
esa era yo.

Ya no entran coches en el aparcamiento del edificio. No se oye ningún ruido ni se ve ninguna luz.

Cuanto más me sube la fiebre, más fría me parece la colcha; doy vueltas y vueltas en la cama. Es como si miles de finas capas de hielo se rompieran dentro de mi pecho. Me tiembla el mentón y me castañetean los dientes.

Quizás ha pasado la noche, ha amanecido y ha vuelto a oscurecer. No sé dónde estoy. No puedo ni gemir. No consigo despertar.

¿Estás durmiendo, tía?
Puedo verlo todo aunque esté oscuro.
Esta es tu frente.
Esto es tu párpado.
Estas son tus pestañas.
¿Esto son lágrimas?
No.
No te duermas.
Está muy oscuro.

Busco a tientas las gafas que he dejado junto a la cama y me las pongo. Las manecillas fosforescentes del despertador marcan las ocho y cuarenta.

«¿Estará nevando?».

Miro por la ventana; está demasiado oscuro incluso para ser un día nublado. Caigo en la cuenta de que no son las ocho y cuarenta de la mañana, sino de la noche. He dormido casi veinte horas seguidas.

Me levanto apoyándome en el colchón. Voy a la cocina arrastrando el pie izquierdo, que noto un poco mejor. La lámpara sobre la mesa, que ha estado encendida todo el día, emite una luz cálida. La botella de agua mineral está vacía. Humedezco la lengua con las últimas gotas y me acerco al fregadero. Lleno la tetera con agua del grifo y la pongo a calentar. Me quedo mirando cómo bailan las llamas azules.

Siento un hambre voraz y abro el armario del fregadero para sacar arroz, pero de repente me asalta una sensación extraña. Saco el móvil del bolsillo del abrigo colgado en la silla y lo enchufo al cargador al ver que la batería se ha agotado. Pulso el botón de encendido y espero a que aparezca la fecha en azul. En efecto, no he dormido un día, sino dos. He estado muerta dos días enteros.

Come algo.

Mientras pronuncio palabras que alguien parece susurrarme al oído, vierto el agua de la tetera en una taza. Al sumergir una bolsita de té, el color rojo se expande en ondas. Bebo el té caliente a sorbos y, revitalizada por el calor, lavo el arroz y lo echo en la olla eléctrica. Abro la nevera y encuentro una patata vieja y una cebolla reseca. Pelo la patata, quito la parte seca a la cebolla, las pongo sobre una tabla y las corto en juliana. Saco la sartén y vierto aceite de oliva. Mientras rehogo la patata y la cebolla con una espátula larga, pienso en el tío. De espaldas a Inju y a mí, ante la cocina de gas, la nuca cubierta de un vello fino. De repente, recuerdo sus hombros caídos y pienso que me gustaría acariciarlos.

El tío no usaba cuchillos. Cuando había que cortar algo, lo hacíamos Inju o yo. El tío hervía patatas, huevos o calabazas, asaba el pescado, hervía fideos o salteaba trozos de *odeng*. Sus gestos preparando la comida parecían los de un mimo. Se ponía guantes de algodón blancos o guantes de goma, para quitárselos inmediatamente después, se mojaba las manos y se las secaba enseguida con un paño, y movía todo el tiempo las manos, abriendo o cerrando los dedos como si fueran de goma. Embelesada, yo dejaba de cortar con el cuchillo y lo observaba sin que él se diera cuenta.

Puedo traerlo a la memoria con solo cerrar los ojos.

La cocina del tío daba al oeste, así que estaba iluminada hasta que se ponía el sol. En la encimera, colgados de una cuerda, siempre había paños blancos secándose; y en el alféizar de la ventana germinaban patatas, zanahorias y nabos en frascos de cristal. Sobre la mesa había un jarrón de barro con almorejos y eulalias que Inju había recogido en la montaña. En una bandeja de bambú, siempre había boniato y calabaza hervidos, así como bollos de trigo rellenos de alubias rojas, todo ello cubierto con un paño húmedo.

Al abrir la puerta corredera de la cocina, se veían unas estanterías viejas que cubrían todas las paredes de la estancia, salvo la puerta y la ventana. Sobre la estera en la que Inju se tumbaba para holgazanear había unos cuantos vinilos esparcidos desordenadamente. Desde la habitación de Inju, que daba al norte y a la montaña, entraba una brisa fresca cuando dejaba la ventana abierta.

La habitación de Inju no era muy grande; fotos de aves y plantas raras, recortes de periódicos y revistas cubrían toda una pared, pegados desordenadamente. Lo más llamativo era una hoja A4 impresa donde se describían con detalle más de treinta ejercicios de gimnasia con pesas. A veces, Inju realizaba toda la serie: estaba casi una hora, durante la cual controlaba estrictamente su respiración. Su tío y yo la observábamos desde la sala comiendo patatas hervidas y soplando para enfriarlas. Después de ejercitarse con las pesas, sin tomarse un respiro, hacía más de cien flexiones y abdominales. Si estaba de humor, iba a la sala de estar y daba volteretas hacia delante, hacia atrás y laterales, dejándonos maravillados a su tío y a mí.

También me llamaban la atención el cenicero y el encendedor que tenía en el alféizar de la ventana. La primera vez que los vi, me quedé boquiabierta, e Inju se echó a reír.

–Es solo para presumir. No me trago el humo –me explicó Inju, que entonces tenía trece años, sin darle importancia.

–¿Y por qué no te lo tragas? –le pregunté, tartamudeando.

–¿Te olvidas de que soy atleta? La capacidad pulmonar es muy importante…

–¿Has bebido alcohol alguna vez?

–No es muy divertido que se te nuble la mente.

A diferencia de la habitación de Inju, que siempre estaba llena de cosas y desordenada, la de su tío, situada a la izquierda de la puerta de entrada, era muy sencilla. Solo había una colcha y un futón de color azul bien doblados, una almohada verde oscuro y una mesita baja con un vaso de agua, los libros que estaba leyendo en ese momento y una libreta de anotaciones. Eso era todo. También había un cuaderno abierto, con algunas páginas llenas de ecuaciones matemáticas.

–Es para despejarme la cabeza –dijo el tío, con un gesto; me hizo entender que aquellas largas fórmulas tenían el poder de vaciar su mente.

Nadie entraba en la habitación que había sido de la madre de Inju. Yo solo entré una vez, sin que nadie se diera cuenta; estaba vacía, salvo por un tocador cubierto de polvo y un viejo armario con incrustaciones de madreperla. La luz del sol que entraba por la ventana vagaba entre el polvo suspendido en el aire y el suelo de linóleo amarillento. No tardé mucho en darme cuenta de que nunca hablaban de esa habitación ni mencionaban a la madre de Inju.

Puedo traerlo a la memoria con solo cerrar los ojos.

Todas las tardes, estuviera anocheciendo lentamente, hiciera un sol deslumbrante que hería la vista, cayera una fina llovizna o hiciera un frío que helaba hasta los huesos, yo subía por aquella empinada callejuela arrastrando mis zapatillas con los talones aplastados. Nunca pasé por allí sin sentir nada. O bien el corazón me latía con fuerza, o se me enrojecía el rostro, o sentía mi alma iluminada con una luz secreta. Envidiaba en secreto a Inju, o bien me daba cuenta de que no era parte de aquella familia, o bien me desesperaban los trazos, los claroscuros y las formas que no me salían. Cuando por fin llegaba a la puerta de mi casa, todas aquellas emociones se congelaban en silencio al encontrar la pobre placa grabada con el nombre de mi padre, el patio cubierto con una fina capa de cemento, la lúgubre cocina que me estaba esperando, la mesa de la cena en la que nadie hablaría y el rostro de mi madre con los labios llenos de costras negras.

Siento el olor a arroz casi listo que viene de la cocina y me muero de hambre. Pero entierro la cara en el libro y sigo leyendo:

> ¿Por qué el cielo nocturno es oscuro?
>
> Esa fue la pregunta que se hizo en el siglo XIX el astrónomo alemán Olbers.
>
> Cuando se pone el sol y se apagan todas las luces del mundo, aparecen las estrellas en un cielo negro. El universo es infinito y está lleno de innumerables estrellas. Entonces ¿por qué el cielo es oscuro? Así como solo vemos árboles cuando contemplamos un bosque frondoso, ¿no debería también estar el cielo lleno de la luz de las estrellas?

Hojeo la parte central del libro, donde están las láminas. Vista desde la Luna, la Tierra parece una cara azul con la parte inferior recortada y en sombras. Las nebulosas de Andrómeda son unos remolinos vertiginosos de luces amarillas y rojas. Diseminadas como puntos o granos, las estrellas flotan en la más completa oscuridad formando cúmulos.

Algunos han explicado esta paradoja diciendo que el polvo interestelar esparcido por el espacio absorbe la luz de las estrellas. Sin embargo, ese polvo solo atenúa la luz, no la hace desaparecer. Las dos respuestas principales no se propondrán hasta el siglo XX.

La primera es que la edad del universo es finita.

Para iluminar completamente el cielo nocturno, sería necesario que la luz procedente de una distancia infinita llegara hasta nosotros. Dado que la velocidad de la luz es 300.000 kilómetros por segundo, las galaxias se habrían formado en un pasado infinito. Ahora bien, el hecho de que el cielo nocturno sea oscuro se debe a que existe un instante en el que nuestra vista no puede alcanzar ninguna estrella: el tiempo previo a su nacimiento. Eso es porque el universo tuvo un comienzo.

Un día le pregunté al tío por qué había estudiado astrofísica.

–Porque quería conocer el comienzo y el fin.

–¿Y por qué querías saber eso?

–Porque quería entender por qué la oscuridad es oscura y la luz es luminosa.

Miré la ventana a su espalda: se oscurecía poco a poco.

–¿Y conseguiste entenderlo? –pregunté, bajando la voz.

–Sí.

–*¿Y lo del comienzo y el fin?*

–*No.*

La segunda respuesta, aún más decisiva, se basa en las observaciones de Hubble: las galaxias se alejan debido a la expansión del universo. Cuanto más se alejan de nosotros, más débil es la luz que emiten. Por lo tanto, aunque existan muchas galaxias, el cielo solo puede ser oscuro por la noche.

Tras reflexionar sobre estas dos respuestas, el sacerdote belga Lemaître, contemporáneo de Hubble, planteó con cautela su hipótesis: si existe un momento en el que el universo comenzó y las galaxias siguen expandiéndose, ¿no habría habido una explosión inicial?

Hubo quienes observaron la oscuridad para comprender por qué era oscura. También hubo quienes observaron el Sol para comprender por qué su luz es luminosa. De hecho, Newton se dañó el iris por mirar el astro. Kepler, que dedicó toda su vida a observar el movimiento de los planetas, ya había escrito, mucho antes del nacimiento de Olbers, una larga y controvertida carta a Galileo: «Si el universo no tiene un comienzo, ¿por qué el cielo nocturno es oscuro?».

Nunca olvidaré el momento en que descubrí la tercera ley de Kepler.

De espaldas a la ventana oscura, los ojos del tío brillaban.

Esa fórmula era como música para mis oídos. Concisa, única y hermosa. No podía creer que las órbitas de cada uno de los planetas fueran una variación de esa música. La idea de que todo el universo obedeciera a esa armonía me fascinaba.

Tumbada en la oscura habitación de mi casa de Suyuri, a veces pensaba en esa fórmula mientras contemplaba el dibujo del empapelado del techo con la luz apagada: $T^2 = ka^3$, donde T es el periodo orbital de un planeta, a es el semieje mayor de su trayectoria elíptica y k es una constante que se aplica a todos los planetas. En esa sencilla fórmula se resumen el tiempo y el espacio de las estrellas, su fuerza y su movimiento, las reglas y las armonías musicales.

De tanto imaginar el negro e infinito cielo nocturno, las órbitas de innumerables estrellas, y de seguir con atención el ciclo en que cada planeta gira alrededor de su sol, llegaba un momento en el que podía intuir vagamente en qué mundo vivía el tío. Era un breve instante en el que me parecía tocar el secreto de la oscuridad y la luz, un instante en el que me parecía que la música inaudible de los números se extendía hasta el infinito del universo. El tío creía que el universo tenía un principio, pero no un final. Parpadeaba para no quedarme dormida, y me frotaba los ojos, que se me cerraban solos.

Tenía siete años.

Era la primera vez que me ingresaban en una clínica por un tiempo prolongado y no tenía nada que hacer, salvo mirar el cielo por la ventana. Creía que me iba a morir, pero no de enfermedad sino de aburrimiento. Creo que fue entonces cuando me pregunté por primera vez por qué el cielo se oscurecía cada día y qué eran esos puntos brillantes que se veían en él.

Después de fundir nuestros labios, manos y, por último, los cuerpos ocultos bajo la ropa; después de volver a descubrir cuán infinitamente cálidos eran nuestros cuerpos, nos detuvimos sin decir nada. Ese día, igual que la noche anterior, me eché hacia atrás, apartando la cabeza, y apreté fuertemente con los puños mis mejillas, hinchadas como pan caliente. De repente, me abrazaste como a una niña, y me acariciaste lentamente la columna, desde el cuello hasta la cintura. Me acariciaste cada una de las vértebras e, inclinando el cuello sobre mi hombro, como hacen los pájaros, me besaste la nuca y las cervicales durante un buen rato.

Cuando supe que las estrellas no eran joyas, ni los ojos de los ángeles, ni sal, ni azúcar, ni una Osa Mayor, ni una Osa Menor, sino que eran bolas de fuego en las que se producían reacciones de fusión nuclear a cada instante, sentí una extraña e inexplicable sensación de alivio. Eran hermosas porque no eran joyas, ni ojos de ángeles, ni arqueros, ni escorpiones, ni gemelos. Eran hermosas porque eran bolas de fuego ardiente.

Aparto el libro y apoyo la cabeza en mi mesa.

Noto en las mejillas y los párpados la textura dura y fría de la madera.

Me levanto y voy a la mesa de la cocina.

Miro el reloj de la pared.

Observo cómo gira el segundero. Lo hace paso a paso, como con dificultad.

En noches como esta, en las que el tiempo se eterniza, los recuerdos emergen y cobran vida,

los fragmentos rotos avanzan chocando entre sí

como una canción que se repite sin cesar,

como el viento que sopla sin descanso en mi cuerpo.

Extiendo mi mano, que tiembla de hambre, y cojo la cuchara.

El cuenco está lleno de arroz bien cocido y apetitoso.

Primero bebo un sorbo de agua y luego me llevo una cucharada de arroz a la boca.

Luego ajusto la longitud de los palillos y como las patatas crujientes.

«Todo irá bien», me había dicho Inju la primera vez que cogí la cuchara con la mano en la que tenía la aguja intravenosa.

Miré el cuenco de arroz con gotas de agua condensadas en los bordes y la humeante sopa de nabos y carne.

Está bien que comas.

Está bien que tengas hambre.

Oigo su voz hasta que el cuenco de arroz está vacío.

Lavo el cuenco y el plato con agua fría y los coloco sobre el estante de acero inoxidable. Me seco las manos enrojecidas con una toalla. Miro por la pequeña ventana sobre el fregadero. Pasada la medianoche, no hay señales de vida en el callejón.

Todo está helado, incluso la oscuridad y el silencio. Alrededor de una farola con la bombilla rota, veo el rostro de Inju destacándose en la oscuridad. Se le arrugan las comisuras de la boca y se le forman vagamente hoyuelos en las mejillas. No puedo entender lo que dice. Sus ojos, como minerales que emiten luz propia, se reflejan en el cristal. No logro descifrar lo que dicen.

Ese silbido agudo, esos ojos que rara vez se humedecían, esos brazos fuertes, esas manos ágiles, esos labios apretados... Tú eras la belleza, un calor que se prodigaba.

Esos bolsillos abultados, esas mangas descuidadamente alzadas, esa nariz perlada de sudor, esa risa, todo ese esfuerzo... Ahora eres la frialdad y la muerte.

Pienso en una ferviente plegaria,

la oración de alguien que nunca ha tenido una religión.

Pienso en la copia de la carta que me mostró Kang en el restaurante, en la letra de Inju, en las frases que me aprendí de memoria sin olvidar ni una coma.

Lo que le he rogado con más frecuencia e intensidad es que me deje morir.

No es cierto.

La muerte no va contigo.

«¿Ya no pintas?».

La primera y última vez que Inju me hizo esa pregunta fue una noche en que fui a darle la noticia de que había sido admitida en Filología Inglesa y por lo tanto no iba a entrar en la facultad de Bellas Artes. En lugar de preguntarle, a mi vez, «Y tú, ¿no piensas volver a salir de casa?», me quedé callada, de pie ante la mesa.

«Dejémoslo correr», dijo Inju con una expresión extraña que no era ni sonriente ni enfurruñada. Tenía veintiún años y estaba enfadada consigo misma por la pregunta que había hecho y, si hubiera podido, la habría borrado con una goma.

Era cerca de medianoche y la cocina estaba patas arriba. Como para demostrar que a la nueva propietaria no le interesaban las tareas domésticas, los utensilios de cocina estaban esparcidos de cualquier manera por la encimera, las ollas estaban sucias de hollín y los paños de cocina manchados de salpicaduras negras y rojas.

Mientras me decía «¡Qué desastre!», ella soltó, sin más:

–Todo está hecho un desastre, ¿verdad?

Y al sonreír su rostro era a la vez el de una niña y una anciana.

Yo no sonreí a mi vez.

Inju sufrió la lesión poco después de la muerte de su tío, por lo que tuvo que abandonar el atletismo. Dejó el instituto cuando solo le quedaba un semestre para graduarse y pasó tres años sin salir de casa. No se preparó para el examen de fin de secundaria ni para las pruebas de acceso a la universidad, y tampoco buscó trabajo. Yo no la entendía y no conseguía hacerla entrar en razón. Al parecer, compraba alimentos en el supermercado o pedía comida a domicilio, lo justo para no morir de hambre. Se movía por la casa lo justo para no perder la capacidad de caminar. Por primera vez me pregunté cómo se habían mantenido los dos durante todos esos años, puesto que el tío no tenía un trabajo remunerado. Su vida no era especialmente acomodada, pero no les faltaba de nada... ¿Había alguien que les ayudaba económicamente? ¿No era un error por mi parte dejar a Inju así? ¿No debería pedirle ayuda a ese alguien?

Un día, cuando reuní el valor para hacerle esas preguntas, Inju me miró fijamente a los ojos y dijo:

–No es de tu incumbencia.

Su tono era tajante y no admitía réplica.

¿Salimos a dar una vuelta? ¿Quieres venir a mi casa? Hay una buena película en el cine, ¿vamos?... En respuesta a todas estas preguntas, Inju se limitaba a negar con la cabeza en silencio, sin ni siquiera mover los labios.

Cuando la visitaba, los días que las clases terminaban temprano, o las tardes de los días festivos, encontraba la verja y la puerta de entrada sin cerrar con llave y a ella sentada a la mesa del comedor, a oscuras, con la luz apagada. Cuando le preguntaba qué había hecho, respondía tras un momento de silencio:

Nada.

Creí que Inju se volvería loca, pero no fue así. Solo cambió. Cambió su personalidad, su expresión, su risa. Y un día me dijo que había empezado a pintar.

Parece que el tiempo se detiene.

Siento pasar las décimas de segundo; no, intervalos aún más breves.

¿Estoy nerviosa?

No, no lo estoy.

¿Tengo algo que perder?

No, nada.

Levanto el auricular, pulso los doce números y espero.

Al otro lado de la línea, a decenas de miles de kilómetros de distancia, se oye la voz clara de una mujer de mediana edad.

–*Hello?*

–¿Podría hablar con Jeong Seongyu? –pregunto en coreano.

–Disculpe, ¿podría hablarme en inglés? –pregunta ella en inglés.

Con un inglés muy lento, le pido que me pase a Jeong.

Ella responde que no conoce a esa persona.

Entonces le pregunto si conoce a Jeong Minseo, un niño de siete años.

–*Sorry, I have no idea* –responde.

Tras borrar cinco correos basura y sin ni siquiera abrir tres correos de editoriales, le escribo otra vez a Jeong Seongyu.

Me gustaría tener su número de teléfono.

Hay algo importante que debo consultar con usted.

No quisiera molestarle.

Me gustaría hablar con usted por teléfono, aunque solo sea unos minutos.

Necesito su ayuda.

Es urgente.

Vago un rato por internet, donde solo hay asesinatos, incendios provocados, cadáveres abandonados, sospechosos con los ojos vendados... Finalmente, cierro el navegador. La luz del monitor parpadea hasta que se apaga.

¿Estás bien?

Sí, estoy bien.

¿Cuándo vas a volver?

Es soportable. Hay muchos peces sabrosos.

Saco mi cartera del bolsillo del abrigo, que está sobre la silla. Cojo la foto arrugada, la única que pude salvar del taller de Inju. En esa imagen de hace veinte años, que cabe en la palma de mi mano, se ve el árbol de caquis, un banco de madera y a nosotras dos. El único que falta es el tío. Tengo granos en la frente y esbozo una sonrisa forzada. Inju muestra una expresión tranquila, como si estuviera pensando si sonreír o no.

Me acuerdo muy bien de las circunstancias en las que se tomó esta foto, pero no recuerdo por qué el tío tenía una cámara. Quizá porque era un día especial, o simplemente hacía buen tiempo, o tal vez porque encontró por casualidad una cámara que hacía tiempo que no usaba. No sé si era un día festivo, si estábamos de vacaciones o si era una tarde cualquiera entre semana. Sentadas en el banco que había debajo del caqui, Inju y yo nos estábamos comparando la longitud de nuestros pies poniéndolos uno contra otro cuando el tío nos dijo:

–No hagáis eso. Dicen que no hay que comparar la longitud de los pies.

–¿Por qué?

–Antes se decía que era como comparar la duración de las vidas.

–¡Qué supersticioso! ¿Crees en esas cosas?

Miré el pie descalzo de Inju, que había estado pegado al mío. Salvo por las marcas blancas de las tiras de las sandalias, lo tenía bronceado como el de un niño.

–Lo siento, pero mi pie es más largo. No creerás en lo que ha dicho el tío, ¿no? –dijo Inju, riéndose a carcajadas y frunciendo la punta de la nariz. Luego me pasó su brazo ágil y fuerte por los hombros y exclamó–: ¡Tío, olvídate de todo eso y haznos una foto!

Sonreíd.

El tío tenía el dedo en el obturador. La mejilla de Inju casi tocaba la mía.

Dice que sonriamos.

De repente, Inju me hizo cosquillas debajo del brazo.

... si de verdad existiera alguien capaz de hacer realidad mis ruegos, yo habría muerto hace mucho.

Me dejo caer de la silla y me siento en el suelo frío con las rodillas abrazadas. ¿Cuándo amanecerá? Me cuesta respirar. Al tumbarme de lado, el frío me penetra por el costado y el hombro. Me levanto apoyándome en los pies y en las manos. Deambulo por la sala de estar y la cocina arrastrando los pies. ¿Cuándo amanecerá? ¿Cuándo podré salir por fin? Abro de par en par la ventanita de la cocina y el aire del exterior me golpea la cara como si arrastrara innumerables fragmentos de carámbano. Me doy la vuelta y vuelvo cojeando a mi mesa. Abro el libro del tío por cualquier página y lo cierro. Cojo el lápiz y lo dejo. Inspiro el aire de la habitación, que se ha enfriado de golpe. Me dejo caer de nuevo y me siento en el suelo helado.

Nada ha perdido su filo.

A finales del otoño, cuando estaba terminando mi primer año de universidad, le grité con voz temblorosa:

–¿Qué diablos vas a hacer? ¿Quieres acabar encerrada en casa para siempre? ¿Qué diría tu tío si te viera?

Con una fuerza increíble, me empujó fuera de la casa y me cerró la puerta en las narices con estrépito. Golpeé el cristal con los puños y pateé la puerta con la intención de romperla, pero no lo conseguí.

–¡No volveré a poner un pie en esta casa! ¡No me esperes!

Cumplí mi promesa durante casi un mes. Me sentía aliviada. No quería ir a aquella casa ni volver a ver a Inju nunca más.

Un domingo por la mañana, recogí del suelo del patio un sobre blanco sin sello, sin destinatario ni remitente. Al abrirlo encontré una hoja arrancada de un cuaderno de espiral y doblada varias veces. La desdoblé allí mismo. Estaba escrita con una letra apresurada y vehemente, como un borrador que no hubieran pasado a limpio.

Me guardé la carta en el bolsillo de la chaqueta y entré en casa. Levanté el auricular del teléfono, respiré hondo y marqué el número de Inju. Descolgó al noveno tono, pero no dijo ni «hola», ni «sí», ni nada.

–Voy para allá –le dije; solo oía su respiración–. No tardaré.

Colgué, salí de casa y eché a correr cuesta abajo.

Encontré a Inju sentada en los escalones de piedra de la entrada. Bajo el sol de la mañana de finales de otoño, envuelta en el abrigo gris de su tío, tenía el ceño tan fruncido que se le arrugaba la frente. Su cara estaba pálida y sucia de polvo; se la veía ausente. Me miró y se levantó con lentitud. Sus ojos brillaban, pero no abrió la boca.

–Vamos a mi casa –le dije–. Te daré boniato hervido.

Inju intentó sonreír, pero solo hizo una mueca. Y alrededor de la boca se le formaron arrugas como las de una anciana.

Estás equivocada.

No me quedo encerrada en casa. Salgo todas las noches y deambulo por las calles y las callejuelas hasta la madrugada. A veces paso por delante de tu casa. Si la luz de tu habitación está apagada, me pregunto si estás durmiendo y si en la pesadilla que estás teniendo aparezco yo.

Cuando voy a la calle principal, todas las tiendas han bajado ya las persianas. Camino y camino por el centro de la calzada, por donde ya no circulan coches. Cuando me duelen los pies, me siento en la mediana a recuperar fuerzas, como un gato. No me da miedo la muerte. Tampoco temo a los ladrones o a los delincuentes.

Cuando deambulo de esta manera, de repente me doy cuenta de algo.

Es algo que realmente me aterra.

Que no tengo ningún otro sitio adonde ir.

«Cheonghee», me dijo Inju
con la misma ternura con la que llamaba a Minseo,
con una voz suave y cansada,
con los ojos sombreados por las ojeras.

Me ingresaron de urgencia. Inju me consiguió una habitación individual porque todas las demás estaban ocupadas. La habitación era demasiado silenciosa, ni siquiera se oía el zumbido del radiador, que se había apagado. Minseo dormía en la cama supletoria, cubierto con el abrigo de Inju. Le dije varias veces que se iba a resfriar allí, que se lo llevara a casa, pero Inju no me hizo caso.

Cheonghee, eres menuda y delgada, así que probablemente vivirás mucho tiempo. Fíjate en las personas que viven hasta los cien o ciento veinte años. Todas tienen tu físico. Tu cabello se volverá blanco como las plumas de un pájaro, usarás ropa abrigada y de manga larga incluso en verano, y pasarás el invierno mirando por la ventana todo el día. Con tu carácter, te va a costar vivir con los recuerdos acumulados durante cien años.

Inju se rio de pronto.

Así pienso envejecer.

Veré cómo le salen canas a Minseo y luego me moriré lenta y perezosamente. No quiero morir de pronto, en un accidente. Quiero sentir con toda claridad que estoy respirando por última vez, exhalar el último aliento con todas mis fuerzas... Voy a morir con calma, hasta el final.

Levanto la tapa del inodoro, me inclino y vomito. Devuelvo todo lo que he comido esta la noche. Me enjuago la boca con agua limpia y me lavo la cara. Tiro al suelo el abrigo colgado en la silla y, arrastrándome como un insecto, me tumbo encima. Cierro los ojos. Todo empieza a girar lentamente.

Kang Seogwon me mira desde arriba.

Con tono grave como el del dios de la muerte,

con una voz que parece surgir de las profundidades de la tierra, pregunta:

Si no es la muerte, ¿qué cree haber leído en esas pinturas negras?

El halo que forma el agua al diseminarse y empujar la tinta por última vez es como la huella de una mano delicada; ahora se convierte en el contorno de una llama. Al tío, absorto en su trabajo, le caen gotas de sudor de la frente. En un rincón de esa habitación llena del olor a tinta, mi mano, que sostiene el pincel, tiembla. «No tiembles –me digo, pensando en lo que él ha dicho–. Contén la respiración y traza la línea con calma». Contengo la respiración y dibujo el contorno del jarrón. La tinta se extiende como sangre clara. Ya no hay vuelta atrás. No se puede borrar. Esa línea irreversible lo dice todo sobre mí.

Las estrellas que se dispersan. El cero que se expande desmesuradamente, la negrura que hay en todas partes; los planetas muy calientes o muy fríos, sus órbitas concisas y bellas.

Todos creían que el universo era infinito, que no tenía un principio y que no se expandía. Era imposible imaginar que la nada se convirtiera en materia infinita a una velocidad vertiginosa. La idea de que todo era inicialmente una sola cosa, que antes no existía siquiera esa única cosa, solo se permitía en las religiones o los mitos. Sin embargo, cada día llegaba la noche y el cielo se oscurecía sin falta. Para explicar este fenómeno, hubo que cambiar el modo de pensar y reescribir todas las certezas.

Todavía no ha amanecido.

Aún tumbada, reviso los bolsillos del abrigo y saco el reloj de pulsera. Son un poco más de las seis. Esta vez no ha pasado un día más.

Me dirijo al baño, apoyándome en la pared cada vez que me tambaleo. Abro el grifo de agua caliente de la bañera y me sumerjo en ella antes de que esté del todo llena.

Aquel día fue como hoy.

Con los brazos y el hombro doloridos como si me los hubieran retorcido con fuerza, me sumergí en la bañera medio llena. Al igual que un insecto al que le han arrancado las antenas, al igual que una ballena con un arpón clavado en la espalda, me arrastré por toda la casa buscando el objeto más puntiagudo que tenía y lo metí en el bolsillo del abrigo. En las escaleras del metro, mientras los débiles rayos de sol se deslizaban entre los zapatos de los transeúntes como hojas secas, oí el tono de llamada del móvil de Inju.

–La luz tiembla, tía –susurra Minseo, mirando el tubo fluorescente del techo.

Cada vez que parpadea, la sombra de sus pestañas se dibuja en sus mejillas como líneas trazadas con un pincel muy fino. Parece que tiene frío. No deja de temblar.

—Se te va a estropear la vista. Vamos a apagarla y a encender la lámpara de pie.

Me levanto para apagar el interruptor, pero su manita caliente me detiene.

—¿No tendrá más frío sin luz?

Me río a mi pesar.

—No pasa nada, porque deja de sentir.

Sus ojos se agrandan, como asustados. Sus largas pestañas se estremecen.

—¿Deja… de sentir… si se apaga la luz?

Espero a que amanezca,
a que el tiempo vuelva a fluir,
a que me vuelvan las fuerzas.

Me pongo el abrigo encima de un grueso suéter de lana y me envuelvo el cabello mojado con una bufanda. Meto en el bolsillo la cartera que dejé sobre la mesa. Cojo la foto de hace veinte años en la que salimos Inju y yo, vacilo un instante y la guardo entre las láminas del libro del tío. Iba a cerrar el libro, pero de repente lo abro y saco la foto. Le doy la vuelta y miro el reverso. No me he equivocado.

12-11 mar

¿Cómo es posible que no haya visto antes esta anotación?

Para verla mejor, enciendo la lámpara, inclino la cabeza y miro de cerca. Las letras son casi ilegibles, como si las hubieran escrito sin apenas presionar el lápiz. No, las escribieron correctamente, pero luego las borraron, por eso no se veían en la penumbra del taller de Inju.

12-11 mar 4-5

Donam 2 150 H Telecom 7-11 5

Me concentro para tratar de entender.

Con «mar», ¿se referirá a «martes»?, ¿«12-11» y «4-5» son fechas? ¿Por qué está escrito en el reverso de la foto? Cuando Inju las anotó, aparentemente con prisa, ¿miró la foto? ¿Es una referencia importante? ¿O una nota sin interés?

Me muerdo el labio inferior. Con la lengua seca, humedezco los labios, también resecos. Acerco la silla y me siento. Copio la anotación tal cual en un papel en blanco. Dejo el lápiz sobre la mesa y me froto las mejillas con las manos. Tomo de nuevo el lápiz y escribo:

Jeong Seongyu – Artech, calle Daehakno

Directora de galería con pañuelo negro (¿su nombre?) – galería Myeong

El espíritu del arte, puerta de Gwanghwamun

Suyuri

Taller, barrio K

Kang Seogwon

Misiryeong

Compraré agua mineral, tofu, una docena de huevos, kimchi y tantas mandarinas como pueda traer. Comeré, aunque vuelva a vomitar. Haré ejercicio.

Cuando voy a salir por el portal, me detengo; cae una nieve húmeda y pesada. Parece que ha empezado a nevar hace poco, ya que una fina capa de nieve que nadie ha pisado aún cubre las aceras y los coches aparcados.

Empiezo a andar por ese camino blanco dejando las huellas húmedas de mis zapatillas. Los copos blancos quedan suspendidos en mis pestañas. La nieve fría que se posa en mis pómulos se derrite lentamente y acaba deslizándose por mis mejillas.

Extiendo los brazos para recibir los copos de nieve en las mangas de mi abrigo morado. La mayoría están rotos por la mitad o en tercios, pero hay algunos que están enteros. Los cristales intactos, que forman un hexágono perfecto, se derriten en círculos y se convierten en gotas de agua.

Dime
cuál fue tu plegaria,
cuál fue el camino que tomaste a tientas, como un ciego,
qué debo escribir,
a partir de dónde
y en qué punto no debo vacilar.

Al llegar a la entrada de las escaleras que conducen al supermercado subterráneo, me sacudo la nieve de la cabeza y los hombros. Cuando me doy la vuelta, veo que una espesa capa de nieve cubre la calle. Los copos son más grandes y caen con más fuerza. Es una nieve húmeda que se compacta con facilidad, del tipo que les gusta a los niños porque sirve para hacer muñecos de nieve. Es una nieve que absorbe todos los ruidos, que incluso ahoga las bocinas de los coches. Es la misma nieve que caía en Seúl el día que Inju fue al paso de Misiryeong.

6

LA CARA OCULTA DE LA LUNA

¿Todavía no lo ha visto? ¡Vaya! ¿Tampoco ha comido? Espere un momento. ¿Hola? ¿Ha vuelto ya el jefe de equipo Lee? ¿Hoy ya no va a volver? ¿No me has dicho antes que iba a venir? Es que hay alguien esperándole. No, no tiene cita; ha venido porque necesita el número de contacto del exsubdirector Jeong Seongyu. Sí, el que dejó la empresa y se fue a Australia. Esta persona tiene que comunicarse con él con urgencia, pero el único que sabe su número es Lee. No, no puedo decirle que espere. Ha llegado a las once y lleva aquí desde entonces, ni siquiera ha comido. ¿Dices que quizá no vuelva a la oficina y se vaya directamente a casa? No es lo que me has dicho antes. ¿Y si le doy directamente el número de Lee? ¿No puedo? ¿En serio? Ni que fuera una celebridad… No, es una señora. Dice que ya llamó a la empresa y habló con Lee una vez. Esa vez también fue para conseguir el número de teléfono del exsubdirector Jeong. El problema es que no pudo localizarlo en ese número. ¿Cómo voy a saberlo? Está bien, espera un momento. Disculpe, señora, ¿podría decirme su número, por favor? Cero-uno-cero… Anota, por favor: Dos, cinco… cuatro, cinco, siete, cero. Eso, cero. ¿Correcto? ¿Cómo se llama usted? Lee Cheonghee. Sí, está bien. Dale ese número y ese nombre a Lee para que la llame, por favor. Gracias.

Sí, soy Myeong Eunsuk. Disculpe, no le oigo bien. ¿Podría decirme su nombre, por favor?

¿Lee Cheonghee? ¿Dice que es amiga de la pintora Seo Inju? Lo siento, pero tengo muy mala memoria… ¿Por qué desea verme?

¿No podría decírmelo por teléfono?

Ahora me encuentro en el interior del país. Vuelvo a Seúl en avión mañana por la noche, pero tengo la agenda completa hasta el fin de semana. ¿No podría decirme ahora de qué se trata?

Sí, conozco el libro del profesor Kang Seogwon.

¿Se refiere al artículo que escribió el profesor Kang en *El espíritu del arte*?

Si es sobre los cuadros que pintó Seo Inju en el último año de su vida, estoy interesado.

¿Podría venir a la galería pasado mañana a primera hora? ¿Le parece bien a las nueve? A las diez tengo una reunión.

Sí, soy Lee Cheonghee. Lo llamé hace un tiempo para pedirle el número de teléfono del señor Jeong Seongyu… Intenté comunicarme con él a través de ese número, pero me contestó otra persona. Sí, tengo papel y lápiz. Es ese número, pero parece que se ha mudado o cambiado de teléfono. Le he escrito también por correo electrónico, pero no ha servido de nada… Quiero hablar con él acerca de su exmujer, la madre de Minseo. Pronto va a salir un libro sobre ella. No, no lo he escrito yo, pero contiene partes controvertidas que los familiares deberían conocer. Ah, ¿se va de viaje de negocios al extranjero? ¿Antes podría escribirle usted un correo electrónico? Necesito saber si es que ha cortado toda relación con Corea, si no lee los correos de personas que no conoce o si le ha pasado algo… Dele mi número de teléfono y pídale que me llame a cobro revertido, por favor. Sí, sí, se lo agradecería mucho. Muchas gracias.

¿Va a bajarse?

Sí, disculpe.

Me bajo en esta parada.

¿Dígame?

Voy de camino a la cita de las nueve, llegaré unos diez minutos antes.

¿Cómo? ¿Mañana, dice?

¿A la misma hora?

De acuerdo.

No, está bien. No se preocupe.

Sí.

Hasta mañana.

Hola, soy Lee Cheonghee.

Quería saber si ha podido ponerse en contacto con Jeong Seongyu.

Ah, aún no ha podido escribirle. ¿Y cuándo se va de viaje? De verdad, lo siento. Con lo ocupado que debe de estar con los preparativos…

Sí, esperaré.

Le enviaré mi dirección de correo electrónico por mensaje de texto. ¿Podría escribirme de inmediato en cuanto tenga una respuesta?

¿Por qué mejor no me da su correo? Le escribiré un mensaje, será más fácil para usted.

Estimado señor:

Me llamo Lee Cheonghee y le he enviado dos correos electrónicos.

He visto que ayer abrió uno. Dado que no lo ha respondido, entiendo que no desea entablar comunicación conmigo. De todos modos, seguiré esperando su respuesta. También le he llamado al número que me dio el jefe de equipo Lee Jungseok en Artech, pero me ha contestado otra persona. Lee me dijo que le iba a escribir en mi nombre, pero como saldrá de viaje de negocios y tardará en volver, he decidido volver a escribirle yo misma.

Quizás usted no se acuerde de mí, pero nos hemos visto en tres ocasiones.

La primera vez fue cuando vino a buscar a Minseo al barrio de J. Inju estaba en la galería Myeong preparando la que sería su última exposición individual. Yo soy una vieja amiga de Inju. En esa época yo no trabajaba, así que iba a menudo a su casa a cuidar a Minseo.

Esa mañana de sábado, usted llamó al timbre y se dirigió al ascensor que estaba al final del pasillo. Como la barandilla del pasillo del séptimo piso era baja y Minseo tenía miedo a las alturas, lo acompañé hasta el ascensor. La verdad es que dudé mucho sobre lo que debía hacer, porque creo que Inju se despedía de Minseo antes de llegar al pasillo que tenía forma de L. Usted pareció sorprendido al verme. Minseo, que en ese momento tenía seis años, llevaba una bufanda que yo le había enrollado bien ajustada alrededor del cuello. Nos miraba alternativamente a usted y a mí.

Usted giró la cabeza y pulsó el botón del ascensor. Creo que quería marcharse de allí cuanto antes, así que seguramente no se acordará de mi cara.

La segunda vez que lo vi fue en el sanatorio de Sokcho, donde Inju estuvo ingresada después del accidente. Yo estaba sentada en un banco largo al final del pasillo. Usted estuvo un rato paseando por delante de la unidad de cuidados intensivos y luego se dirigió hacia donde estaba yo. Creí que iba a sentarse a mi lado, pero de repente cambió de opinión y cruzó la salida de emergencia. Mirando la oscura salida por la que se había ido, me pregunté: «¿Por qué ha venido hasta aquí y se va sin ver a Inju? ¿Por qué no ha traído a Minseo? ¿Sabrá el niño en qué estado se encuentra su madre?». Sigo sin entenderlo. ¿Acaso decidió en ese momento que Minseo no vería a su madre por última vez?

La última vez que lo vi, usted estaba hablando muy serio con Myeong Eunsuk, la directora de la galería Myeong. Con la carita demacrada, Minseo me tomó de la mano y me susurró algo al oído, pero usted me miró con recelo. Sin embargo, no se acercó a mí, ni alzó la voz ni interrumpió su conversación. No parecía especialmente triste. Tenía la misma expresión de desconcierto que le había visto en el pasillo del hospital, y fruncía la frente. Minseo parecía no entender muy bien lo que estaba ocurriendo.

–¿Se ha apagado la luz del cuerpo de mamá? –me preguntó–. ¿No volverá a encenderse?

Como yo no le respondía, insistió:

–¿Tú tampoco vas a decírmelo? Si no me lo dices ahora mismo, voy a romper eso –dijo, señalando con el dedo la fotografía en blanco y negro en la que Inju sonreía vagamente–. Voy a destrozarlo todo.

Lo sé.

Sé que estos recuerdos no son importantes.

También sé que no es de mi incumbencia qué pensaba usted de Inju o por qué se separó de ella.

Lo que me gustaría saber es lo siguiente: ¿cómo es posible que le entregara todas las obras de Inju a Kang Seogwon? ¿Es cierto que, tal y como él afirma, Kang ha gastado toda su fortuna en adquirir lo que ella dejó? ¿Utilizó usted ese capital para emigrar e instalarse en Australia?

Pero el problema más importante es que, durante el último año, Kang ha escrito una biografía de Inju. ¿Sabía que ese libro va a publicarse muy pronto? Él cree que ella se suicidó: ¿acepta usted esa teoría?

Yo creo que es falsa. Pero, sobre todo, me preocupa el impacto que ese libro tendrá en Minseo. Como usted sabrá, los hijos que han vivido el suicidio de un progenitor experimentan impulsos suicidas al menos una vez en la vida y, como es el caso bien conocido de Hemingway, llegan a consumarlo. Aunque fuera cierto que Inju se quitó la vida, habría que proteger a Minseo de ese hecho. Por tanto, no se debe permitir la publicación de un libro que da por hecho un suicidio sin aportar pruebas fehacientes.

Necesito su ayuda. Si la familia no se opone a la publicación ahora, será más difícil, e incluso imposible, revertir la situación en cuanto el libro salga a la luz. Es necesario que Kang nos entregue el manuscrito para que podamos examinarlo de arriba abajo. No se trata solo de la cuestión de cómo murió Inju; el libro también puede contener afirmaciones perjudiciales para la reputación de la difunta y sus allegados.

El tiempo apremia. Le ruego que me facilite su número de teléfono. O llámeme al móvil a cobro revertido. Ya le he dado mi número en mi correo anterior, pero se lo copio aquí de nuevo.

Sí, soy Lee Cheonghee.

Estoy fuera de casa, pero puedo hablar.

Lo siento, no he podido responderle porque tengo asuntos personales urgentes que resolver.

Este mes va a ser difícil.

No creo que pueda hasta febrero. Y tampoco estoy segura…

No es que esté trabajando en otra cosa, sino que me ha surgido un problema personal.

Así es.

Será mejor que busque a otra traductora.

Disculpe, no ha sido mi intención darle largas.

No, no, de verdad que es algo de índole personal.

Lamento mucho los inconvenientes que le he ocasionado.

Sé muy bien que siempre ha sido considerado conmigo.

Lo siento…

Adiós.

La directora acaba de llegar, pero está hablando por teléfono. ¿Podría esperar un poco? Voy a ver si ha terminado.

Parece que la conversación se alarga. ¿Quiere ver esto? Es el catálogo de la exposición que inauguraremos el próximo miércoles.

Directora, ha llegado la señora Lee Cheonghee, a quien citó para las nueve.

Entiendo.

Lo siento mucho, pero tendrá que esperar un poco más. ¿Le apetece una taza de té?

Siento muchísimo no haber podido recibirla ayer. Un cliente quería verme con urgencia y solo podía venir por la mañana. Veo que es traductora. El título de ese libro me resulta muy conocido. Muchas gracias. Estudió Literatura Inglesa, ¿verdad? ¿Cómo conoció a la pintora Seo Inju? Vaya, eran amigas de la infancia.

Es una gran pérdida, sin duda. Nadie se imaginó que le pasaría algo así. Por supuesto, teníamos una relación muy estrecha. Se puede decir que fuimos nosotros quienes la descubrimos. ¿El profesor Kang Seogwon? Es cierto que él incluyó varios cuadros de Seo Inju en la exposición que organizó cuando trabajaba para la galería K, pero la pintora Seo comenzó a recibir verdadera atención cuando la invitamos a participar en nuestras exposiciones temporales y presentamos sus cuadros en cuatro ocasiones seguidas. Fue durante su última exposición con nosotros cuando vendió sus primeras pinturas. Desde entonces, las galerías comerciales se lanzaron sobre ella.

¿No lo sabía? Se trataba de una serie de cuadros sobre el tema del bosque y vendimos las seis obras que expusimos. Si hubiera habido más, también se habrían vendido. Como sabe, los cuadros de Seo eran bastante intensos. ¿Quién querría comprar estas obras tan oscuras y violentas para colgarlas en su casa? Sin embargo, esa serie que llamó *La cara oculta de la luna* y se expuso en la primera planta era diferente. Al principio se llamaba *Sin título*, pero luego ella lo cambió. Eran muy especiales. Transmitían una impresión desoladora, pero cristalina. Nos dijo que había pintado los seis cuadros en menos de un mes, para descansar mientras trabajaba en uno de sus grandes formatos. Las obras como estas, sin pretensiones, siempre funcionan muy bien. Además, estos cuadros encajaban con las tendencias actuales. Hoy en día hay muchos coleccionistas que buscan obras meditativas. Hay tal saturación de obras ingeniosas, que esta pintura de un estilo más antiguo gustó. Y tras esta venta inició el proceso del éxito, y luego también se vendieron los cuadros de los árboles que daban un poco de miedo. Sí, árboles en llamas. Por aquella época, ella estaba buscando un estudio, así que la venta de los cuadros debió de serle de gran ayuda.

Sin embargo, finalmente ese éxito no fue un buen negocio para nosotros, ya que la galería P se llevó a la artista. Firmó un contrato de exclusividad por las obras que produciría durante los años siguientes, a cambio de un salario y el reembolso del coste de los materiales, que ascendía a varios millones de wones al mes. Para ser sincera, yo no veía a Seo Inju así. Creía que era incapaz de actuar como esos artistas que en cuanto empiezan a tener éxito solo buscan el beneficio. No es necesariamente bueno para los artistas entrar en ese sistema de trabajo. En primer lugar, porque los obliga a exponer solo en esa galería y, si un día las obras dejan de venderse, los abandonan sin miramientos. La nuestra no es una galería tan grande como P, pero no nos va mal. Organizamos muchas exposiciones temporales y no nos centramos solo en lo comercial. Al principio no podía dormir pensando que nos había traicionado alguien en quien confiábamos. Ahora la entiendo. Ella criaba sola a su hijo y no pudo rechazar la oferta económica.

El problema fue que esa serie no era lo que ella realmente quería pintar. Dentro de Seo Inju ardía un fuego, y no un fuego cualquiera, sino uno oscuro y desesperado. Esos cuadros de bosques tan serenos no aparecían siempre, sino solo a veces, en momentos de excepcional serenidad. Yo creo que murió por eso, porque algo se desdobló dentro de ella.

Me parecieron muy interesantes las obras que se publicaron en la revista *El espíritu del arte*. Es difícil pronunciarse con exactitud sin haber visto los originales, pero me parecieron muy buenas. El problema es que para sobrevivir en el mundo del arte hay que conseguir vender tu trabajo respetando tu propia inspiración. Pero ella pasaba del arte figurativo al abstracto y, de repente, abandonó sus materiales habituales y empezó a usar tinta y papel *hanji*... No creo que eso les gustara mucho a los de la galería P, que son conocidos por exprimir a los artistas y no ser muy pacientes.

¿Ya ha conocido al profesor Kang Seogwon? Entrevistó a todas las personas que tuvieron alguna relación con la pintora Seo, por mínima que fuera. Yo quería negarme a hablar con él, pero al final accedí a concederle una entrevista, en memoria de la difunta. Tengo varias quejas contra el profesor Kang. Sobre todo porque fue él quien la presentó al director de la galería P. Ahora parece que está organizando una exposición póstuma y, por supuesto, dadas las circunstancias, es lógico que sea en la galería P, pero no me parece bien que nos excluya por completo.

¿Que dónde están los cuadros? Por supuesto, deben de habérselos repartido entre la galería P y el profesor Kang. Según los rumores, el profesor Kang le dio a cambio su propia casa al exmarido de la pintora. ¿Conoce usted la naturaleza de la relación que Kang mantenía con ella? ¡Circulan tantos rumores! Como el profesor Kang se entregó en cuerpo y alma al proyecto de Seo Inju y aún estaba casado cuando conoció a la pintora... En fin, incluso hay gente que llama para preguntarme sobre ellos. Pienso comprar y leer el libro, aunque me imagino que no ahondará en las cuestiones personales.

¿No lo sabía? El libro salió ayer. Ya hay incluso un comunicado de prensa en la agencia de noticias Yonhap. No estoy segura de si está en todas las librerías. Es verdad... Ha salido antes de lo que esperábamos. La pintora falleció hace un año, y puede decir que la comercialización de sus obras acabó en ese momento. Me pregunto si este libro reactivará las ventas.

Si veo que esto no es el final sino un comienzo, intentaré convencer al profesor Kang para que traiga aquí al menos una parte de la exposición póstuma de Seo Inju. Nosotros también tenemos varias obras suyas en nuestra colección.

Me dijo que quería hablarme sobre los últimos trabajos de la pintora, ¿verdad? ¿Tiene algún cuadro en su poder? O al menos un boceto o una postal. Ah, qué pena. La conexión telefónica era mala y entendí que tenía algo. No tiene por qué ser de la última época. Una foto antigua, una carta manuscrita o un retrato rápido también valdrían. Claro que sí. En una exposición póstuma, estos documentos también son excelentes piezas.

No sé el título, pero su autor es Kang Seogwon.

Me han dicho que salió ayer, es un libro sobre arte.

Quizás esté en no-ficción.

Sí, es ese. *La cara oculta de la luna…*

No sé si queda saldo en esta tarjeta.

Le pago en efectivo, entonces.

Sí, puedo hablar.

Yo estoy bien.

¿Cómo estás de salud?

Me alegro. ¿El trabajo bien?

¿Cómo está mamá?

¿Está contigo?

Hola, mamá. Soy Cheonghee.

Sí…

¿Cómo estás de las rodillas?

¿Se te está acabando la glucosamina?

No, son dos cápsulas al día.

Tienes que tomar la dosis que te han prescrito para que surta efecto. Si tomas solo una para ahorrar, no sirve de nada.

No, te digo que no.

Sí.

Claro que sé cuándo es el aniversario de la muerte de papá. Iré, pero antes he de terminar este trabajo urgente.

¿Está el director de la academia?

¿Sabe a qué hora vendrá?

¿De qué curso se encarga?

¿Queda alguien que haya sido alumno de la profesora Seo Inju?

¿Puede darme el número del móvil del director?

Soy una amiga de la profesora Seo Inju, que antes enseñaba aquí. Es que quiero consultarle algo. ¿Cómo se llama el director? Creo que era Choo... Eso, Choo Seungwoo.

Gracias.

¿Director Choo Seungwoo?

Me llamo Lee Cheonghee. Era amiga de Seo Inju.

Así es, nos hemos visto alguna vez.

Estoy en la academia. ¿Dónde está usted?

Menos mal, casi nos cruzamos.

Lo espero aquí.

Siempre vengo a trabajar a esta hora. Después de que la profesora Seo nos dejara, no he encontrado a nadie lo bastante capaz para sustituirla. Muchos alumnos abandonaron la academia después de que ella se fuera. Realmente lamenté su marcha. Y lamento no haber hecho más por ella cuando estaba aquí. Pero ¿cómo iba a retenerla? Era una artista, y lo mejor para un artista es poder vivir de su arte. En fin, ¿quiere un café instantáneo? Si prefiere, también hay té verde y té de *yulmu*. No, yo se lo preparo. No se preocupe.

Cuando leí en el periódico lo que le había sucedido, quise ir a su funeral, pero era la época de las pruebas de acceso a la universidad, y como ahora me encargo yo solo de gestionar la academia, no pude asistir. Realmente era única, siempre firme como una roca… ¡Y qué buena pintora! Hay quienes encargan los bocetos a sus asistentes y luego les dicen a los periodistas que han estado toda la noche trabajando porque son muy perfeccionistas. Otros, cuando ven que cierto estilo vende bien en una exposición, pintan tres o cuatro cuadros con ese estilo en una sola noche. En comparación con esa gente, ella era una auténtica artista. Trabajaba en un taller sin calefacción, con las manos agrietadas y enrojecidas, y todo para pintar cuadros que no se vendían. No quería gastar ni siquiera en guantes. Hoy en día, si tienes las manos así, piensan que tienes dermatitis. ¿Quién hubiera imaginado que era por su trabajo?

No, en realidad se me saltan las lágrimas por mi esposa. No por la pintora Seo, que en paz descanse, sino por mi propia situación. Hace una semana a mi mujer le diagnosticaron cáncer de mama. Van a extirparle completamente uno de los pechos, y aun así no saben si se salvará. Cuando éramos jóvenes sufrió mucho por mi culpa porque me encerraba a pintar todo el día. He podido mantener a mi familia gracias a esta academia que abrí con cuarenta años, pero en época de exámenes, mi mujer y yo apenas nos vemos.

Todo esto es culpa de la pobreza. Maldita pobreza. Y pensar que basta con vender unos cuantos cuadros en una subasta de Hong Kong para que todo se arregle y te cambie la vida. Al menos la profesora Seo, que andaba por las frías calles con las manos siempre agrietadas, pudo conducir un coche durante un año. La última vez que la vi todavía llevaba la placa de principiante, pero me confesó que se sentía menos culpable con su hijo, pues el niño sufría de asma, y desde que lo llevaba en coche al jardín infantil ya no tosía.

Su muerte fue un accidente, por supuesto. ¿Un suicidio? Es absurdo, ¿por qué iba a suicidarse? Nadie que la hubiera conocido un poco se creería eso. ¡Con lo mucho que se esforzó y luchó para salir adelante! Si hizo eso fue porque quería vivir, no morir. Además, ¿cómo iba a dejar solo a un niño tan pequeño? ¡Qué horrible debe de haber sido para él!

Alguien tan entregado y cariñoso como ella no puede suicidarse. Aquí en la academia se entregaba en cuerpo y alma a sus alumnos. Yo creo que se puso enferma porque asumió tareas que no le correspondían. ¿Dice que todos creen que se suicidó? ¿Qué sabrán los críticos, los académicos y la gente del mundo artístico? ¡Es ridículo! Lo siento, últimamente estoy muy sensible… Lloro a la mínima.

He venido sola.

Fideos con caldo de almejas, por favor.

¿Hablo con Kim Yeongsin?

Me llamo Lee Cheonghee. Era amiga de Seo Inju.

Myeong Eunsuk, la directora de la galería Myeong, me ha dado su número.

Tengo entendido que fue amiga de Inju. Me gustaría hablar con usted un momento.

Es sobre un libro…

No, no, es sobre un libro que quiero escribir.

El libro de Kang Seogwon salió ayer a la venta.

Entiendo que todo lo que tenía para decir ya se lo ha dicho a Kang.

De todos modos, me gustaría verla y hablar con usted.

No, no.

No lo hago por encargo de nadie ni tampoco por dinero.

No, eso es lo que menos deseo.

¿Hola?

¿Hola?

¿Hola?

Soy Lee Cheonghee, la persona que acaba de llamarle.

Necesito su ayuda, por favor.

¿Podría concederme unos minutos para hablar?

No soy periodista.

No, no pertenezco a ninguna empresa.

Solo soy una amiga de Inju. Le explicaré los detalles cuando nos…

¿Hola? ¡No cuelgue, por favor!

¿Hola?

¿Hola?

Escúchame, por favor.

No cuelgues.

Solo te pido que no cuelgues…

No lo sé, no sé por qué estoy haciendo esta locura. Para qué hablo, exagero, sonrío, me justifico, ruego, pido por favor, camino, corro, me abro paso entre la multitud, como, paso hambre, tengo sed, subo escaleras, pulso botones de ascensor, recibo tarjetas, me pinto los labios en el baño, miro a los ojos, asiento con la cabeza, me muestro decidida, espero, dejo mensajes, anoto números de teléfono, pido disculpas, doy las gracias, digo tu nombre todo el tiempo, cambio la batería del móvil, bajo escaleras, miro el reloj, leo los letreros, me rasco los talones y…

No quiero abrir este libro.

Temo que, apenas lo abra, las páginas se desmenucen, se peguen a mis dedos y se derritan, que me quemen como la cera hirviendo.

Sin embargo, miro sus estrellas.

La explosión luminosa que ocupa dos páginas, el centro blanco que se revela.

Miro la cara de Inju.

Su rostro sombrío, como hablando muy en serio, su rostro riendo tanto que se le marcan los hoyuelos.

Miro su rostro a los tres, siete y once años, con el pelo cortado al rape, con la melena corta y con coletas a los lados.

La miro de perfil, con un abrigo negro y un gorro de lana gris, en la planta baja de la galería Myeong, dirigiendo los preparativos de su exposición.

Contemplo los cuerpos zambulléndose en las profundidades del abismo negroazulado, los árboles en llamas, los oscuros bosques liberados del dolor y la tristeza.

Al salir del restaurante, el viento del anochecer se me clava en la nuca como si arrastrara esquirlas de hielo.

El invierno está en su punto álgido, lo que significa que pronto vendrá la primavera. Un día todos esos abrigos mullidos que se exhiben en los escaparates de pronto se volverán demasiado pesados y serán sacados a la acera bañada por el sol, donde los liquidarán a precios de oferta.

Ya no tengo hambre ni sed. Me subo la bufanda hasta los ojos y camino. Mi rostro enmascarado se refleja en los escaparates de las joyerías. Sobre las losas congeladas de la acera, gente con el rostro igualmente cubierto se apresura tropezándose y empujándose sin miramientos.

Todas las frases que he leído en el libro de Kang Seogwon mientras estaba en el restaurante casi vacío me parecían bestias salvajes mostrándome los dientes. Mientras las conchas de almejas se amontonaban en el borde del plato y el agua derramada junto al vaso dibujaba formas sin significado en el mantel, la Seo Inju que el autor se había inventado iba cojeando de una página a otra. Su estilo es el resultado de una extraña mezcla de rigidez y pasión, de brillo y opacidad, de gravedad y levedad. Había afirmaciones desagradables, otras eran falsas; sin embargo, algunas eran verdaderas.

Kang describe el «alma artística» de Inju con exagerada pasión, reproduce las cartas –algunas decepcionantes– que ella escribió con esa letra que tenía, como de huellas de pájaro, y transcribe los recuerdos de amigos y conocidos, a veces exagerados o embellecidos. Su infancia es resumida en una frase que Inju le dijo a Myeong Eunsuk como de pasada: «Era una niña muy fuerte»; y su juventud, en una confesión que le hizo al artista de instalaciones B para consolarlo cuando este atravesaba un periodo de crisis creativa: «De los diecinueve a los veintidós años me quedé encerrada en casa, claro que no fue para comer ajo y artemisa, como la madre osa de Dagun…». Era una biografía recreada de forma simplista y, en ocasiones, acertada, en la que cada rasgo de carácter que podría haberse considerado un defecto se embellecía con pinceladas retóricas y sentimentales, a veces burdas, otras acertadas.

El libro, que acababa de aparecer en las mesas de las librerías, estaba magníficamente editado y reproducía los innumerables y enmarañados garabatos de Inju. Pero era un libro cuyas páginas parecían desmenuzarse al contacto con mis dedos. Un libro como una llama. No, como un cubito de hielo. Un libro que gritaba. No, un libro que no decía nada. Un libro mudo, un libro sucio, un libro sin una sola gota de sangre, un libro arrojado al mundo como una bomba. Así era el libro que leí. Un libro en el que cada frase, cada palabra, me abría un corte en la frente, un libro que yo sentía como una lluvia de agujas clavándose en mi cráneo.

Ha oscurecido del todo. Los letreros de neón de la cervecería, el restaurante y la perfumería se apagan y se encienden ruidosamente, proyectando colores con sus luces de alto voltaje. Pasa un grupo de jovencitas, vestidas con chaquetas de mangas abullonadas y botas altas, que deben de ser alumnas de la universidad femenina cercana.

Al llegar a la estación de metro de Donam, levanto la vista y me detengo al ver el número 4 grabado en el muro de la entrada. Al otro lado de la calle, la entrada luce el mismo cartel, pero con el número 3. Bajo por las escaleras abarrotadas de gente. Me detengo ante el plano del barrio y saco del bolso el papel doblado por la mitad.

12-11 mar 4-5

Donam 2 150 H Telecom 7-11 5

Cruzo en diagonal el vestíbulo de la estación y me dirijo a la salida 2. Unos metros más adelante se encuentra la sucursal de S Telecom. Tres estudiantes de instituto hablan animadamente con el empleado en el interior de la tienda, mientras examinan modelos de teléfonos móviles. Me pregunto si hay alguna tienda de telefonía móvil que empiece con H. Contemplo ensimismada los nuevos y variados modelos que se exhiben en el escaparate, así como la fotografía de la modelo publicitaria, que sonríe mostrando sus dientes blancos mientras habla por teléfono.

Sigo caminando, confiando únicamente en mi intuición y dejándome llevar por un presentimiento. Me inspira la firmeza y concisión con que Inju solía indicarme un camino, por ejemplo: «Sal por la salida 2 de la estación Donam y camina recto ciento cincuenta metros hasta que veas H Telecom». Quizá, como había practicado el atletismo, tenía un sentido especial para las distancias. No decía «unos cincuenta metros» o «menos de cien metros», sino que calculaba las distancias con números exactos, como setenta, cuarenta o ciento cincuenta metros. En cuanto a los números que aparecían a continuación, ¿el 7-11 sería el número de un edificio, y 5, el quinto edificio de la misma calle?

Claro que la segunda línea de la anotación no tiene por qué referirse a un lugar. El 2 puede indicar las dos en punto, y 150, ciento cincuenta mil wones. El 7-11 puede referirse a un número aproximado de personas y el 5 a la hora de una cita. Es decir, podría ser una nota para reservar una mesa en un restaurante cerca de H Telecom. Tal vez tenía algo que hacer en H Telecom y apuntó lo que haría antes y después. En ese caso, 7-11 serían las horas que dedicaría a la segunda cita. Teniendo en cuenta que la academia estaba en Samseongyo, la primera cita habría sido en algún lugar cerca de la salida 2 y 150 podría ser la cantidad de dinero que iba a recibir, pagar o retirar de un cajero automático. Después de hacer un recado en H Telecom, imparte sus clases a los alumnos de la academia entre las siete y las once, y finalmente regresa a casa.

Sin embargo, decido seguir mi primera suposición. Camino contando exactamente ciento cincuenta pasos de un metro, y llego a una esquina. Se trata de un pequeño cruce sin semáforos, con dos pasos de peatones trazados perpendicularmente. Hay pocos transeúntes, ya que esta zona está alejada de las calles comerciales. El tráfico también es escaso. Si he interpretado bien la indicación de Inju, debería haber un lugar llamado H Telecom cerca de aquí. Dudo entre cruzar la calle y seguir recto, o girar a la izquierda, pero al final doblo la esquina. Si hubiera que cruzar la calle en línea recta, Inju no se habría tomado la molestia de anotar la distancia de cincuenta pasos.

Aquí todo está tranquilo, la calzada, las aceras, como en las afueras. Todo son locales anticuados y mal iluminados, como ferreterías y tiendas de papel pintado, y no aparece ninguna tienda de telefonía móvil por ningún lado. Tras caminar un rato, veo una pequeña zapatería artesanal. Los zapatos de hombre expuestos en las estanterías que cubren las paredes de hormigón parecen viejos incluso antes de ser vendidos.

Busco infructuosamente el número del edificio, porque está oscuro y porque es una tienda y no está obligada a indicar su número de la calle, como es el caso de las viviendas particulares.

Abro la puerta de la zapatería y entro. Un hombre de edad avanzada, con el pelo canoso peinado hacia atrás con gomina y vestido con una chaqueta gris, está sentado en un banquillo de tres patas martilleando la suela de un zapato.

–Disculpe, estoy buscando el número 7-11.

–¿Qué?

–¿Cuál es el número de esta tienda? Estoy buscando el 7-11.

–¿A quién se le ocurre buscar una casa por su número? Pregunte en una agencia inmobiliaria o algo por el estilo; cerca de la estación Donam hay una.

–Quería saber si estoy cerca. ¿Qué número tiene esta tienda?

–Con el frío que hace, además. Me parece que se esfuerza en vano. Este es el 274-2.

–Por casualidad, ¿hay una tienda de teléfonos móviles por aquí cerca?

–¿Móviles?

–Sí, me dijeron que había una cerca.

–Entonces debe de ser al lado de la estación Donam. Vaya allí.

–¿No habrá alguna siguiendo por esta calle?

–¡Qué va! No hay nada.

Respirando el olor acre de la estufa de queroseno, reformulo la pregunta:

–¿No habrá entonces un supermercado por aquí?

–¿Un super? ¿Para qué?

–Para comprar algo y preguntar la dirección.

–¡Qué tozuda es usted! Por más que pregunte, nadie sabrá decirle. ¿Acaso viene usted de fuera? Aquí en Seúl no puede encontrarse una dirección con el número del edificio, como en los pueblos. Un poco más adelante tiene un comercio abierto las veinticuatro horas. –Haciendo chasquear la lengua, añade–: No dé más vueltas y vaya a una inmobiliaria o a la comisaría.

El hombre saca un pequeño clavo de la suela y vuelve a martillearlo. Lo miro unos instantes y salgo de la zapatería.

El ruido de mis pasos resuena claramente en la acera en sombras. Es una calle silenciosa, desolada incluso. «Como la cara oculta de la luna», pienso, y me detengo de golpe. Miro hacia atrás, la calle está desierta y no se ve un alma. La luna asoma por detrás de los edificios bajos de apartamentos. Su cara, del duodécimo día del mes lunar, es ovalada, blancoazulada, como si estuviera hecha de hielo. Los cráteres, redondos o alargados, recuerdan a unos ojos hundidos, una nariz, y una boca cerrada.

«¿Cómo es que la gente de otros tiempos vio un conejo en la luna?», le pregunté al tío, que estaba de perfil.

«Por más que la mire, a mí me parece una cara humana».

El tío respondió con franqueza:

«Vista desde aquí, tienes razón».

Era una tarde de principios de verano y los tres volvíamos de dar un paseo. Inju caminaba delante con la cabeza gacha, absorta en la confección de un anillo con una flor silvestre violeta que acababa de recoger; el tío y yo caminábamos lentamente detrás. La calle debía de ser estrecha, porque su delgado hombro rozó el mío. Ya fuera por ese contacto o por la luna, el tío sonrió tímidamente y dijo:

«En ese caso, sería un rostro que nunca se vuelve».

«¿Que nunca se vuelve?», preguntó Inju, dándose la vuelta de repente, con la flor en la mano.

Con esa retórica que ya me resultaba familiar y una pizca de compasión lacrimosa, Kang Seogwon escribió lo siguiente en el prefacio de su libro:

> Es un fenómeno bien conocido que la Luna, en su rotación alrededor de la Tierra, siempre nos muestra la misma cara. La cara oculta, llena de cicatrices provocadas por los impactos de meteoritos sufridos a lo largo de eones, solo puede observarse en las fotografías tomadas desde una nave espacial.
>
> Tuve la suerte de vivir junto a esta mujer: Seo Inju. Era una artista que poseía la chispa de la genialidad, un ser especial que ejercía una influencia decisiva en quienes la rodeaban. Precisamente por esta razón, su decisión final nos impactó profundamente. Mientras la persona de carne y hueso orbitaba a nuestro alrededor, lamentablemente no fuimos capaces de ver su cara

oculta. No pudimos acariciar las innumerables cicatrices dejadas por innumerables fracturas y heridas.

La serie de pinturas que ella misma tituló *La cara oculta de la luna* es silenciosa y serena, pero ahora sabemos que ese bosque oscuro no era un simple espacio de paz ni un refugio. Mientras trabajaba en esa serie, escribió en el margen del calendario que colgaba en su taller: «El lugar donde me duele es como la cara oculta de la luna. Allí es donde la herida sangra y cicatriza, donde se infecta y supura, donde se gangrena y se pudre. Nadie la puede ver, ni tú ni nadie…, ni siquiera yo misma».

Durante este último año que ha seguido a su desaparición, con la ayuda de las personas que la apreciaban, he trabajado en la creación de un Museo de Arte de Seo Inju. Se puede decir que la publicación de este libro es la primera piedra del proyecto. Sé bien que, al igual que en la obra teatral de Robert Lepage, el lugar donde debería construirse su museo es un lugar tranquilo, ajeno a nuestras miradas, expuesto a los meteoritos que podrían golpearlo en cualquier momento y finalmente destruirlo: la cara oculta de la luna… Así y todo, construiremos la casa de Seo Inju en una de las vías más animadas de Seúl. Lo expondremos al mundo, como su historia, aquí y ahora: en este libro.

Kang Seogwon o bien no lo sabía o bien lo ignoró aposta. El texto que Inju escribió en el calendario era un extracto de mi obra teatral.

En esa obra –representada hace once años y más tarde caída en el olvido–, la protagonista, una actriz que iba a retirarse, pronunciaba este monólogo ante el público:

> El lugar donde me duele es como la cara oculta de la luna. Allí es donde la herida sangra y cicatriza, donde se infecta y supura, donde se gangrena y se pudre. Nadie la puede ver, ni tú ni nadie… ni siquiera yo misma.

Encuentro el pequeño comercio del que me había hablado el hombre de la zapatería. Paseo lentamente por la tienda vacía hasta que entro en calor, luego abro la vitrina de bebidas calientes, saco una lata de té, la pago y me la bebo delante del microondas.

Se me han acabado las pistas. Así que volveré a la estación de Donam. Si encuentro un taxi, lo cogeré hasta la estación de transbordo, de ahí tomaré el metro hasta a la estación más cercana a mi casa y terminaré el trayecto en autobús. Llegaré a casa agotada.

Me acerco al dependiente, un chico delgado y de pelo corto que parece haber terminado recientemente el servicio militar, y le pregunto:

–¿Dónde puedo encontrar un taxi por aquí? ¿O voy directamente a la estación?

–Por Donam pasan muchos taxis, pero es difícil parar uno. Mejor cruce la calle, rodee el edificio de Hanaro Telecom y siga recto hasta la avenida. Allí le será fácil encontrar alguno.

–¿Hanaro Telecom?

–Ese edificio de enfrente es la sede de Hanaro Telecom.

–Ah, ¿sí? No hay ningún cartel que lo indique.

–Eso es porque no hay entrada por este lado. Si rodea el edificio, encontrará la entrada principal.

–Disculpe, ¿por casualidad sabe el número del edificio? –digo, tartamudeando de emoción.

–¿Perdón?

La sonrisa del empleado se desvanece.

–¿Sabe dónde está el número 7-11?

–Ni idea –dice, y esboza una sonrisa forzada.

Antes de que la sospecha ensombrezca más su rostro, me despido y salgo de la tienda.

En la parte trasera del edificio de Hanaro Telecom solo hay unas pocas ventanas iluminadas. A un lado, separados por un muro, un aparcamiento oscuro y un solar con una obra en construcción.

Me estoy acercando a mi objetivo.

He hecho bien en no cruzar la calle. Inju debió de anotar un lugar concreto de esta calle. Ahora yo tenía que encontrar el 7-11 y el 5. Tras dar unos pasos, me detengo y me vuelvo hacia la tienda de veinticuatro horas de la que acabo de salir.

7-Eleven: 7-11.

No puedo evitar sonreír.

Recorro el estrecho callejón donde está la tienda de veinticuatro horas y cuento los edificios de apartamentos. Me detengo frente al quinto edificio, idéntico al cuarto. Es un edificio de tres plantas con un ático y solo la primera planta tiene la luz encendida.

Me pregunto si debo subir y llamar a la puerta.

Quizás era uno de los apartamentos que Inju había ido a ver después de que se lo recomendara la agencia inmobiliaria: una vivienda cerca de la academia de arte, barata y amplia a la vez, con un dormitorio grande y una sala donde instalar el taller y una mesa para Minseo. En la época en que me dieron de alta en el hospital y me ocupaba de Minseo, Inju debió de buscar casa por esta zona. Probablemente fue entonces cuando recibió la oferta de la galería P, por lo que dejó las clases y buscó una casa y un taller más amplios en K, en las afueras, puesto que ya no necesitaba vivir cerca de la academia.

El dependiente, de pelo corto, está sentado con la espalda encorvada delante de la caja registradora, leyendo un cómic. En contraste con la silenciosa calle, que parece de otros tiempos, el interior de la tienda de veinticuatro horas está tan intensamente iluminado que resulta irreal.

La tienda está en la planta baja de un edificio de cinco plantas flanqueado por dos bloques de apartamentos de tres.

En el primero hay una sala de ping-pong y en el segundo una empresa de artículos de papelería. Al entrar en el edificio, veo que la garita de vigilancia está iluminada y la cámara de seguridad encendida. El vigilante no se ve, pero en la pantalla dividida en ocho partes reconozco mi espalda y mi perfil.

Avanzo un poco más y me detengo ante el ascensor. Sobre la pared encalada y despintada aquí y allá, cuelga un cartel con los nombres de las empresas y organizaciones que ocupan las oficinas de cada planta. En la cuarta y la quinta hay un consultorio psicológico, y la sexta parece ser una vivienda.

Aunque solo sea para cerciorarme, decido subir. Llamo al ascensor, que rompe el extraño silencio con un zumbido. En el momento en que se abren las puertas, me sobresalto por mi reflejo en el espejo. Una vez dentro del ascensor, una cabina anticuada, estrecha y oscura, pulso el 5, que es el número que Inju escribió después de 7-11.

La luz de la oficina está encendida y la puerta de cristal no está cerrada.

La empujo y entro. Oigo el ruido de una fotocopiadora. En la recepción hay un sofá de cuero sintético, un pequeño dispensador de agua, un mueble de conglomerado de color caoba con revistas encima y una estantería llena de libros de psicología. Justo en ese momento, una mujer sale con un montón de fotocopias en las manos y al verme se detiene sorprendida. Rolliza, debe de tener veintitantos años como mucho y viste un jersey beis.

–¿En qué puedo ayudarla?

Me quedo quieta y con las manos juntas delante del pecho, sin saber qué decir.

–Este… pasaba por aquí y se me ocurrió entrar.

Sonríe desconcertada, así que me apresuro a añadir:

–¿Puedo hablar con un terapeuta?

–El horario de consulta ha terminado…

Su cara refleja perplejidad y fastidio, pero también una paciencia que no me parece fingida. Miro la mesita de madera que está junto al sofá. Extrañamente, no puedo despegar la vista del platillo de madera con caramelos de ciruela que está en el centro. Reprimo el impulso de coger uno y guardármelo en el bolsillo.

–Es que una amiga mía me dijo que venía aquí.

–Ah, ¿sí? –responde con más amabilidad–. ¿Con qué psicólogo?

–¿Hay varios?

–Sí, tres.

–No puedo contactar con mi amiga porque... se ha ido a vivir al extranjero. Si le digo su nombre, quizá pueda averiguar quién la trataba.

–¿Podría volver otro día? Es que, como le acabo de decir, el horario de consultas ha terminado. Además, no hace mucho que trabajo aquí. Puede concertar una cita por teléfono.

–Entiendo, pero le agradecería mucho si me hace el favor... Es un poco urgente.

Una mujer de unos treinta y tantos años, que aparece de repente hacia las nueve de la noche, que primero dice que pasaba por ahí, luego pide que busquen el nombre de una amiga y ahora dice que se trata de algo urgente... Ladeando un poco la barbilla, la joven escudriña mi rostro con cautela y a la vez temor. Tal vez llega a la conclusión de que soy el tipo de persona capaz de intentar suicidarse esa noche o de armar un escándalo allí mismo, porque pregunta:

–¿Cómo se llama su amiga?

Con el rostro impasible, deja las fotocopias sobre su mesa y alarga el brazo hacia el archivador que está detrás de ella.

–Seo Inju.

En el compartimento marcado con la letra S, revisa uno a uno los archivos, sacándolos y poniéndolos de nuevo en su lugar.

–Lo siento, no hay nadie con ese nombre.

–¿Es posible que haya recibido atención de forma personal y sin registrarse?

–Pues, en ese caso, ya no sabría decirle… –dice, enderezando la espalda y observando mi rostro con expresión seria–. De todos modos, para concertar una cita tiene que elegir primero al terapeuta. Aquí hay una breve reseña de cada uno de ellos, ¿quiere echarles un vistazo?

Me entrega una hoja con los nombres y las trayectorias de los tres psicólogos, pero sin sus fotografías. En ese momento suena débilmente una llamada interna:

–Sí, director. Es que ha llegado una paciente que no esperábamos. Se lo llevo enseguida.

Antes de que la mujer cuelgue el auricular, pregunto por última vez:

–Entonces… ¿es posible concertar una cita ahora mismo?

–Un momento, por favor.

Echa un vistazo al reloj de pared que tiene delante. Es un elegante reloj de péndulo antiguo, que desentona con ese espacio anodino e incluso lúgubre. Recoge las fotocopias y unos libros, escribe algo en una nota adhesiva, la pega en la parte superior de las copias y, con todo el montón en ambos brazos, se dirige hacia un despacho iluminado. Probablemente sea el despacho del director que acaba de llamar por el teléfono interno.

Al abrirse la puerta, veo de espaldas a un hombre de cabellos completamente blancos, sentado a una mesa ante un ordenador. Es delgado y tiene los hombros encorvados. Tal vez temiendo que yo actúe de forma impulsiva, la mujer deja la puerta abierta y le susurra algo al director, que se gira y me echa una mirada rápida. Tiene un rostro corriente y lleva gafas de montura negra. Recorro su despacho con la vista: estanterías abarrotadas de libros especializados, una mesa en forma de L, un sillón con reposacabezas, un ordenador antiguo y un teclado gastado. Todo es de lo más normal.

La joven se da la vuelta y se acerca a mí con pasos firmes.

–Decida con cuál de los psicólogos quiere hacer terapia y llame el lunes. En la hoja que le he dado figuran el teléfono y la página web, por si quiere echar un vistazo.

Temblando, asiento con la cabeza en silencio. No tiemblo por la repentina firmeza de la joven, sino por lo que acabo de vislumbrar durante el breve instante en que ha abierto de par en par la puerta al salir del despacho. Enmarcada, en la pared donde se apoya la mesa del ordenador, cuelga una fotografía en blanco y negro del paso de Misiryeong cubierto de hielo.

7

EL VOLCÁN DE HIELO

Durante la glaciación, seguramente nevó.

Cuando todo estaba cubierto de hielo, la superficie de la Tierra no sería azul como ahora, sino blanca como la Luna.

Después de nevar sin parar durante días y noches, la nieve se congelaría, y la capa de hielo sería cada vez más gruesa.

Mientras tanto, bajo el profundo lecho rocoso, seguiría agitándose el mar de magma.

Aquella mañana de domingo, con la nieve llegándole a las rodillas, el tío se puso guantes de lana sobre los de algodón y cavó un paso entre la entrada de la casa y el taller. Mientras se caldeaba las manos con un vaso de agua caliente, sentado a la mesa frente a mí, prosiguió diciendo:

Al principio, cuando el magma se agitaba en su superficie, el rostro de la joven Tierra era rojo. Se volvió azul después de varias decenas de millones de años de lluvia hirviente... Luego, cuando llegó la era glacial, la Tierra tenía una superficie blanca y helada; y cuando ese hielo se derritió y se convirtió en océano, el rostro de la Tierra volvió a ser azul, repitiéndose el ciclo.

Me pregunto cómo debía de verse la Tierra en el momento álgido de la glaciación, cuando era una masa de hielo de un blanco resplandeciente y la nieve caía sobre ella.

–Bienvenida. Pase, por favor –dice Kim Yeongsin abriendo la puerta de su taller con una expresión hosca que desmiente sus palabras–. Este lugar es difícil de encontrar. ¿Cómo ha llegado hasta aquí sin coche?

Es mayor de lo que esperaba, quizá ronde los cincuenta. Lleva el pelo de un negro muy oscuro, poco natural, tal vez teñido, recogido hacia atrás. Sus ojos, grandes y de contornos definidos, me escrutan con recelo.

Construido como una fábrica en medio de arrozales cubiertos de nieve, el taller es un edificio prefabricado de unos cien metros cuadrados con techos altos y vigas de acero. Dentro hace tanto frío que al hablar se ve el vaho saliendo de la boca. Ella lleva una parka gris de hombre y pantalones acolchados, además de guantes de algodón sucios. Cerca de la entrada, un hombre de mediana edad, vestido como ella, está ocupado cortando madera con una sierra eléctrica. Después de casi una hora caminando por la nieve, tengo los pies congelados, así que instintivamente dirijo la mirada hacia la estufa.

–No está encendida. Nuestro trabajo es muy físico, así que nunca pasamos frío.

Debido al ruido de la sierra eléctrica, hay que levantar mucho la voz para hablar.

–¿Podría sentarme un momento? –pregunto.

–Claro, siéntese aquí –dice, señalando el sofá junto a la estufa.

Se quita los guantes de algodón y los deja sobre una mesa de madera. Sus manos están llenas de arañazos y lleva un grueso anillo de plata en cada una.

–¿Quiere tomar algo caliente? Tengo café –me ofrece, casi gritando.

Hace demasiado frío como para rechazar una taza de café caliente. Me dejo caer en el destrozado sofá y recorro el taller con la mirada. Hay una docena de bloques de madera aún sin tratar, de un metro por un metro, y otras cien, talladas con siluetas de perros y pintadas, desperdigadas por todas partes.

Sin acordarme de quitarme la bufanda, contemplo las caras de los perros, cuyos ojos negros, llenos de vida gracias a las expresivas pinceladas, me miran fijamente. Aunque son de diferentes tamaños y razas, y su expresión es distinta, todos tienen el hocico cerrado, lo que les da un aire familiar. Parecen estar cruzando el crepúsculo azulado que separa este mundo del otro. Algunos ya parecen estar en el otro mundo, intentando olvidarse de las últimas violencias que sufrieron en el nuestro.

–Son perros abandonados –explica Yeongsin, mientras me tiende el café en un vaso de cartón con su mano áspera, y luego se sienta en un taburete–. Me gustan las cosas que la gente desecha. Ese sofá en el que está sentada, este taburete… los recogí en la calle.

Señalando con el mentón al perro dibujado en marrón oscuro que está junto a ella, continúa diciendo con voz impasible:

–Llevo tres años haciendo este trabajo. Cuando Inju vino la última vez, acababa de quemar los cincuenta que había tallado y estaba empezando de nuevo. Cuando vio este perro, por primera vez dijo que le gustaba.

Percibo las finas arrugas alrededor de sus ojos, quizá sea mayor de lo que he supuesto. El perro que me señala es un Spitz alemán y está pintado sobre una tabla de madera negra carcomida con un agujero del tamaño de un antebrazo. Como si estuviera sufriendo pero no supiera por qué, el animal agacha el cuello y abre grandes los ojos redondos.

–¿Cuándo fue eso?

–Fue hace dos años, en verano… –Su voz suena grave y ronca, como si estuviera afónica–. Llovía desde primera hora la mañana. Vino con el niño y se quedó alrededor de una hora. Cuando se subieron al coche para marcharse, empezó a llover torrencialmente y una de las ruedas delanteras quedó atascada en el barro. Pusimos maderos tanto delante como detrás del neumático, pero fue imposible moverlo. Al final un vecino trajo su camioneta y consiguió sacar el coche del barro remolcándolo con una cuerda. Al ver que la rueda delantera se movía, Minseo se puso a dar saltos de alegría bajo el paraguas, y se salpicó las piernas de barro. –Al oír el nombre del niño, contengo la respiración–. Es extraño. Estaba oscuro porque llovía a cántaros, pero recuerdo ese día como muy luminoso.

Yeongsin coge un cigarrillo del paquete que está sobre la mesa y lo enciende. En el instante en que la llama roja del mechero toca la punta del cigarrillo, se apaga la luz del taller y se detiene también el ruido de la sierra eléctrica. Sin inmutarse, ella deja el encendedor sobre la mesa. En medio del silencio, solo oigo el roce de las mangas de la parka contra su cuerpo.

–Se ha cortado la luz –comenta el hombre maduro que trabaja cerca de la puerta–. ¡Que se ha ido la electricidad!

–Sí, ya lo veo. ¿Qué quieres que le haga? –responde Yeongsin.

–No es solo aquí. Se ha ido también en las otras casas –dice el hombre en voz muy alta, como acostumbrado a gritar por la sierra eléctrica.

–Bueno, aprovechemos para descansar.

El hombre se sienta en el umbral de la puerta abierta. Se le ve agotado. Percibo el hastío, la resignación y la falta de tensión emocional propios de una relación de pareja de toda la vida.

Ahora el taller está oscuro como el atardecer de fuera. Envueltos en sombras, los perros se parecen más a bestias del inframundo que antes. Yeongsin da una calada profunda a su cigarrillo y luego exhala el humo hacia el techo.

–Volví a fumar tras la muerte de Inju. Con lo que me costó dejarlo…

Para evitar encontrarme con sus ojos humedecidos, bajo la cabeza, y entonces descubro, bajo el cristal de la mesa, un dibujo que llama mi atención. Es una ballena con la boca perforada por un anzuelo y chorreando sangre. Recuerdo haber leído hace mucho tiempo un artículo sobre una artista que pintaba animales moribundos. El artículo reproducía una fotografía de la pintora, y en ese recuerdo ya borroso me parece reconocer el rostro de Kim.

–Ese día Minseo lloró por culpa de esa ballena. –Al oír aquello, levanto la cabeza–. Miraba con tanto detenimiento el dibujo que le conté que cuando las ballenas sufren una herida, no paran de sangrar. Que no se mueren de inmediato porque son enormes, pero que al final se desangran por completo. –Hace una pausa y esboza una sonrisa–. No sé por qué le conté aquello a un niño. ¡Vaya ocurrencia! Minseo se quedó con la cabeza gacha, como si no hubiera prestado atención, pero de repente sus pestañas comenzaron a temblar. Entonces Inju se enfadó… Nunca la vi tan enfadada como ese día. El niño quería ir al baño y ella lo acompañó, pero cuando volvieron ella tenía los ojos más rojos que Minseo. Dijo que debían irse y subió al coche con el niño, pero la rueda se atascó, como le he contado. Mientras probábamos a poner trozos de madera debajo del neumático, se le fue el enfado y hasta nos reímos mirándonos a los ojos. Pero después de ese incidente no volvió más por aquí.

Yeongsin deja por un momento el cigarrillo humeante apoyado en el cenicero y se quita el anillo de plata del dedo anular izquierdo para mostrármelo.

–Ese día Minseo se puso tan triste que me lo quité y se lo di. Al niño le gustaba el anillo desde hacía tiempo, pero yo no podía regalárselo porque había sido de mi madre. Ese día se lo di diciéndole que tenía otro igual, que grabara su nombre en él y que se lo colgara al cuello y, sobre todo, que no lo perdiera nunca.

Yeongsin abre los dedos de la mano y vuelve a ponerse el anillo en el anular.

–Unos cuatro meses más tarde –prosigue–, poco después de que terminara su exposición, Inju y yo nos encontramos en Seúl para tomar un té. Entonces me lo devolvió envuelto en un papel. Dijo que iba a mudarse de casa y de taller, que se encerraría para dedicarse únicamente a pintar y que probablemente no nos veríamos durante un tiempo. –Mordiéndose con lentitud el labio inferior, añade–: Eso me dolió.

Se toca el borde del ojo y al hacerlo se le marcan las venas de la mano. ¿Está secándose las lágrimas? No, Yeongsin no está llorando.

–No sabía que había cortado el contacto con todo el mundo desde hacía tiempo. Además, siempre creí que, aunque rompiera con los demás, a mí me seguiría viendo.

Abre la boca como para decir algo más, pero la cierra de inmediato. Mira a los perros y de repente suelta una carcajada.

–¿No le parece una soberana tontería talar doce árboles para tallar perros? Eran tecas, unos árboles de Indonesia de troncos tan gruesos que no se pueden rodear con los brazos... Eran nada menos que doce, prácticamente un bosque entero. Mientras tanto, me hago mayor... y la única amiga que tenía me ha abandonado...

Las lámparas fluorescentes se encienden con un parpadeo y se oye el zumbido del motor de la nevera al ponerse de nuevo en marcha. El hombre sentado en el umbral se levanta en silencio, como un fantasma. Yeongsin apaga el cigarrillo en el cenicero. Su rostro se ha vuelto inexpresivo, como si el regreso de la electricidad hubiera puesto fin a sus confidencias.

–Cuando vino a verme Kang Seogwon no le conté nada de todo esto.

–¿Ha leído el libro?

–Solo el artículo.

–En el libro afirma que Inju se suicidó.

–No me sorprende nada.

–¿Qué opina usted?

Vuelve a oírse el rugido de la sierra eléctrica, como si quisiera vengarse, como si aullara de dolor. Los labios de Yeongsin se mueven como diciendo «No lo sé», pero no me llega ningún sonido. Otra vez tenemos que gritar para hacernos oír.

–¿De verdad va a escribir ese libro?

–Sí.

–¿Ha escrito alguna vez un libro de ese tipo?

–No.

–Escribió hace tiempo una obra teatral titulada *Cállate*, ¿verdad?

La miro con perplejidad. Bajo su frente, que frunce con obstinación, se mueven ligeramente los músculos de sus densas cejas.

–La leí, Inju me trajo una fotocopia. Y a veces me hablaba de la amiga que la había escrito. Cuando colgué después de su segunda llamada, caí en la cuenta de que usted tenía el mismo nombre.

–¿Qué le contó sobre mí?

En lugar de responder, me mira fijamente. Esa mirada me resulta familiar y de pronto caigo en la cuenta de que se parece a la de sus perros.

–Si quiere preguntarme algo más, llámeme por la noche. De día es imposible hablar con todo este ruido –dice, señalando con el mentón la sierra eléctrica–. Yo debo de haber sido la persona menos amable de todas las que Kang entrevistó, porque se marchó a los diez minutos de llegar. Es que soy una adicta al trabajo. No soporto estar sin hacer nada. Ahora mismo estoy desbordada por una exposición que haré dentro de muy poco.

Levantándose del taburete, se dirige con paso lento hacia su mesa de trabajo en el centro del taller. Comprendo que está diciéndome que me vaya.

–Gracias por dedicarme su tiempo –me despido, pero Yeongsin no responde–. La llamaré.

Yeongsin no hace ningún amago de acompañarme hasta la puerta. Tengo una sensación extraña y me vuelvo hacia ella. Está de pie ante su banco de trabajo, con los brazos cruzados, mirándome. Es tal como me la describió Myeong Eunsuk, una mujer muy poco sociable. El hombre que corta la madera cerca de la entrada, haciendo volar el serrín, debe de ser igual de taciturno, pues no me dedica ni siquiera una mirada cuando abro la puerta y salgo.

Fuera sigue nevando un poco. Me detengo un momento a contemplar los copos blancos cuando la puerta se abre a mi espalda.

–¡Espere! –grita Yeongsin, y vuelve a entrar.

La nieve empieza a caer con más intensidad. Espero pisoteando la grava del patio, mientras oigo el incesante sonido de la sierra eléctrica. Yeongsin sale al cabo de unos diez minutos. Trae en la mano un sobre blanco que se ha puesto amarillento.

–Es una carta de Inju que recibí hace tres años.

Cojo el sobre en silencio.

–No se la he enseñado a nadie.

Noto algo redondo y duro en el fondo del sobre.

–Me dijo por teléfono que estaba intentando contactar con el padre de Minseo, ¿verdad?

Asiento con la cabeza.

–Si lo consigue, dele esto a Minseo. Dígale que lo siento mucho. A decir verdad, es lo que querría decirle a Inju, pero, en fin, dígaselo a Minseo. No sé por qué, pero confío en usted, así que… –Sacude la cabeza y añade secamente, como si fuera una orden–: Déselo de mi parte. Sin falta.

Antes de que pueda responder algo, añade:

–Llámeme esta noche.

Los copos de nieve se arremolinan con el viento, borrando todos los caminos, los letreros, los arrozales desiertos, los carteles de los moteles y restaurantes, los árboles desnudos, mi abrigo, mi rostro, las huellas que he dejado mientras me dirigía hacia la carretera por donde circulan los autobuses, las huellas de los neumáticos de aquel verano de hace dos años, el aguacero que cayó entonces, los limpiaparabrisas, el barro salpicándolo todo, las zapatillas manchadas; de todo eso no queda ni rastro.

Al parecer yo no quedo completamente borrada, pues tras caminar sin descanso encuentro un restaurante de carretera. Mientras espero a que el taxista que ha accedido llevarme a Seúl termine de comer, abro el sobre que me ha dado Yeongsin y leo la carta.

¿Te imaginas qué era lo que me daba más miedo durante los tres años que pasé sola en aquella casa?

Pues el armario.

Mi gran miedo era abrir la puerta de ese mueble con incrustaciones de nácar del dormitorio principal y encontrar dentro a aquella mujer.

Está escrita a lápiz en una hoja blanca. A diferencia de las otras cartas de Inju reproducidas por Kang Seogwon en su libro, las grandes letras llenan toda la hoja. Es una caligrafía vehemente y precisa, muy parecida a la carta de Inju que encontré en el patio de mi casa de Suyuri hace mucho. De repente, me invade la sensación de que no debo seguir leyendo, así que doblo la hoja y echo un vistazo al restaurante casi desierto.

El taxista que va a llevarme a Seúl retira con cuidado las espinas del pez espada, toma un sorbo de sopa, coloca un trozo del pescado sobre la cuchara colmada de arroz blanco y abre su gran boca oscura. Sus ojos brillan como si estuviera ante la comida más deliciosa del mundo.

Dicen que era muy hermosa, que tenía unos ojos luminosos e inteligentes. Pero yo no llegué a ver esos ojos, salvo en una vieja fotografía en blanco y negro.

Todas las mañanas llenaba una botella con soju *y la llevaba consigo a todas partes para ir bebiendo a sorbos hasta que se le acababa; entonces volvía a llenarla; lo hacía cuantas veces fuera necesario. Entonces yo ya sabía que no era agua, pero ella parecía creer que lograba engañarme.*

Aún recuerdo sus pasos lentos cruzando la oscura sala de estar de la casa. Cuando nos encontrábamos por la mañana, me sonreía afectuosa y me acariciaba la cabeza con ternura, impulsada por la euforia que le proporcionaba el alcohol... Por la tarde, en cambio, permanecía tumbada en el sofá, con la mirada perdida, sin ni siquiera percatarse de mi presencia.

Mi tío hizo todo lo que pudo para curarle el alcoholismo. Todo salvo internarla en un hospital psiquiátrico. Finalmente, ella puso fin a las discusiones diciendo:

–No puedo vivir sin alcohol. Si no bebiera ya me habría muerto. ¿Qué madre quieres para Inju? ¿Una madre muerta o una madre incapaz? Elige tú.

Creo que él sabía que era capaz de suicidarse. Al escucharlos a escondidas ese día, deduje que ella ya había intentado suicidarse más de una vez.

–Tú conoces mi enfermedad –respondió mi tío–. No hay garantía de que vaya a vivir más que tú. Si sigues así, Inju...

–No me pidas que sea fuerte. Soy un desastre –dijo ella con cinismo o, mejor dicho, con sinceridad–. ¿Tan difícil es tratar a un desastre como lo que es? Soy un desastre que malgasta la indemnización que ha obtenido por un muerto. Y me encanta ser un desastre. ¿Lo entiendes?

Me pregunto qué la hacía sufrir tanto. ¿El haber perdido la posibilidad de tener una vida feliz junto a mi padre, que era médico? ¿Se sentía culpable por haber recibido, tras su muerte, una importante suma de dinero –ya que el responsable del accidente de coche era un hombre muy rico–, tan importante que le alcanzaría no solo para vivir el resto de su vida sin trabajar, sino que le sobraría? ¿Le daba eso vergüenza? ¿La enfurecía? ¿La hacía sentirse impotente?

Una vez desapareció, e incluso hicimos la denuncia en la policía. Pero estaba en el armario. Yo fui quien la encontró. Tenía la cara pálida e hinchada, como una ahogada, y estaba acurrucada en posición fetal, chupándose el dedo. Cuando abrí el armario, me dijo:

–Cierra la puerta. ¿No ves que hay demasiada luz? Haz como si no me hubieras visto.

Y así fue pudriéndose poco a poco. Como el agua estancada, como una caries, como una herida infectada. Luego murió. No le quedaba otra salida que la muerte. No veía otro camino.

Me froto el pecho lentamente. Como si un cuchillo al rojo vivo me hubiera atravesado el corazón, no logro discernir si me quema o me hiela.

Meto la mano en el fondo del sobre y saco el anillo de plata. Con cuidado, me lo pruebo en el dedo anular de la mano izquierda. Es pesado y me queda grande. Me lo pongo en el dedo medio de la mano derecha y, aunque no se me cae, sigue quedándome holgado. Me pregunto si este anillo pasó de la bisabuela a la abuela y de esta a la madre de Kim Yeongsin.

Vuelvo la cabeza hacia el taxista, que quita las espinas del último trozo del pez espada mientras mastica el arroz con la boca llena. De pronto el arroz parece atascársele en la garganta, así que bebe un sorbo de caldo directamente del cuenco sin dejar de masticar. Quizá debería decirle que coma tranquilo. Ahora bebe a grandes tragos el agua del vaso, se interrumpe para soltar un largo eructo y a continuación vuelve a coger el vaso y lo vacía hasta la última gota.

La carretera de asfalto se extiende a lo largo de la llanura nevada, flanqueada por una hilera de árboles a un lado y una fila de postes eléctricos al otro. Iluminados por las luces antiniebla, los copos brillan y luego se estrellan contra el parabrisas.

–¡Qué manera de nevar!

La queja del taxista se pierde entre el ruido del motor.

Yo no llegué a ver esos ojos, salvo en una vieja fotografía en blanco y negro.

Recuerdo la foto de aquella mujer delante de unas azaleas blancas; esa foto que encontré en el cajón de la mesa de Inju. Recuerdo el dormitorio principal de su casa de Suyuri, donde el polvo flotaba atravesado por un rayo de sol. Recuerdo el silencio que reinaba en aquella habitación, el armario con incrustaciones de nácar que nadie abría nunca.

No conocí bien a Inju.

La conocí incluso menos de lo que ella me conoció a mí. Ella nunca me habló de su madre. Hoy me he enterado de que tenía una amiga con quien podía hablar sobre su tío. Kim Yeongsin sabe mucho más del pasado de Inju que yo. Probablemente, si no le dedicó siquiera diez minutos a Kang Seogwon fue porque sabía lo que había entre él y Inju. Probablemente, si Kim me ha dado esta carta y el anillo es porque sabe bien quién soy yo.

Los invernaderos de plástico borrados por la nieve, los árboles helados que pasan a toda velocidad y apenas tengo tiempo de ver… Me esfuerzo en vano por grabar en mi mente todo el trayecto que Inju y Minseo debieron de recorrer innumerables veces. Cubro con las palmas de las manos el reflejo negro de mi rostro en la ventana.

El tío decía que incluso el silencio tiene forma.
El silencio encerrado en ese diminuto copo hexagonal
no es diferente del que caía en la era glacial,
es como una llama encerrada en el hielo.

Limpio con la mano el vaho del frío cristal y contemplo la nieve durante un buen rato. La nieve cubre la carretera, la autovía de circunvalación de Seúl, los pasos elevados, los puentes, los postes de electricidad, las cabinas telefónicas, los vehículos aparcados en zonas prohibidas, las cruces de las iglesias, los bloques de apartamentos iluminados por la luz crepuscular, los paraguas de los transeúntes, el pelo oscuro de los transeúntes sin paraguas.

–Llega tarde.

–Lo siento, es que vengo de fuera de la ciudad.

–A las seis viene otra paciente. Solo le quedan treinta minutos de consulta. ¿Le parece bien?

–Sí, está bien.

–Son cien mil wones.

Le entrego a la empleada un cheque por esa suma. Es una mujer muy delgada, lleva el pelo corto y unos grandes pendientes de aro. La joven de la otra noche, la que iba y venía con las fotocopias, debe de tener el día libre.

–Espere aquí, por favor –dice tras acompañarme a la sala de consulta situada junto al despacho del director.

Es una pequeña habitación de apenas tres metros cuadrados, amueblada con una mesa redonda de metal y dos sillas. Si no fuera por la pequeña cesta de flores artificiales que decora la mesita, parecería una sala de interrogatorios. Me quito el abrigo por primera vez desde que salí de casa esa mañana temprano, y me lo pongo en el regazo.

Al rato se abre la puerta y aparece un hombre de pelo canoso que viste camisa blanca, chaleco de lana gris oscuro y pantalones de pana marrón caoba. Es el mismo hombre de cincuenta y tantos años que vi anoche.

–Buenas tardes –saluda.

Me incorporo con el abrigo en las manos.

–¿En qué puedo ayudarla?

Decido abordar el tema directamente y respondo:

–He venido para preguntarle sobre mi amiga Seo Inju.

–Entonces no ha venido para una consulta –dice, escrutando mi cara.

Su voz, ni alta ni baja, es dura, y el tono es poco agradable. Habla bastante despacio y su rostro muestra una calma bien controlada. Saco el libro de Kang de mi bolso.

–¿Conoce este libro? –pregunto, poniéndolo sobre la mesa y empujándolo hacia él–. El autor, Kang Seogwon, entrevistó a casi todas las personas que conocían a Inju y escribió su biografía. Usted no aparece mencionado en ninguna parte, pero usted conocía a Inju, ¿verdad?

–Me parece que… –Levanta las manos, cruza los dedos en el aire y luego los pone delante de los labios en un gesto de defensa–. Creo que se equivoca. Ella no fue una de mis pacientes.

–No fue su paciente, pero mantuvo una conversación con ella en su despacho.

–¿Qué le hace pensar eso?

Me recuesto contra el respaldo y agarro los reposabrazos con ambas manos.

–Usted sabe por qué Inju fue al paso de Misiryeong, ¿verdad?

Se oye claramente el tictac del reloj en la pared y el zumbido del viejo radiador junto a la ventana. Él sigue cubriéndose la barbilla y la boca con los dedos cruzados, como si los estuviera besando. Cuando finalmente baja las manos, tiene la barbilla enrojecida.

–Fue después de reunirse con usted en su despacho cuando a Inju le entraron ganas de ir a Misiryeong. Y dos meses después, fue realmente hasta allí. ¿Puede explicarme por qué?

–¿Quién es usted?

–Una amiga de Inju.

–Pida que le devuelvan el dinero de la consulta –dice, incorporándose lentamente de la silla–. Lo siento, pero no tengo nada que contarle al respecto.

Me levanto enseguida y me interpongo entre él y la puerta de su despacho. Saco un bolígrafo del bolso y escribo mi nombre y mi número de teléfono en el interior de la cubierta del libro de Kang.

–Llámeme, por favor. Cuando usted quiera.

Mantiene los ojos cerrados durante un rato, como si quisiera contener la vergüenza y la ira. O tal vez espera que yo desaparezca en el ínterin.

–Lo pensaré –dice finalmente.

No sé si interpretarlo como un sí o como una negativa cortés.

Ahora que lo veo de cerca, me fijo en que tiene los hombros flacos y encorvados. Tiene la piel amarillenta y ojeras azuladas tras las gafas de pasta. Aunque su cara no tiene nada de especial, su mirada es aguda e inteligente. Va bien afeitado y su chaleco gris no está muy gastado.

–Salga primero. Yo me encargaré de que le reembolsen el dinero.

Las calle está oscura. La ferretería tiene las persianas bajadas y la tienda de papel pintado está tenuemente iluminada pero vacía. El hombre de la zapatería tiene las manos extendidas hacia la estufa de queroseno; a su espalda yacen docenas de pares de zapatos semejantes a pieles desechadas. Camino por las aceras nevadas, entre huellas de pasos grandes y pequeños, y marcas de neumáticos de bicicletas.

Inju estuvo aquí. Tras encontrarse con el hombre de pelo canoso, volvió sobre sus pasos por esta calle oscura. Era, como indicaba su nota, un martes, el único día de la semana en que él visita. El horario de cuatro a cinco, que yo también había reservado, era probablemente el más tranquilo. El 12-11 era el 12 de noviembre, el día antes de que viniera a casa con sushi y me pidiera que la acompañara a Misiryeong; ella iría sola unos dos meses más tarde.

El director ha dicho sin dudarlo que Inju no fue su paciente. Entonces ¿por qué habría anotado Inju esa hora de la consulta en el reverso de una vieja fotografía de su madre?

«Lo pensaré», ha dicho él. ¿Pensar qué? ¿Lo que me diría? ¿Lo que me ocultaría?

Entro en un restaurante destartalado cerca de la estación Donam. Sentada en una mesa larga que mira a la calle, pido un plato de *udon* caliente para calmar el hambre. El caldo sabe soso aunque está muy condimentado y el agua en el vaso de plástico huele a detergente. Aparto el cuenco con la mitad de los fideos sin tocar y saco el cuaderno. Presionando el lápiz con fuerza, me pongo a escribir.

Si no hay ningún registro de la visita de Inju, ¿es porque el director le reembolsó el dinero, como ha hecho conmigo hace un rato, y destruyó su ficha? En ese caso, ¿para que fue Inju a verlo?

Sigo escribiendo.

¿Por qué Inju le pasó mi obra de teatro a Kim Yeongsin?

¿Por qué transcribió un extracto de la obra en el calendario?

¿Por qué tituló la serie de sus pinturas con una frase extraída de mi texto?

Cállate fue mi primera obra teatral. Inspirada en un caso clínico de psicoterapia, trataba acerca de una mujer que había sido maltratada por su madre durante la infancia. De adulta, llevaba una vida solitaria, aterrorizada por la idea de que entablar relaciones íntimas con alguien significaría para ella ser dominada y perderse a sí misma. Un día conocía a un enigmático hombre que le proponía jugar a un juego llamado «Cállate». La única regla era responder con un «Cállate» a todo lo que él le dijera.

ÉL: Ven conmigo. Déjame amarte.

ELLA: (En voz baja, como con miedo). Cállate.

ÉL: Te cuidaré con ternura. Solo tienes que dejarte llevar.

ELLA: Cállate.

ÉL: Tú no puedes hacer nada sola.

ELLA: Cállate.

ÉL: Conmigo encontrarás tu razón de vivir; sola, tu vida no tiene ningún sentido.

ELLA: Cállate.

ÉL: Eres un desastre.

ELLA: Cállate.

ÉL: No seas tan dura conmigo. Ni siquiera deberías haber nacido.

ELLA: (Llorando). Cállate.

ÉL: No me culpes de tu infelicidad. Aunque hubieras conocido a otra persona, tu vida sería la misma.

ELLA: Cállate.

ÉL: No vales nada.

ELLA: Cállate.

ÉL: Eres sucia. No sirves para nada. Eres tan tonta que ni siquiera eres capaz de decir nada.

ELLA: No es cierto. Cállate.

ÉL: No tienes sentimientos.

ELLA: Cállate.

ÉL: Tú no estás viva.

ELLA: Cállate.

ÉL: Es preferible que te mueras.

ELLA: (A gritos). ¡No es cierto! ¡Cállate!

La mujer, tendida boca abajo en el suelo del escenario, se incorporaba y se giraba lentamente hacia el público a oscuras. «¿No creerán que esto revela todo mi dolor, ¿verdad? –decía. Esbozando una ligera sonrisa, añadía–: Mi dolor es como la cara oculta de la luna. Nadie puede verla, ni ustedes… ni siquiera yo».

Inju vino sola a ver la obra y se sentó en la última fila. Durante la representación, tanto los actores como el público se emocionaban tanto que lloraban, pero ella no derramó ni una lágrima. Solo me comentó con tono tranquilo que le había gustado.

Sin sospechar que nos separaríamos antes de que acabara el año, que pasaría mucho tiempo hasta que volviéramos a ponernos en contacto, nos dimos la mano a la puerta del camerino. Acepté su cumplido con una sonrisa modesta, mientras miraba sus delicados rasgos de niño pequeño. Le ardía la mano, como si tuviera fuego en la palma.

En el momento en que la vi desaparecer al doblar una esquina, con su blusa negra holgada y sus vaqueros grises, recordé que diez años antes le había estrechado la mano de la misma manera.

Fue alrededor del mediodía, un día de principios de otoño, cuando Inju tenía veintidós años y yo veintiuno.

Inju salió de casa durante el día por primera vez en mucho tiempo y me siguió con paso vacilante hasta las escaleras que conducían a nuestro restaurante. Mi madre se sorprendió al vernos, ya que era la primera vez que traía a una amiga allí. Poco después empezaron a llegar los clientes del mediodía y enseguida me puse manos a la obra. Inju se quedó de pie en medio de la sala sin saber qué hacer, pero cuando le puse una bandeja de plástico y el menú en las manos, empezó a servir y a tomar pedidos.

«¿Qué desean?», preguntaba Inju a los clientes. Se había lavado la cara, se había peinado y recogido el pelo enmarañado en una coleta y se había puesto un delantal sobre su vieja camisa y sus vaqueros. Mientras tanto, yo iba y venía apresuradamente entre las mesas, la cocina y la caja con una bandeja en la mano.

En cuanto se marcharon los comensales del mediodía, comimos chuletas de cerdo empanado sentadas una frente a la otra. En esa época mi madre no conseguía encontrar un nuevo jefe de cocina, por lo que ella misma se encargaba de preparar los platos con una ayudante. Contra todo pronóstico, el apaño resultó mejor de lo esperado y el número de clientes aumentó. El restaurante, que hasta entonces apenas daba para cubrir los gastos, empezó a funcionar.

–¿Siempre hay tanta gente los fines de semana? –preguntó Inju.

–En general sí, por eso siempre que puedo intento venir a ayudar a la hora del almuerzo. Vengo desde que iba al colegio.

–Por cierto... Cheonghee... –comenzó a decir con cautela Inju, que estaba muy pálida por no haber visto el sol durante mucho tiempo–. ¿Podría trabajar aquí a tiempo parcial?

–¿Te gustaría? –le respondí con la mayor naturalidad posible–. Le preguntaré a mamá.

Me tembló la mano cuando dejé el tenedor, pero la escondí enseguida debajo de la mesa. Era la primera vez desde que había muerto su tío que Inju manifestaba algún deseo de hacer algo.

—¿Sabes? El amanecer es muy extraño.

Unas semanas después, volvíamos del restaurante después de haber trabajado hasta las dos de la mañana. Me dolían los hombros y tenía las piernas hinchadas. Los zapatos me molestaban, así que me los había puesto doblando los talones. Mi madre nos seguía caminando pesadamente y sin apenas levantar los pies. Cada vez que hablábamos, nuestro aliento se esparcía como un vaho blanco en la noche invernal. Inju murmuraba como si estuviera soñando. Su voz, al principio baja, se hizo cada vez más fuerte y acalorada:

—La noche ya es bastante extraña…, pero el amanecer aún lo es más. Si una persona no duerme por las noches durante tres años se vuelve rara, ¿no? Es decir, ¿seré yo, que me he vuelto tan rara que me resulta extraño el amanecer? La noche tiene texturas, articulaciones y huecos… pero el amanecer no. Es una ola, una vena, un ser vivo…, es como un latido. ¡Pum! ¡Pum! ¡Pum! ¡Un corazón latiendo! No es pum-pum-pum, sino ¡Pum! ¡Pum! ¡Pum! Eso es el amanecer. ¡Un corazón que late! Por mucho que intente matarlo, hay algo dentro de mí que no muere. Puedo sentirlo… ¿Te parece que estoy loca? ¿Parezco rara?

Le tomé la mano. No temblaba y ardía como si tuviera un fuego en su palma. Ella sonrió avergonzada. Le devolví la sonrisa, pero de repente noté las lágrimas mojándome los labios. Solté su mano y seguimos caminando sin decir nada más. De tanto en tanto, cuando nuestros hombros se chocaban, nos mirábamos con cara de sorpresa, como si hubiéramos oído un ruidito de huesos chocando.

Si quiero llegar al consultorio psicológico antes de que el director termine la consulta de las seis, tengo que ir para allá ahora mismo. Guardo mi cuaderno en el bolso, pago la cuenta y salgo del restaurante. Camino por la bulliciosa calle, que ya me resulta familiar. Justo cuando noto que el frío vuelve a subirme por los pies, me suena el móvil. Es un número desconocido de la zona de Gyeonggi.

–¿Hola?

–Soy Kim Yeongsin. Hoy he terminado de trabajar temprano. Ya podemos hablar tranquilamente.

Me pego el teléfono al oído para oír mejor su voz ronca y grave. La calle sigue estando muy transitada y el ruido es ensordecedor. De repente, las imágenes de los perros agazapados en el taller de carpintería a oscuras tras el corte eléctrico se abalanzan sobre mí como una masa informe.

–Iba a llamarla sobre las nueve –digo.

–A las nueve me voy a dormir. Hace años que tomo somníferos. Y desde que Inju murió, aún me cuesta más conciliar el sueño.

Para escapar del ruido de los coches, de la música atronadora y del bullicio de la multitud, empiezo a correr con el móvil aún más pegado a la oreja.

–¿Sabía que la serie *La cara oculta de la luna* inicialmente se llamaba *Misiryeong*?

–No –respondo jadeando–. No lo sabía.

–Nunca se lo he contado a nadie… –dice Kim.

El rugido de los coches ahoga su voz, la fragmenta y la dispersa. Empujo la puerta de cristal del primer edificio comercial que me encuentro y subo las escaleras a toda prisa.

–Me habría gustado hablarlo con alguien, pero no me atreví…

Al llegar sin aliento al primer piso, me doy cuenta de que está vacío. El inquilino debe de haberse marchado, pues tras la puerta de cristal tintado, despintada aquí y allá, solo quedan las sombrías columnas del local. El baño del rellano está cerrado con un gran candado.

–Como debe de saber mejor que yo, después de ser rescatada en Misiryeong, Inju sobrevivió tres días… –En la escalera vacía, su voz se oye increíblemente cerca–. Si no la hubieran rescatado rápido, con toda esa nieve habría muerto congelada enseguida. Por esa razón, hay algo que no me cuadra... –Oigo claramente que mueve la lengua, incluso que traga saliva–. Lo que me pregunto es quién llamó a emergencias. Es imposible que fuera Inju, pues estaba inconsciente, así que allí tenía que haber alguien más. Un testigo del accidente o tal vez un pasajero que viajaba con ella. Ya que, si nadie presenció el accidente, ¿qué conductor se detendría ante el guardarraíl roto para asomarse al precipicio a esas horas de la noche?

Se me aflojan las rodillas y me siento en las escaleras.

–Cuando vi al exmarido de Inju en el funeral, no le pregunté al respecto. De hecho, entonces ni siquiera veía nada extraño. Estaba como ida y no podía pensar con claridad. Inju, Minseo, yo... todo se había venido abajo. Inju había muerto, y alrededor de ella todo se derrumbaba...

Dejo el bolso en el suelo sucio. Me giro para apoyar la espalda contra la pared de hormigón. Tengo la boca seca, estoy helada de pies a cabeza, y un sudor frío me recorre la espalda. Un dolor intenso me estruja el corazón poco a poco.

–Cheonghee... –dice Kim desde el otro lado de la línea. No le respondo, y su tono se vuelve imperioso–. ¿Me oye? Cuando se ponga en contacto con Jeong, con el exmarido de Inju, pregúntele qué le dijo la policía. Qué indagaciones hicieron y cuál fue el resultado de la investigación. Porque, en este momento, el único que puede saberlo es él. ¿Me ha entendido? ¿Me está escuchando?

Como una fila de fichas de dominó que caen una tras otra apenas vuelca la primera, varios cientos de perros mudos caminan hacia mí. Sus ojos brillan en la oscuridad. Ojos leales, ojos abandonados, ojos enfermos, ojos llenos de miedo, ojos que conocen secretos. Pero no pueden hablar, pues nunca han pronunciado una sola palabra.

Los coches y los transeúntes empiezan a escasear. Camino con pasos cortos para no resbalar por una acera nevada, vacía y completamente a oscuras. Frotándome el pecho con la mano izquierda, manteniendo el equilibrio con el puño derecho apretado, sigo avanzando. El viento helado me muerde las manos, un dolor sordo me paraliza las articulaciones de los dedos.

¿Hola?
¿Hola?
Escúchame bien.
No quiero saber nada más.
No quiero saber nada más de ti.
Porque no tengo ningún derecho.
Porque en realidad no te conocía.
Incluso te conocía menos que tú a mí.

No me miro en el espejo. No miro mis ojos, húmedos como los de un perro apaleado. Cuando las puertas del ascensor se abren con estrépito en la quinta planta, me dirijo hacia las puertas de cristal sin titubear.

Todas las luces están encendidas, pero la mesa de la empleada de los grandes pendientes de aro se ve ordenado como si se hubiera marchado temprano. La puerta de la sala de consulta está cerrada, aunque veo luz en el interior. En cambio, el despacho del director está a oscuras. El reloj de péndulo marca las seis y cincuenta y cinco minutos.

Empujo la puerta de cristal y entro. Me acerco a la mesita de madera que está delante del sofá y cojo un caramelo. Ahora estoy segura: he visto estos caramelos en el cajón de la mesa de Inju. Estaban en el bolsito de papel verde claro, junto con el diente de Minseo, el trozo de papel con la nota del tío y la fotografía en blanco y negro de la madre de Inju.

Camino hacia el despacho con paso sigiloso. Abro la puerta sin hacer ruido y enciendo la luz. Alargo la mano hacia la fotografía enmarcada que cuelga en la pared de enfrente, por encima de la mesa del ordenador. No logro alcanzarla aunque me pongo de puntillas, así que me subo a la silla sin quitarme los zapatos.

No se trata de una copia impresa recortada de una revista o de un calendario, sino de la fotografía original. Como no tiene número de serie ni firma, no debe de ser obra de un profesional.

Tomada desde lejos con una lente de zoom, el paso de Misiryeong se alza hacia el cielo cubierto de hielo. Caen algunos copos de nieve. Bajo una luz crepuscular, en ese momento en que todo empieza o termina, el peñón se ve frío y liso como la frente de una persona.

Dos cosas no pueden ser ciertas a la vez.

Una persona no puede haberse suicidado y, al mismo tiempo, no haberse suicidado.

No puede abandonarlo todo y, al mismo tiempo, no abandonar nada.

En esa carretera nevada y sin arcén del paso de Misiryeong, hay que elegir entre la carretera o el precipicio, no las dos cosas a la vez.

No se puede dudar,

ni tampoco ser ambiguo.

El libro de Kang Seogwon está abierto sobre la mesa. Encima de la página donde aparece una imagen del rostro de Inju hay un bolígrafo y un teléfono móvil. Junto a él, veo otro ejemplar del mismo libro, también abierto. ¿Ya tenía un ejemplar? En la página aparece una estrella naciente como las que pintaba el tío y luego reprodujo Inju. La llama redonda, blanca, ardiente y cegadora se esparce en silencio por la tinta como sangre oscura.

Por encima del zumbido del viejo radiador, oigo claramente cómo se abre la puerta de la sala contigua.

–Parece que ya se han marchado todos.

La voz de una mujer de mediana edad resuena en el silencio del consultorio. Habla en un tono formal y respetable, a la vez que algo reprimido.

El director y la mujer se despiden.

–Adiós.

–Hasta la semana que viene.

–Una última pregunta... –dice ella antes de marcharse–. ¿De verdad cree que yo podría haber actuado de otro modo en esa situación?

Al pronunciar las últimas palabras le tiembla la voz, como si contuviera las lágrimas. El director le responde en voz baja algo que no puedo oír.

–Pero se ha mostrado claramente decepcionado. Quizá para otra persona sería un incidente insignificante, pero para mí fue difícil de gestionar...

–No he querido parecer decepcionado. –El director eleva ligeramente la voz–. Entiendo que se encontraba en una situación difícil, en la que no podía hacer otra cosa. Le pido disculpas

Miro por la cerradura, pero no veo nada salvo una masa pálida y borrosa. Me enderezo y pego la oreja a la puerta. Los sollozos y los jadeos de la mujer, que no sé si son de ira, tristeza o rencor, concluyen con unas palabras de despedida:

–No, no tiene por qué disculparse... Ya me voy...

–Lo siento. Creo que hoy me he extralimitado. Lo pensaré.

Los tacones de la mujer se alejan, como martilleando las turbadas palabras del director. A continuación, se oye la puerta abriéndose, y luego se cierra.

Espero al otro lado de la puerta, atenta al menor ruido. Como un cirujano que ha fracasado en su operación, el director parece haberse quedado inmóvil. Pasan dos o tres minutos sin que se oiga nada.

«Lo pensaré», acaba de decirle a la mujer. Son exactamente las mismas palabras que me ha dicho a mí hace una hora. ¿Será una costumbre profesional? ¿Una excusa? ¿Es sincero?

Vuelvo a agacharme para mirar por la cerradura. Descubro que la forma blanquecina indefinible es su chaleco gris. La forma empieza a moverse y se acerca lentamente. Me incorporo y, con la fotografía enmarcada firmemente sujeta bajo el brazo, doy un paso atrás para que él no se sobresalte demasiado cuando abra la puerta.

8

LUZ PRIMORDIAL

¿Cree usted que al morir el alma va a un lugar donde no existe el sufrimiento?

Basándonos en esta creencia, a veces provocamos la muerte de un combatiente que sangra en el campo de batalla o de un perro que gimotea de dolor en una clínica veterinaria. Pero ¿realmente es así? Cuando evitamos que sigan sufriendo, ¿no estaremos en realidad haciendo desaparecer el sufrimiento que nos provoca el verlos en ese estado?

Su amiga dijo que quería matarme. Con calma, añadió en voz baja: «Solo matándolo podré saber si lo hago por odio o por querer ayudarle».

¿Se da cuenta? Ustedes dos se parecen. No en el aspecto físico, sino por esos ojos que interrogan, que se preparan para tomar una decisión. Son ojos que podría reconocer incluso entre una multitud, ojos en los que hierve el agua y arde el fuego.

Sin embargo, su amiga dijo: «Pero no será hoy, sino otro día». Los ojos de su amiga me atravesaron como agujas al rojo vivo, y no pude ver nada más aparte de ese par de ojos húmedos y ardientes.

«Hasta entonces, no se mate, espéreme», concluyó.

Obedecí. Todos los días, cuando me despertaba, rezaba para volver a verla antes de ser demasiado viejo, antes de estar demasiado cansado y no estar seguro de nada.

Contrariamente a lo que usted imagina, esperé mucho

tiempo. Un año después de ese encuentro, cuando vi su nombre en una nota de cuatro líneas en la página de sucesos de un periódico matutino, comprendí una verdad evidente: nadie había escuchado mis plegarias. Con movimientos torpes y lentos, doblé el periódico, lo aparté a un lado de la mesa y esperé. Esperé a que algo se derrumbara dentro de mí, pero nada ocurrió. Esperé a que la sangre brotara de algún lugar de mi cuerpo, pero tampoco pasó nada. ¿Lo entiende ahora? Estoy viejo y débil. Mucho más de lo que usted imagina. Soy demasiado viejo para haber sido el amante secreto de su amiga. Demasiado para haber subido allí con ella, a esa hora del amanecer en que nevaba con fuerza.

Le adjunto la fotografía.

La suposiciones que hizo usted el día que nos vimos son erróneas, excepto una: fui yo quien tomó esa foto. Me he arrepentido infinidad de veces de haberla tomado. Si hubiera sido posible olvidar ese lugar con solo destruir la fotografía, no lo hubiera dudado un segundo. Pero era imposible. En el momento en que hubiera dejado de recordar ese lugar, mi vida se habría desvanecido como un reflejo en un espejo empañado. Aun ahora, mientras escribo esta carta, siento que estoy desapareciendo irremediablemente.

Usted me preguntó qué significaba Misiryeong para su amiga, pero no le respondí. Entonces volvió a preguntármelo de otra manera: «¿Sabe por qué murió precisamente allí?». Mientras le temblaban los labios y sus ojos febriles parpadeaban con rapidez, le respondí en voz baja: «Aunque llegara a saberlo todo sobre ella y reconstruyera la totalidad de su vida, seguiría habiendo lagunas que solo pueden llenarse con puras conjeturas. El resultado sería igual que el libro que escribió Kang Seogwon, y que usted no acepta».

Vi la llama azulada que ardía en sus ojos y, ocultando mi recelo, insistí: «¿Cómo me ha encontrado? ¿Quién le ha dado mi nombre?».

En silencio, nos miramos a los ojos. Se me ocurrió que había vivido esa escena varias veces: hace diez años, treinta años, cuarenta años ya había mirado a los ojos a una mujer que permanecía callada como usted.

Poco a poco, con un tono extrañamente sincero, usted empezó a hablar: las llamadas telefónicas desesperadas, los correos, los encuentros, la calle desierta y la tienda de veinticuatro horas 7-Eleven y, finalmente, la fotografía que vio en mi despacho. Mientras la escuchaba con incredulidad, creo que empecé a enamorarme de usted. Aunque ya estoy viejo y débil, parece que todavía me quedan fuerzas para dejarme seducir por una desconocida.

Ante mi receloso silencio o debido a la frustración de sentirse incomprendida, de repente cambió de tema y empezó a hablarme de algo que no tenía nada que ver con lo que acababa de confiarme.

Dijo que el primer espacio creado era tan pequeño y tan denso que ni siquiera la luz podía escapar de él. Cuando se expandió, la luz se liberó irradiando un calor inmenso, y su radiación, que aún no se ha enfriado por completo, se ha extendido por todo el universo. Explicó que ese calor que aún perdura de forma uniforme en todo el universo era la prueba misma de la explosión del Big Bang, la prueba de que todo fue uno en el principio. Esa radiación de fondo cósmica fue descubierta accidentalmente por dos investigadores mientras trabajaban en una antena para detectar ondas de radio rebotadas de los satélites. Añadió que una parte de la estática de los televisores y los teléfonos analógicos antiguos provenía de dicha radiación.

Como si no dudara de la estrecha relación entre este asunto y lo que estábamos diciendo, continuó con seriedad: «Si el universo no es infinito, algún día veremos el pasado lejano acercarse a nosotros a la velocidad de la luz: sus imágenes aparecerán ante nuestros ojos. Podremos ver de cerca la era glacial de la Tierra e incluso la oscuridad que precedió a su nacimiento. En un futuro lejano, los supervivientes de la humanidad, refugiados en otro planeta, podrán ver, con la ayuda de un telescopio de gran aumento, los paisajes en los que vivimos hoy. Si el universo es una masa tridimensional, finita y gigantesca, de forma abovedada y curva, nuestro pasado y nuestro futuro están en algún lugar de ese espacio en expansión…».

Por un momento tuve la sensación de que usted era la terapeuta y yo el paciente. ¿Sintió usted lo mismo?

Le pregunté en tono profesional qué emociones le suscitaba lo que acababa de decirme. Le temblaron los ojos y me respondió como una paciente experimentada que entiende la intención del terapeuta y al mismo tiempo quiere mantenerse alerta:

–Eso me hace pensar que debo llevar a cabo sin miedo la tarea que me corresponde.

–¿Y cuál es? –le pregunté.

–Descubrir por qué murió Inju e impedir que sigan distorsionando esa muerte –me respondió.

–¿Y qué más? –la animé a seguir.

–Proteger al hijo de Inju de las mentiras –me dijo.

Vi que se le llenaban los ojos de lágrimas y pregunté:

–¿Qué sentimientos le despierta ese niño?

–Basta –me respondió, cortante.

Al apartar la mirada de sus ojos enrojecidos, me fijé en sus labios, que me acababan de rechazar con esa réplica breve y brusca. Eran labios resecos, labios que no parecían haber besado a nadie en mucho tiempo, labios casi asexuados. Sé que soy un hombre viejo y cansado y que mi deseo es inútil.

Entre usted y yo había silencio, hostilidad, una vaga comprensión, desconfianza y un terrible cansancio. Cogí las llaves del consultorio, que estaban sobre la mesa, y le dije:

–Váyase, por favor.

En lugar de irse, me repitió con voz apagada:

–Por favor, dígame de qué habló con Inju.

En ese momento sentí ganas de besarla apasionadamente. De suplicarle que me ahorrara esas preguntas estúpidas y obstinadas, que me ayudara, y si esas preguntas eran una forma de matarme, que me matara. Algo que no fui capaz de hacer cuarenta años, treinta años, dos años atrás, y tampoco ahora.

Desde aquella noche han pasado diez días. Durante ese tiempo, ¿a quién ha visto, qué correos electrónicos ha enviado y recibido, qué citas ha suplicado aferrada a su móvil sobrecalentado? ¿Cuántas piezas más del rompecabezas ha descubierto? ¿Encajan perfectamente en la vida de su amiga? ¿Ha comenzado a escribir ese libro a tientas, como una ciega? ¿Está segura de que podrá completar ese cuadro, pese a los huecos que sigue teniendo?

Yo no creo que pueda. No encontrará nada ni llegará a completar nada. Y si lo lograra, nadie la creería. Nadie creerá en su palabra, en sus lágrimas ni en su sangre, que considera su verdad. Sé que soy cruel, pero le escribo esta carta porque sé que está usted amordazada. Nunca conseguirá transmitir esta historia. Se lo diré de una manera menos dura: le escribo porque me da mucha pena ese libro que nunca llegará a escribir. Mejor aún, le seré sincero: le escribo porque me gusta imaginar su rostro mientras lee esta carta, imaginar que la devora con avidez, sin saltarse una coma. Y, al imaginarlo, me muero de ganas de apretar mis labios contra los suyos, que se entreabren levemente por la confusión. Durante un instante, esta fantasía tonta y morbosa me reconfortará. No, no quiero parecer un viejo perverso. Le escribo porque ha sido usted quien, después de décadas, me ha encontrado por fin, aunque ahora tengo la espalda encorvada y el pelo blanco.

Así es, se trata de una historia de varias décadas atrás, una historia anterior al nacimiento de su amiga, una historia que no encajará en ningún lugar del rompecabezas que con tanto esfuerzo está montando. Durante décadas, esta historia me ha matado poco a poco, y solo acabará cuando yo termine con mi vida antes de que salga el sol. Empieza con los ojos de una mujer. Ojos brillantes de inteligencia, ojos húmedos como hielo recién derretido, ojos cuya mirada nadie podía sostener durante mucho tiempo.

A veces tengo la impresión de haber vivido varias vidas en una sola. El tiempo no parece fluir como un río sino dividirse en segmentos, y algunos recuerdos me resultan tan lejanos y oscuros como si pertenecieran a una vida anterior.

Aquella tarde de finales de noviembre, subía por un callejón solitario y mal iluminado de Seongbuk-dong, haciendo crujir bajo mis pies las hojas otoñales secas como el papel. Llevaba el pelo largo hasta los hombros y, para mostrar mi joven virilidad, ya no me afeitaba la barba oscura.

El callejón estaba tranquilo, bordeado de muros altos y sólidos. De vez en cuando me cruzaba con policías de patrulla, pero no tenía necesidad alguna de agachar la cabeza ni de salir huyendo. Su deber no era controlar a los jóvenes melenudos, sino vigilar las mansiones de los altos funcionarios que vivían en aquel barrio, como la del padre de un estudiante de secundaria al que daba clases particulares.

Cuando por fin llegué a la casa de mi alumno, vi a una joven delante de la puerta, bajo una farola. Llevaba el pelo largo recogido en una coleta y agachaba la cabeza. Vestía vaqueros holgados y descoloridos, y un abrigo verde claro bastante gastado. De su hombro colgaba una bolsa de tela marrón oscuro que tenía el aspecto de ser muy pesada. Parecía tener frío con aquel raído abrigo abrochado hasta el cuello, porque encogía el pecho, se frotaba las manos entre sí e intentaba calentarlas soplando sobre ellas; su aliento se disipaba en forma de vapor blanco. Eran las ocho menos cinco de la tarde y la presencia de aquella joven desaliñada delante de la residencia del jefe del Servicio de Inteligencia tenía algo de irreal.

Llamé al enorme portón negro y esperé. Había tres criadas en aquella casa, y normalmente la más joven, una chica pecosa, era la que salía corriendo a abrirme diciendo «¿Es usted, señor profesor?». Sin embargo, no se oía ningún movimiento en el interior, así que volví a llamar. Esa vez tampoco obtuve respuesta, y se me ocurrió que tal vez la chica que estaba bajo la farola esperaba por la misma razón que yo.

El estudiante de segundo de bachillerato al que le daba clases particulares de inglés dos veces a la semana era el benjamín de la familia. Se burlaba con descaro de sí mismo y de su familia contando a quien quisiera escucharle que era hijo ilegítimo de su padre. Pero sobre su madre, con la que había perdido el contacto hacía mucho tiempo, mantenía los labios sellados, una clara señal de que su cinismo y su frivolidad ocultaban un dolor, pegajoso y espeso como el alquitrán, que se había coagulado en lo más profundo de su ser. Con las mejillas demacradas, su rostro daba la impresión prematura de un hombre de casi treinta años, pero no tenía barba. Según me contó un día, se masturbaba tres veces cada noche pensando en la joven que había sido su profesora de matemáticas particular desde su tercer año de secundaria. La atracción sexual que aquella mujer ejercía sobre él era tan fuerte que los días en que ella le daba clase antes que yo el chico perdía toda motivación por la gramática inglesa y se pasaba el rato hablando de ella con su tono burlón e insolente.

–Es bastante guapa. Yo creo que mi madre la contrató por eso. Habrá pensado que me esforzaría más en estudiar matemáticas si se me aceleraba el corazón al verla. ¿Sabe que nunca la he visto con falda? ¿Tendrá una cicatriz en la pierna? He oído que está comprometida con un médico residente. Si van a casarse, se besarán cuando se ven, ¿no cree? Se morrearán en callejones oscuros y apartados, en moteles, en su habitación… ¿Es fácil hacer el amor para los estudiantes de Medicina? ¿Les imparten lecciones sobre las zonas erógenas? Ah, cuando pienso en todo esto, se me hace más difícil concentrarme en las matemáticas. Con solo ver una ecuación, últimamente se me pone duro lo que usted ya sabe.

Después de haberle oído innumerables comentarios como estos, supongo que tenía prejuicios contra esa profesora, a la que no había visto nunca, por eso no pude evitar sonreír al ver a aquella joven bajo la farola. Ella me miró entrecerrando los ojos, como si tuviera mala vista. Me pareció absurdo que una mujer tan sencilla como ella pudiera despertar fantasías sexuales tan intensas. Más bien tenía el aspecto de una empollona que había trabajado duro para entrar a una universidad pública donde la matrícula costaba la mitad que en una privada. Debía de ser una hija mayor que mantenía a su familia gracias a unas clases particulares muy bien pagadas; una de esas chicas que no perdía el tiempo mirándose al espejo al acabar de arreglarse.

Entonces se oyó el ruido de un motor entrando en el callejón. Un Chrysler negro, enorme para la época, subió lentamente por la pendiente y se detuvo ante el portón de la casa. Tenía las ventanillas tintadas de negro, por lo que era imposible ver quién iba dentro. Atónito, vi que la chica se separaba de la farola y se dirigía con determinación hacia el Chrysler.

La ventanilla trasera se abrió y apareció el rostro de Jinsu, mi estudiante.

–Profesora… ¿Lleva mucho tiempo esperando?

Su rostro de niño prematuramente envejecido reflejaba una mezcla de timidez, alegría y ardiente pasión, como si en cualquier momento fuera a abrir la puerta del coche y saltar sobre ella.

–Ah, está también el profesor de inglés… –dijo Jinsu, haciendo una ligera inclinación al divisarme por encima del hombro de la mujer.

La actitud inusualmente respetuosa y comedida del chico parecía deberse a la presencia de alguien sentado a su lado. Mirando alternativamente a la mujer y a mí, balbuceó una justificación:

–Es que mi abuelo se ha puesto enfermo, así que hemos ido a visitarlo a casa de mi tío.

–¿Y tu madre? –preguntó ella, abriendo la boca por primera vez; pese a su pequeña estatura, su voz era fuerte y clara.

–Se ha quedado con mi abuelo.

–Baja del todo la ventanilla –ordenó ella.

El chico le obedeció, y entonces vi al hombre sentado junto a Jinsu; y al lado del conductor había una criada. Hacía dos años que yo le daba clases particulares al chico, pero esa fue la primera vez que vi a su padre. Contrariamente a la imagen que yo tenía de un alto cargo del Servicio de Inteligencia, era un hombre de mediana edad con aspecto serio e intelectual. Vestía un traje azul oscuro y llevaba una corbata gris. Pero, tal como había imaginado, su boca y su mentón rasurado parecían implacables.

–Buenas tardes –saludó ella al padre de Jinsu, sin el menor temblor en su voz. Sin darme cuenta, incliné la cabeza a mi vez–. Me llamo Lee Dongseon y soy profesora de Jinsu.

–Hola, mucho gusto –respondió él, esbozando una sonrisa–. Os habría invitado a pasar, pero hoy no está mi mujer. Además, Jinsu está cansado. Será mejor que dejéis la clase para otra ocasión. Lo siento.

–No pasa nada –respondí titubeando.

Ella, en cambio, acercó de pronto su cara a la ventanilla y dijo:

–Señor, tengo algo que decirle. –No podía ver la cara del hombre, oculta por los hombros de la joven–. Hoy es mi día de paga.

–Mi mujer volverá la semana que viene. Habla con ella. Yo no me encargo de eso –respondió el hombre, malhumorado.

–No, señor, tiene que ser hoy. Necesito el dinero. Llevo tres horas esperando.

A continuación se enderezó y retrocedió medio paso, como diciendo que ahora le tocaba a él decidir qué hacer. Su gesto era desafiante, como si, dependiendo de la respuesta del padre, fuera a rechazar el dinero o incluso a tirárselo a la cara.

Jinsu miraba con ansiedad a su padre y a la profesora, como si fuera a echarse a llorar en cualquier momento. En ese momento, el hombre dijo con voz suave:

–Está bien. ¿Cuánto te debo?

–Cuatro mil wones.

El hombre sacó la cartera del bolsillo interior de su abrigo. A pesar del tono amable, detecté el desprecio en su sonrisa. Ella se inclinó y extendió las dos manos temblorosas a través de la ventanilla del coche para coger los billetes.

–Además, le ruego que no me tutee.

Jinsu palideció. La puerta del conductor se abrió bruscamente y el chófer, vestido con un traje negro, asomó el torso y dijo:

–Señorita, está siendo muy grosera. ¿No sabe quién es este caballero?

–Déjalo –dijo el hombre, deteniendo al chófer–. Cierra la puerta.

No daba crédito a mis ojos ni a mis oídos. En aquella época secuestraban a cualquier sospechoso en plena noche y le hacían desaparecer, le arrancaban las uñas de las manos y los pies, y los colgaban boca abajo hasta que se desangraban. El hombre al que había increpado la chica podía matar a cualquiera con solo un movimiento de los ojos, como de hecho ya había hecho en varias ocasiones.

Mientras la ventanilla se cerraba lentamente, ella no despegó la vista de su rostro, como si esperara una disculpa. Hasta que el enorme coche desapareció en el interior de la casa, dejando tras de sí la oscuridad y el silencio de la calle, ella permaneció inmóvil, aferrando con fuerza los billetes.

Como si despertara de un sueño, se volvió para mirarme. Solo entonces vi realmente sus ojos. Brillaban con inteligencia; con una luz húmeda como una fina capa de hielo que aún no se había convertido en lágrimas. Con manos temblorosas, sacó de su bolso una sucia cartera de tela, metió los billetes dentro y luego rebuscó algo en el interior. Temblaba tanto que mi cuerpo también empezó a temblar, como por contagio. Con su mano azulada y entumecida por el frío, sacó una botellita de whisky, le quitó el tapón con un movimiento diestro, echó la cabeza hacia atrás y bebió directamente del cuello de la botella, como si fuera agua.

Esta historia sucedió hace cuarenta años, tantos que hasta me parece que pertenece a una vida anterior. Sin embargo, como para demostrarme que no es así, se acumula como sangre bajo mis párpados. Mientras bajábamos juntos por el callejón donde merodeaban policías de paisano, nos presentamos. Ella volvió a beber un trago de whisky en la calle débilmente iluminada y se limpió la boca con la mano enrojecida por el frío. Al ver que la observaba como hipnotizado, me dijo: «Bebo por necesidad. No me mires así». En la parada, cuando volvió la cabeza hacia el autobús que no llegaba, vislumbré su nuca aterida bajo el pelo recogido. Tambaleándose un poco por la embriaguez, con la boca entumecida por el frío, me preguntó qué autobús tomaba yo. Para evitar que se cayera hacia atrás, me pegué a ella y subimos juntos. Me senté a su lado, y me dediqué a observar, escuchar y oler: sus mejillas y orejas sonrojadas, su abrigo que parecía aún más raído cuando lo vi de cerca bajo la luz, los puños deshilachados, las manos cubiertas de costras sanguinolentas, la voz ronca de la cobradora del autobús que daba órdenes al conductor para que se parara o siguiera, el ronroneo cansado del motor, los neumáticos chirriando contra el asfalto, el aroma penetrante a mandarinas que alguien estaba comiendo en el asiento de atrás, el hedor corporal de los hombres que no se habían duchado, el vaho sucio que goteaba por el interior de la ventanilla, la pregunta que me lanzó de improviso, «¿Dónde te bajas?», sus ojos oscuros llenos de desconfianza clavándose en los míos como un punzón. El instante en que me bajé, vacilante, detrás de ella y la seguí a tres pasos de distancia. El centro hospitalario en la cima de la colina. Los billetes que sacó de su cartera de tela, con el torso inclinado hacia la ventanilla del mostrador de admisiones, esforzándose por mantenerse erguida. «Voy a sacarlo de aquí ahora mismo, ¿por qué tengo que pagar lo de hoy también? De ninguna manera, no le pagaré ni un won más. ¡Déjeme hablar con su superior!», exclamó parpadeando, y golpeó el mostrador con el puño cubierto de costras, tambaleándose. La empleada le susurró algo al vigilante uniformado. Recorrimos un pasillo oscuro y frío y entramos en una habitación con ocho camas de hierro. Había un chico con el cuerpo hinchado como un luchador, pero con rasgos delicados parecidos a los de ella.

–¿Quién es? –preguntó él señalándome.

–Un estudiante universitario que le da clases de inglés a uno de mis alumnos –respondió ella.

–¿Qué hace aquí?

–No lo sé.

No pude evitar balbucear una excusa:

–La he seguido para echarle una mano.

–No necesito su ayuda –dijo ella mirándome con aquellos ojos negros que nunca me habían sonreído. Cuando ayudé al enorme enfermo a levantarse vi un brillo de confusión en aquellos ojos. Tras subirlos a los dos a la parte trasera de un taxi, me senté delante, junto al conductor. Mientras sostenía al chico en el estrecho callejón donde el taxi no pudo entrar, mis piernas temblaban descontroladamente. Después de que lo acosté en una habitación helada, ella encendió la estufa con destreza y las llamas del carbón encendido saltaron hasta el techo del sótano. El aire del silencioso y oscuro sótano se llenó de sofocante monóxido de carbono. Al volver a la cocina, su mano temblaba mientras rebuscaba en el bolso.

–¿Cuánto hace que bebes?

–Son solo unos tragos, por el frío.

–¿Bebes todos los días?

–¿Un estudiante de psicología que ya pretende diagnosticarme?

–¿Jinsu te ha hablado de mí?

–Claro, seguro que también te ha hablado de mí.

–Me dijo que tu prometido es un médico residente…

–Solo nos hemos visto tres o cuatro veces –dijo, sonriendo con los ojos por primera vez–. Nos conocimos en la clínica donde mi hermano estuvo ingresado antes. Inventé lo de que estamos comprometidos para que su madre no se propase conmigo. Si el rumor ha llegado hasta ti, quiere decir que ha funcionado.

Sus ojos vacilaron. Su repentina sinceridad y falta de reserva no eran por simpatía, sino por la embriaguez y la sensación de relajación que la embargaba.

–No tenemos nada que ofrecer a nuestro invitado. ¿No te gusta el alcohol? ¿Y la música? ¿En serio? Teníamos un tocadiscos bastante decente, pero lo vendí hace dos años por estas fechas porque nos faltaba dinero para pagar el funeral de mi madre. También vendí los elepés, porque ya no servían, pero quedaron algunos de los que no pude deshacerme. No podemos escucharlos, pero venga a verlos de todos modos.

Se puso de pie con torpeza y, tambaleándose, abrió la puerta del armario. Con sus manos enrojecidas, sacó un elepé Cuando la punta de mi dedo rozó su mano helada, todas las células de mi cuerpo se pusieron repentinamente en alerta, y una tristeza inexplicable y un indescriptible dolor me oprimieron la garganta, como una imperceptible señal de náuseas.

–¿Conoces esta canción?

La fina capa de hielo se había derretido y humedecía sus ojos. Yo sabía perfectamente que lo más sensato era levantarme e irme. Sin embargo, alargué mi mano pecadora, anhelando alcanzar el brillo de aquellos ojos a punto de desbordarse.

¿Conoce esa canción?, le pregunté a su amiga.

Ella la recordaba. Hasta me cantó una frase de la melodía con una precisión que me provocó un escalofrío. Nunca imaginé que volvería a escuchar esa voz, esa voz clara y profunda de contralto. No obstante, esa voz no me hizo temblar tanto como cuando la escuché por primera vez, hace cuarenta años, en aquella cocina oscura.

Me senté en silencio en un helado escalón de piedra de aquella cocina antigua y mal iluminada por una bombilla de bajo voltaje. Ella se sentó a dos pasos de distancia y se puso a tararear la *Sinfonía n.º 2* de Mahler. Sumida en ese humor peculiar y dócil de las personas ebrias, me explicó que el primer movimiento era intricado y dramático y concluía con sutileza; en cambio el segundo, que describe la danza de la vida, era alegre. El tercer movimiento evocaba con humor ácido la vanidad de todas las cosas. Finalmente me habló de la belleza densa y aterradora del cuarto movimiento, titulado «Luz primordial», que concluía con un solo de contralto de cuatro minutos y cincuenta y cinco segundos de duración. Como si le bastara con mirar y tocar el disco para escuchar la pieza, cantó con un débil falsete, como si tarareara.

¡Oh, pequeña rosa roja!

¡Los hombres sufren gran necesidad!
¡Los hombres sufren una gran tribulación!
Me gustaría llegar hasta el cielo.

Iba por un ancho camino
cuando un angelito me salió al paso.
¡Ah, no, no dejé que me hiciera retroceder!

Vengo de Dios, y regresaré a Dios.
Dios misericordioso me dará una lucecita
para iluminar mi camino hacia la vida eterna.

Recuerdo que su voz tembló cuando cantó la palabra *leben*, vida. Desde entonces he escuchado muchas grabaciones de esta obra, pero ninguna cantante me ha transmitido la angustia que sentí al oír su voz en aquella cocina. Era la voz de alguien que se esfuerza por alcanzar la vida eterna desesperadamente, la voz de alguien que conoce el sufrimiento hasta tal punto que le suplica al ángel que no la obligue a renacer.

Ese fue el inicio de una época febril.

Ella llevaba seis años estudiando la carrera universitaria, que había sufrido continuas interrupciones debido a la irregularidad de los préstamos a los estudiantes, la necesidad de dar clases particulares, los semestres sabáticos. Yo estaba en segundo curso, tenía veintiún años y era muy inmaduro. Todavía recuerdo la forma en que alargaba la última sílaba de mi nombre cuando me llamaba: «Inseoop»; su voz transmitía la dignidad y la resignación de alguien que lo cargaba todo sobre sus hombros; su pronunciación y entonación se alteraban ligeramente bajo el efecto del alcohol. Nunca he vuelto a oír una voz que me inspire tanta angustia y compasión, tanta simpatía y respeto.

Para escuchar esa voz, iba todos los fines de semana a su casa. La encontraba siempre vestida con aquellos vaqueros desteñidos y el mismo jersey raído; ella le preparaba la comida a su hermano y bajaba al sótano para recargar la estufa. Cuando el chico se acostaba después de cenar –gracias a los cuidados de su hermana, la hinchazón había ido remitiendo poco a poco y había recuperado su complexión natural–, por fin llegaba el momento en que ella y yo estábamos solos.

Todavía no sé por qué me aceptó a su lado. Me acariciaba la cara con cuidado, como si tomara en sus manos una vasija preciosa y frágil. Me presionaba con suavidad la vértebras una a una, como tapando los orificios de una flauta para producir una nota grave. Yo amaba su aliento cálido, impregnado en alcohol –a veces de forma sutil, otras fuertemente–, sus pequeños labios y su lengua diminuta. Entonces yo era joven e ingenuo. Lo único que buscaba en ella eran aquellos largos besos. Ni una sola vez le puse la mano sobre sus suaves pechos, aunque podía sentirlos cuando nos abrazábamos.

Creo que mi carácter cambió en aquella época. Aquellas tardes llenas de ternura no podían calmar la angustia de sentir que estábamos rodeados de profundos abismos. Temía que aquella frágil mujer fuera a desmoronarse en cualquier momento. La impaciencia, el miedo a perder la belleza de aquella mirada que no era capaz de sostenerle, a perder los secretos escondidos en aquellos labios tan pequeños, todo eso no me dejaba dormir.

Registré todos los rincones de su casa y me llevé todas las botellas de alcohol que encontré escondidas, suplicándole que dejara de beber con el mayor ardor de que fui capaz. Incluso intenté tratarla con las técnicas de terapia que estaba aprendiendo, pero ella no cooperaba. «Basta –me decía–, no digas nada más y cálmate». Luego me hacía cerrar los ojos, me quitaba las gafas y me besaba suavemente los párpados.

Empecé a ahorrar. Quería regalarle un tocadiscos, un amplificador y unos altavoces de buena calidad. Aunque me pagaban bien las clases particulares, apenas me alcanzaba para cubrir la matrícula de la universidad y los gastos, por lo que no era fácil reunir una buena suma en poco tiempo. Un día escuché la sinfonía *Resurrección* de Mahler en una sala de conciertos del centro de la ciudad y quise volver allí con ella. Sin embargo, durante la semana siempre estaba atareada con el trabajo y las clases de la universidad, por la noche debía volver temprano a casa para cuidar de su hermano, y los fines de semana nunca quería salir, pues tenía que ocuparse de las tareas de la universidad y los quehaceres domésticos. Ahora que lo pienso, la bebida debía de ser su única vía de escape, la única forma de autodestrucción que pudo concebir.

Cuando entrabas en la casa de Seongbuk-dong tenías la sensación de penetrar en otro mundo. Ese espacio de dimensiones oníricas me provocaba mareos. La sala de estar era enorme, tan grande como cuatro aulas juntas. Había un piano de cola, vitrinas llenas de vasijas de porcelana blanca y verdeceladón, sillones de cuero hechos para durar generaciones, cortinas de seda azul con motivos de crisantemos que dejaban pasar los rayos del sol y, sobre las repisas de mármol, delicados adornos de celadón que reflejaban la luz. Al subir los pulidos peldaños de madera que conducían a la planta superior, donde estaba la habitación de Jinsu, te encontrabas una salita con un amplificador de válvulas, un tocadiscos y dos enormes altavoces, un equipo seguramente carísimo.

–¿Quién escucha música en este equipo? –le pregunté un día a Jinsu.

–Nadie. Está solo para decorar.

–¿Alguna vez lo has probado?

Jinsu se llevó el índice a los labios y dijo bajando la voz:

–Chsss… Solo cuando no hay nadie en casa.

Aquel chico llevaba una vida extraña. Vivía callado como un muerto en aquella suntuosa mansión, esperando a que su padre y su madrastra salieran para poner música a todo volumen. Una vez que regresaban, ni siquiera se le oía caminar.

–¿Qué tal se escucha?

–Mejor que en cualquier sala de conciertos. ¿Quiere probarlo?

–¿Ahora?

–No, hoy no –respondió agitando la mano–. Mis padres suelen salir los viernes por la tarde. No siempre, pero casi siempre. La profesora de matemáticas se va temprano, así que hay tiempo hasta nuestra clase. Solo conque usted llegue un poco antes… ¿Quiere escuchar algún disco en concreto?

Me quedé mirándolo fijamente; el rostro del chico era arrugado como el de un monito y tenía unos ojos negros que brillaban en el fondo de sus cuencas hundidas.

–¿Recuerdas que vi a tu profesora de matemáticas delante de tu casa el otro día?

–Claro. –Esbozó una sonrisa pícara–. No sabe lo que me costó convencer a mis padres de que era una profesora muy exigente, y que gracias a su temperamento yo aprendía mucho. Estuvieron a punto de despedirla.

–Ese día charlamos un poco mientras bajábamos por el callejón –le expliqué, sonriendo a mi vez–. Me contó que le gustaba la música clásica.

–¿En serio? –preguntó, abriendo mucho los ojos.

–Me dio la impresión de que no tenía equipo de música en su casa. ¿Qué te parece proponerle que venga a escuchar música con nosotros?

Vi pasar por su rostro la esperanza, la incredulidad y luego la desconfianza.

–¿Ella le gusta?

–No, claro que no. ¿Acaso no me dijiste que estaba comprometida? No me interesan las mujeres que tienen pareja. Solo era una sugerencia, por si ella tenía tiempo.

Aliviado en parte por mi respuesta, replicó con sarcasmo:

–Solo está comprometida, ni que estuviera casada. Puede interesarse todo lo que quiera.

Hasta ese momento no me había dado cuenta, pero el viernes por la tarde, cuando los dueños estaban ausentes, se respiraba un ambiente muy animado en la casa. La criada me saludó con un alegre «¡Hola, profesor!» al abrirme la puerta, y se oían las carcajadas de las asistentas entradas en años que parloteaban en la terraza mientras sacudían los cobertores.

Jinsu bajó las escaleras corriendo, como si hubiera estado esperándome. Al ver su rostro colorado y su respiración entrecortada, caí en la cuenta de que no era más que un muchacho de diecisiete años.

–¿Ha traído un disco? Suba y espere arriba. Trataré de que terminemos pronto la clase.

Jinsu subió ruidosamente las escaleras; yo lo seguí y me senté a esperarlo en el sofá de la salita. Al poco rato, se abrió la puerta de su habitación y salió con el rostro más sonrojado que antes. Ella salió detrás con su abrigo verde colgado del brazo; parecía desconcertada y evitó mi mirada.

–Ya se conocen, así que no hace falta que los presente, ¿verdad? –dijo Jinsu, intentando imitar con torpeza a un adulto.

Nos saludamos con la mirada. Jinsu se sentó entre nosotros en el sofá y echó un vistazo al disco que había traído.

–Oh, es de Otto Klemperer. Yo tengo la versión dirigida por Bruno Walter. No sabía que le gustaba Mahler.

En ese momento ella cogió su bolso y se levantó del sofá.

–Me voy a…

Hizo una pausa como si fuera a decir algo más y luego dio un par de pasos hacia las escaleras. Pensé que se marchaba, pero se giró y se dirigió al baño. Regresó al poco rato para sentarse en su lugar, pero solo yo pude percibir el sutil cambio en su comportamiento. Ya no mostraba ansiedad ni rigidez; estaba tranquila, con la particular elegancia que la caracterizaba y aquel toque de autocomplacencia que podía pasar por altivez o despreocupación. A su alrededor flotaba el aire de melancolía que a menudo invade al bebedor cuando la embriaguez comienza a hacer efecto.

Es imposible expresar con palabras lo que sentimos en nuestro interior cuando nos dejamos llevar enteramente por la música. Del mismo modo, me es imposible describir lo que sentimos aquel día. Pude percibir que ella absorbía la música con una concentración tan intensa como peligrosa. Sin embargo, la reacción de Jinsu fue aún peor. Hasta entonces no me había dado cuenta de que escuchar música con otras personas pudiese entrañar tanto peligro. Impulsado por la retorcida precocidad propia de la edad, Jinsu se empapaba tanto de la música como de la presencia de la joven, absorbiendo su autenticidad, su fragilidad e incluso la sensualidad oculta bajo aquella tristeza tan dura como la corteza terrestre.

–¿Cuándo será la próxima vez? –preguntó ella, dirigiéndose a Jinsu.

Tras los apasionados acentos del coro mixto celebrando la resurrección y la vida eterna, tras la triunfal coda instrumental, el quinto movimiento aún vibraba en el aire. Ella miró alternativamente a los dos hombres que la amaban con los ojos llenos de cálidas lágrimas suspendidas en el borde de los párpados. La fina y brillante capa de hielo de su mirada se había derretido por completo. Nos miró con calma, como si hubiera hecho las paces con el mundo y el mundo con ella.

–El próximo viernes a la misma hora –respondió Jinsu con una controlada voz de adulto, esforzándose por aparentar naturalidad.

Es necesario que le hable del cambio espectacular que se operó en Jinsu después de aquel día. Dejó de fantasear con los labios diminutos de la profesora de matemáticas, con su nuca que olía a jabón y con sus pantorrillas, donde podía esconderse una cicatriz. No solo dejó de hacer chanzas sobre ella, sino que renunció a mofarse de la joven criada a la que hacía llorar y de reírse de las aventuras amorosas de su padre. Por otro lado, retiró los cómics y las revistas pornográficas del cajón de su mesa, que llenó de flores secas y negativos fotográficos. Dijo que se había aficionado a la fotografía y hasta me mostró la cámara japonesa que años atrás su padre le había regalado para su cumpleaños.

Los viernes se sucedían uno tras otro; yo subía al primer piso tras saludar a las empleadas domésticas, visiblemente animadas. Poco a poco, como un sismógrafo, cada uno de nosotros fue adentrándose en los circuitos del dolor del otro y detectando sus grietas. Entre nosotros tres, la comunicación se establecía a través de las miradas, no de las palabras; nadie revelaba los sentimientos secretos así descubiertos, pero tampoco podíamos detenernos.

Llegado a este punto, debo hablarle de los copos de nieve húmeda que se estrellaban cual escupitajos contra el parabrisas del Chrysler, como si el mundo entero me abucheara con desprecio. No, antes de eso, debo contarle cómo ella se distanció de mí. Y, antes todavía, de esa tarde en que ella extendió la mano y me acarició brevemente la mejilla; la olla de sopa hervía a fuego lento en la cocina de gas, la bombilla incandescente acentuaba las sombras azuladas bajo sus ojos. Le hablaré de ese instante en que mi mejilla y su mano me parecieron fundidas para siempre en una sola masa cálida, un instante que yo ignoraba que no volvería a repetirse nunca.

Ella no se distanció de mí de una manera progresiva. Un domingo por la tarde que fui a su casa como siempre, no me dejó entrar.

–Mi hermano no se encuentra bien –dijo.

Si bien era una excusa plausible, percibí con claridad que sus ojos me estaban rechazando con fría determinación.

–¿Pasa algo? –pregunté, titubeando.

–Lo de siempre. Mi hermano no está bien hoy.

–Pues déjame entrar y te echaré una mano. Quizá tengas que ingresarlo de nuevo. Yo puedo sostenerlo…

–No, hoy no… –Como si escupiera veneno o lo tragara, como si disparara una flecha o la apuntara hacia sí misma, terminó la frase diciendo con énfasis–: El médico residente está aquí.

No se imaginaba el infierno que esas palabras iban a despertar en mí.

Estaba obsesionado con ella y le imploré. La hice sufrir y me hice sufrir a mí mismo. La esperaba frente a su casa, a las puertas de la universidad y en la parada del autobús. Ella se mostró inflexible como un soldado, como un agente de inteligencia, como la mujer más fría del mundo. Más doloroso aún que el sentirme traicionado era todo lo que imaginaba, minuto tras minuto, que ella y el residente estarían compartiendo a solas. Sentía una especie de locura y un deseo puramente físico por ella, algo cercano al odio. No podía seguir el ritmo de las clases ni permanecer sentado en la biblioteca, no podía comer ni dormir.

El único lugar donde aún podía verla era en Seongbukdong, en la casa de Jinsu. Sin embargo, ella había cambiado su horario de clases particulares y ya no asistía a las sesiones musicales de los viernes por la tarde. Nuestro trío que se comunicaba con la mirada se había roto. No sé si Jinsu sospechaba hasta dónde había llegado nuestra relación, pero yo me encontraba en un estado tal que no podía ocultar mi deseo y mi desesperación, y Jinsu también parecía confundido y malhumorado.

Un día de mediados de enero, cuando una ola de frío hizo bajar la temperatura hasta veinte grados bajo cero, Jinsu me miró fijamente antes de que comenzáramos la clase y dijo:

–Ya lo sabe, ¿verdad? –Sin esperar mi respuesta, añadió rápidamente–: Va a dejar de venir.

No pregunté quién, porque la expresión atormentada de

su rostro evocaba suficientemente un nombre, una mirada dulce con los ojos cubiertos de una capa de hielo derretido.

–Se va a casar con él.

Vi que apretaba sus delgados puños, listos para golpear la mesa. Supuse, comprendí, que durante años ella había sido la amante de sus sueños, sustituyendo a la joven madre que lo abandonó, consolándolo por su infancia desamparada. Ella era su calor, su luz, sus lágrimas, su deseo, su salvación, su ángel vestido de harapos.

Jinsu no me explicó por qué ella había aceptado ir a su casa por última vez.

Según me contó, le había propuesto que escucháramos las versiones de la sinfonía de Mahler que tenía durante toda la noche. La ocasión no podía ser mejor, ya que sus padres iban a viajar a Japón el miércoles, y eso, al parecer, la había tranquilizado. Yo era entonces un joven consumido por el mismo deseo que Jinsu, así que interpreté el consentimiento de ella de la forma más romántica posible: era a mí, por supuesto, a quien ella quería ver por última vez. Si así era, ese encuentro sería mi última oportunidad. En el callejón desierto, al amanecer del día siguiente, podría reconquistar mis secretos más puros encerrados en sus labios, valiéndome del estado de indefensión en que la habrían sumido la música y el alcohol.

Sí. Yo llevé la bebida.

Todavía recuerdo la emoción que sentí al meter en mi bolso la botella de brandy nacional que le gustaba. Cuando Jinsu me abrió la puerta, recuerdo haber sido consciente de la locura que me invadía: quería abrazarla y destruirla al mismo tiempo.

La enorme casa estaba vacía. El chófer se había marchado a su pueblo dejando el coche en el garaje, dos de las empleadas domésticas estaban de vacaciones, y Jinsu, según dijo, le había dado unos días libres a la que quedaba. El chico había encendido la lujosa lámpara de araña de la sala, las luces de los baños, la cocina y hasta la terraza. Iluminó toda la casa como si fuera un barco a punto de zarpar y se preparó para recibir a su amante, su madre, su ángel. Entretanto, yo había dejado la botella de brandy sobre la mesa de la salita y había sacado unos vasos de cristal de los armarios. En la cocina encontré unos quesos que no conocía, frutos secos variados, leche y cubitos de hielo.

Ella apareció como de costumbre, con el pelo bien recogido, el abrigo verde claro abrochado hasta el cuello, las manos enrojecidas por el frío metidas en los bolsillos, y subió las escaleras con aire desorientado, como si entrara en la casa por primera vez. Jinsu subía justo detrás de ella, como si quisiera evitar que cambiara de opinión y se escapara. En cuanto me vio, ella se detuvo en seco.

–No me dijiste que vendría el profesor Ryu.

–Tampoco le dije que no vendría –respondió él con aire perdido y una sonrisa despreocupada.

–He venido porque me pediste que te ayudara a ponerte al día con las clases del colegio. Esto no me hace ninguna gracia.

–Pues hoy no tendremos clase.

–¿Por qué no hay nadie en la casa? ¿Y las empleadas? ¿Por qué están todas las luces encendidas?

–Usted ya no vendrá más. Hoy es la última vez. Considérelo como mi último deseo…

–Jinsu…

–He reunido estas grabaciones para usted. Esta noche podremos escucharlas todas. Además de nosotros, no hay nadie en la casa.

–No, si es para eso, yo me voy.

–¡Por favor! –exclamó Jinsu y, con el rostro crispado, le cerró el paso. Vi sus ojos húmedos y brillantes–. Quédese a escuchar aunque sea un solo tema.

Ella se volvió hacia mí. En el instante en que nuestras miradas se encontraron, mi corazón empezó a latir con fuerza. Tuve la certeza de que lo nuestro no había terminado, de que podríamos volver a empezar. Lo supe por sus ojos. Sus ojos no eran los de un soldado ni los de un agente de inteligencia, sino los de una mujer confundida que no desviaba la mirada.

Luego vio la botella de brandy sobre la mesa. Con aire de reproche y desconfianza, clavó sus ojos en mí.

—Ya no bebo —dijo en voz baja pero firme—. Lo he dejado.

Seguro que aquel médico residente era mejor persona que yo. Mi deseo más ferviente era que ella dejara de beber, pero cuando supe que en verdad lo había dejado, me invadió una dolorosa sensación de fracaso y pérdida.

Ella se sentó en el sitio del sofá más alejado de mí, con la espalda muy erguida; se notaba a la legua que estaba tensa. Antes de que empezara la música, llené mi vaso con hielo hasta el borde. Quería sacudirla, destrozarla. Quería abrazarla y gritar.

Al terminar el primer movimiento, ella dijo:

—Deje de beber, no le sienta bien.

En lugar de responder, llené su vaso.

Quería que se desmoronase. Quería abrazarla con fuerza. Quería gritar.

—No quiero. Lo he dejado, de verdad.

—Solo un trago —dije riendo—. Solo uno.

También le serví a Jinsu.

—¿Sabes beber?

—¡Claro!

El chico la miraba con una sonrisa un poco triste.

—Brindemos, profesora —propuso.

Yo sabía lo que sucedería a continuación, porque había leído varios libros sobre alcoholismo por ella. Una copa sería más que suficiente. Un solo sorbo, bebido de pasada, surtiría efecto.

Por fin, vi que alzaba su vaso y tomaba un sorbo. Quería verla sumergirse lentamente en la embriaguez. Quería volver a ver la sonrisa relajada y triste que tanto me gustaba. Quería seguir quebrantándola. Quería gritar. Quería estrujarla en mis brazos.

Mientras me aseguraba de que los tres vasos estuvieran siempre llenos y vaciaba discretamente el mío sin beberlo, transcurrieron el segundo y tercer movimiento. Mis dos compañeros fueron entrando poco a poco en el reino del abandono. Veía cómo la tristeza suavizaba progresivamente su rostro. Al comenzar el cuarto movimiento, posó sus fríos dedos sobre mi mano. La agarré con fuerza para no dejarla escapar. Sin importarme la mirada de Jinsu, besé el dorso de su mano, su muñeca, cada una de sus uñas. Ella me dejó hacerlo hasta el final del quinto movimiento. Entonces acerqué su mano hacia mí e hice que me acariciara las mejillas, los párpados, la nariz y la frente; dejé pequeñas marcas rosadas de mis dientes en todos sus dedos. Cuando se desvanecieron los ecos de la coda, la solté.

Con la mirada ausente de alguien que ya está muy lejos, se hundió en el respaldo del sofá.

–Jinsu, pon otro disco.

–Ahora mismo.

El chico se había mordido con tanta fuerza el labio inferior que le sangraba. Con paso tambaleante, se acercó al tocadiscos. Era tarde. Fuera soplaba un viento helado de veinte grados bajo cero. Los dos estaban completamente borrachos, mientras yo permanecía sobrio.

–¿Sabes, Jinsu...? –dijo ella de repente con dulzura–. Para mí, este texto significa lo contrario de lo que dice. –Sin mirarme, continuó diciendo–: Las palabras del coro dicen así:

No lo has perdido todo.
Tu existencia, tu sufrimiento no han sido en vano.
El dolor, este dolor inherente a todas las cosas,
yo lo he superado.
La muerte, esta muerte que todo lo conquista,
yo la he vencido.

Luego, con una sonrisa inexpresiva, siguió diciendo:

–Pero lo que yo escucho es todo lo contrario:

Lo has perdido todo.
Tu existencia, tu dolor son inútiles.

El dolor, este dolor inherente a todas las cosas,
me ha superado.
La muerte, esta muerte que todo lo conquista,
me ha vencido.

Jinsu iba a colocar la aguja en el segundo disco, pero se quedó mirando con aire vago el rostro sonriente de ella.

–¿Sabes? Esta obra... en realidad es un engaño –siguió diciendo, girándose a medias para mirarme–. El comienzo es siempre realista. La letra habla del ser humano que hace frente al sufrimiento. Pero, en este quinto movimiento, la evolución de esta desesperación es... puramente musical. No es la fuerza de la vida, sino la fuerza de la música la que lleva la obra hasta su conclusión. En lugar de dar esperanza, habría sido mejor escribir la letra como he dicho y afrontar hasta el final la cruel realidad...

Aunque se tambaleaba, intentó ponerse de pie.

–Tengo que irme. Mi hermano me espera.

–¿Tiene un hermano?

–Sí, tiene tu edad. Claro que es mucho más bueno que tú. Casi un ángel.

De repente sacudió la cabeza con fuerza.

–Pero no, no me voy todavía. Pon otro disco... otra pieza.

Se hundió en el respaldo del sofá y se frotó la cara con ambas manos, como si se lavara. De repente, se dirigió a mí:

–Me preguntaste por qué bebo, ¿verdad? Es por ansiedad. ¿Sabes lo que es eso? ¿Has sentido verdadera ansiedad? Por no tener dinero, por el maldito frío. Por la enfermedad incurable de mi hermano. Por el hecho de ser un ser humano. Por no poder compartir toda esta carga con nadie, con absolutamente nadie.

Quería seguir sacudiéndola. Seguir destrozándola. Estrecharla en mis brazos.

–Bebe –le dije, vertiendo más alcohol en su vaso.

–No –dijo, sacudiendo la cabeza.

–Solo este vaso.

Vacilando, lo vació. Se limpió la boca con el dorso de la mano y le dijo a Jinsu:

–De verdad, no tengo tiempo para escucharlo todo. Pon solo el cuarto movimiento, solo el cuarto hasta el final.

Luego yo también me emborraché poco a poco, así que no recuerdo lo que pasó esa noche. Solo algunos momentos permanecen en mi mente sorprendentemente vivos. Murmullos en medio del silencio, como emitidos por la radiación cósmica de fondo que me describiste. Conversaciones como los incontables puntos blancos y negros que parecen pelearse a gritos en una pantalla de televisión.

–Es curioso, pero cada vez que escucho esta música pienso en un lugar…

Hacía rato que había pasado la hora del toque de queda, pero ella aún no se había ido con su hermano.

–Un lugar adonde realmente me gustaría ir.

Jinsu se había acurrucado como un gato delante del tocadiscos y yo me había ido acercando a ella poco a poco. Solo ella, que no estaba atrapada en un infierno de deseo, parecía encontrar una especie de equilibrio en aquella música desesperada.

–Mejor dicho, ese es el lugar al que no quiero volver bajo ningún concepto… –dijo ella lenta y claramente.

Su infancia había transcurrido en la ciudad de Sokcho, dijo. Su hermano menor había estado enfermo desde muy pequeño. Su madre se desvivía por ese hijo, en cambio a ella la trataba con indiferencia. Tras la muerte de su padre, vendieron la casa de Sokcho y se mudaron a Seúl. Durante el viaje, al cruzar el paso de Misiryeong, el autobús chocó contra uno de los pilares del puente y quedó suspendido al borde del precipicio.

–Una treintena de pasajeros gritaban queriendo bajarse del autobús, cuya parte trasera se apoyaba en el suelo mientras que la parte delantera colgaba sobre el abismo… El vehículo se sacudía violentamente, como si fuera a caer en cualquier momento. «¡Uno por uno! ¡Despacio!», gritaba el conductor, que a duras penas había logrado salir a gatas de su asiento. La primera persona en saltar por la puerta trasera fue la revisora, con su gorra. En medio de aquel caos, mi madre no soltó a mi hermano en ningún momento. Recuerdo los gestos bruscos de los adultos que me empujaban a un lado para bajar primero. Finalmente, todos los pasajeros salieron por la puerta trasera, excepto yo. Entonces, el autobús se movió y se inclinó peligrosamente hacia el precipicio. La parte trasera se levantó, por lo que tuve que gatear en esa dirección. Solo tenía nueve años, así que mi peso no iba a bastar para volver a inclinar el autobús. Me agarré a una barra y me incorporé. Lentamente, el autobús se inclinó aún más hacia el vacío. Todos los que acababan de bajar me miraban y mi madre, con mi hermano en brazos, me gritaba algo. Sin embargo, nadie quería volver a subir al autobús para salvarme… No puedo olvidar sus ojos, esas miradas que brillaban de miedo, culpa y vacilación. Me arrastré desesperadamente tratando de escapar por los escalones de la puerta trasera, pero el suelo estaba demasiado lejos. El autobús comenzó a girar, inclinándose todavía más hacia el precipicio. La gente chillaba. «¡Salta! ¡Salta!», gritaba el conductor, levantando los puños. Me tiré al suelo llorando, tan aterrorizada que casi me hago pis encima. La gente volvió a gritar cuando el autobús se precipitó al vacío. Me desmayé.

Volví a llenarle el vaso. Ella continuó, arrastrando las palabras por el alcohol.

–Comprendía a mi madre, pero al mismo tiempo no quería comprenderla. La perdoné, pero al mismo tiempo no quería perdonarla. Hasta el día en que murió… el recuerdo de ese día me persiguió como un infierno. –Sacudió la cabeza casi imperceptiblemente–. Pero pasó algo muy extraño. Cuando recuerdo ese momento en que el autobús se giraba y caía hacia el precipicio, vuelvo a ver el interior del vehículo inundado de una luz cegadora. Como si un enorme ángel me cerrara el paso para devolverme a la Tierra... –Se echó a reír–. Ojalá ese ángel no lo hubiera hecho.

Esperamos a que finalizara el toque de queda y entramos en el oscuro garaje. Ella estaba tan borracha que tuve que sostenerla para que pudiera caminar. Jinsu estaba excitadísimo. Dejó el estuche de la cámara en el asiento delantero y llenó el maletero del Chrysler hasta reventar con botellas de whisky caro y bolsas de pasas, nueces y almendras importadas.

–¿Sabe cómo llegar? –me preguntó Jinsu.

–Por supuesto.

–¿No está borracho?

–En absoluto.

No era cierto, porque yo también había bebido.

La sentamos en el asiento trasero. Jinsu abrió la verja y yo, siguiendo sus indicaciones, maniobré el Chrysler para salir a la calle. Me hizo un gesto de aprobación con el pulgar y se sentó en el asiento del copiloto.

Impulsados por la locura, los tres nos embarcamos en una extraña excursión. Ese amanecer de domingo, con la ciudad azotada por un frío intenso, fue inquietantemente silencioso. Yo conducía el coche con un ojo puesto en Jinsu, que no dejaba de mirarla a ella, dormida en el asiento trasero, y de vez en cuando daba un sorbo a su botella de whisky. A la altura de Wonju, comenzó a nevar. Yo seguí pisando el acelerador, mientras el limpiaparabrisas barría los grandes y blandos copos de nieve. Sentía como si el mundo entero me escupiera con desprecio.

–¿Dónde estamos? –preguntó ella al despertarse.

Justo en ese momento, un enorme camión con volquete se precipitaba hacia nosotros por el carril contrario, como si fuera a embestirnos.

–¿Adónde vamos?

–A Misiryeong –respondió Jinsu arrastrando las palabras.

Aparqué el coche en el arcén y nos pusimos a discutir a voces.

–¿Cuándo he dicho yo que quería ir allí? Tengo que volver a casa. Mi hermano me está esperando.

–Ha dicho con toda claridad que quería ir allí.

–Esto es una locura. Quiero volver a casa. Dejadme donde pueda coger un autobús.

Estaba tan borracha que no podía caminar sola.

–No seas así –dije, quitándole a Jinsu la botella de whisky para dársela a ella–. Bebe un sorbo. Te sentirás mejor. Regresaremos a la hora de comer. Dijiste que te gustaría volver a ese lugar. Que querías volver a sentir ese instante en que la vida y la muerte se separaron como cortados por un cuchillo. Que querías volver a empezar a partir de ese instante.

Ella cogió la botella que yo le tendía y la arrojó por la ventanilla. El cristal se rompió en mil pedazos con estrépito.

–¡No me hagas esto! ¡No me hagas beber más!

Los tres nos quedamos en silencio, oyendo el insistente vaivén del parabrisas.

–Como sea, ahora que ya estamos aquí no vamos a dar media vuelta –murmuró Jinsu, y sus palabras se quedaron grabadas en el candente silencio.

Recordando un viaje en autobús que había hecho en otra ocasión, tomé la carretera hacia el monte Seorak. Nevaba copiosamente. En la carretera, de carril único, no se veía ningún otro vehículo. En cada curva parecía desplegarse un paisaje nevado como sacado de un dibujo a tinta, pero estábamos demasiado preocupados como para admirarlos. Pese a que habíamos puesto cadenas, los neumáticos resbalaban en la pendiente de la carretera.

–Por favor, volvamos.

Cada vez que ella hablaba, yo apretaba los dientes y pisaba el acelerador.

Pero cuando la ventisca arreció, empecé a tener miedo.

No profeso ninguna religión, pero había oído hablar del significado de la fiesta de Navidad para el cristianismo: el día en que Dios se hizo hombre, el día en que ese nacimiento creó un vínculo único entre el cielo y la tierra. Creo que esa noche, en la pequeña carretera nevada, fue la primera y la última vez que experimenté de manera palpable y literal que el cielo y la tierra estaban enlazados.

Tuve que detener el coche. Después de apagar el motor y poner el freno de mano, me bajé. Ella me siguió y Jinsu cogió la cámara.

Los copos de nieve eran tan densos que no dejaban ningún hueco para ver el paisaje. En pocos minutos, la nieve nos llegaba hasta las rodillas. La nieve nos cubría el rostro, y era difícil reconocerse.

–No puedo tomar fotos –dijo Jinsu, sacudiendo la cabeza–. Este paisaje… da demasiado miedo.

Me colgué la cámara al cuello. La fotografié a ella contemplando la nieve con aire absorto y a Jinsu de perfil, con el aspecto de un mono asustado. El carrete estaba casi al final; el chico debía de haber tomado varias fotografías antes. Metí las manos congeladas en los bolsillos de la chaqueta y le pregunté si tenía otra película.

Jinsu no me oyó. Estaba mirando hacia abajo, hacia el precipicio que se abría ante él. Se acercaba peligrosamente al abismo, arrastrando los pies.

Como por arte de magia, de repente la nieve amainó. Todo a nuestro alrededor quedó sumido en el silencio, como si hubiéramos entrado en el ojo de un huracán. Levanté la cámara, hice zoom y fotografié el lejano paso de Misiryeong cubierto de nieve. Recuerdo que la espantosa soledad de aquellos peñascos me sobrecogió. Comprobé que se había acabado la película, la enrollé hasta el final, la saqué de la cámara y la guardé en el bolsillo delantero de mi chaqueta.

Eran cerca de las diez de la mañana, pero estaba oscuro como si fuese la madrugada o el anochecer. Teníamos que regresar antes de que empezara a nevar otra vez. Subimos al coche y di media vuelta. Para mantener el coche en la carretera y no caer por el precipicio, solo podía confiar en mi concentración y mi instinto. Apenas habíamos avanzado unos diez metros cuando la ventisca volvió a arreciar. Las ruedas patinaban, así que detuve el coche.

–Tenemos que esperar a que pare de nevar. Es imposible continuar. –Puse el freno de mano en aquella pendiente envuelta en un silencio asfixiante–. En algún momento tiene que parar. No va a seguir nevando eternamente. –Apagué el motor–. Es mejor que ahorremos combustible y tratemos de soportar el frío.

Miré por el espejo retrovisor y la vi observando por la ventanilla y cubriéndose la mitad de la cara con una mano.

–¿Y ahora qué? –preguntó Jinsu, asustado.

–Tenemos que esperar.

–¿Vendrá alguien a rescatarnos?

–Cuando deje de nevar.

De pronto, ella interrumpió nuestra ridícula conversación:

–Jinsu…

–¿Sí?

–¿Queda algo de whisky? –preguntó casi en un susurro–. Quiero beber un poco. Para entrar en calor.

Jinsu y ella estaban sentados en el asiento de atrás. Yo recliné el del conductor y me giré hacia ellos. Como no quedaba mucho whisky, lo bebíamos a sorbos pequeños y masticábamos lentamente las pasas.

–Si nos dormimos ¿habrá dejado de nevar cuando nos despertemos? –preguntó Jinsu.

–Sí, intenta dormir.

Jinsu negó con la cabeza. Tenía los ojos enrojecidos.

–No me refiero a mí –dijo señalándola a ella, que estaba sentada muy rígida, abrazándose las rodillas y con la frente apoyada contra la ventanilla.

–Toma –le dije a ella, dándole mi abrigo–. Encenderé la calefacción de vez en cuando para que no pasemos demasiado frío.

Ella no dijo nada, ni sí ni no. Ni siquiera cogió mi abrigo.

Fuera del coche, el mundo había desaparecido bajo la densa nevada. Los copos eran tan grandes y caían tan lenta y silenciosamente que me parecía verlos a través de una lupa. Los árboles, el precipicio y las montañas quedaron ocultos por aquellos copos enormes. Cuando volví a girar la cabeza hacia el interior del coche, ella seguía dormida en la misma posición. Jinsu también intentaba dormir, con la cabeza apoyada en el respaldo.

Yo no podía conciliar el sueño.

La nieve no parecía ir a detenerse nunca, seguía cayendo aunque ya llegaba hasta el techo del coche. El movimiento decidido y lúgubre de los copos me hizo sentir algo que nunca había experimentado: la sensación de lo sagrado. Todo mi cuerpo temblaba entre la fascinación y el temor. Era como si me hubiese quedado suspendido en algún umbral, como si algo se derrumbara violentamente dentro de mí. Me parecía que después de aquello nada volvería a ser como antes.

Tras contemplar los copos durante casi una hora, mi concentración comenzó a flaquear. La tormenta estaba amainando, pero era tanta la nieve acumulada que era imposible abrir la puerta del coche. Al volverme vi que los dos estaban dormidos. Arranqué el motor y encendí la calefacción. Cerré los ojos para no mirar más los copos de nieve. Mi cuerpo se fue calentando poco a poco y, sin poder evitarlo, me quedé dormido.

Me desperté sobresaltado, con un sudor frío corriéndome por la espalda. Tras advertir que había dejado de nevar, iba a apagar el motor cuando vi que Jinsu me miraba por el retrovisor. Vi también que su mano descansaba sobre la mejilla de ella. No sabía desde cuándo. Sin importarle que lo hubiera visto, más bien como si quisiera provocarme, empezó a besar con avidez los labios de la joven dormida y su cuello.

–Cabrón…

Lo dije en voz baja, porque quería que parase antes de que ella se despertara.

–¿Qué carajo estás haciendo? ¡Para!

Como desafiándome, la estrechó entre sus brazos. Me lancé hacia el asiento trasero para intentar separarlos, pero él se aferraba a ella desesperadamente, como un hombre que se ahoga se aferra a su salvavidas, lamiendo, mordiendo, arañando sus ojos, su nariz, sus labios. Durante un momento estuvimos enredados en un solo cuerpo, revolcándonos en el estrecho habitáculo, con las piernas, los hombros, la espalda y la cabeza chocando violentamente contra las paredes.

–¡Basta! –gritó ella desgarrándome los oídos–. ¡Por favor, parad!

Incluso cuando nuestros movimientos se detuvieron simultáneamente, Jinsu no aflojó el abrazo alrededor de su cintura.

–Suéltame, Jinsu –dijo ella tras recuperar el aliento–. El profesor Ryu ha cometido una locura al traerte aquí, y yo también. Pero no debes hacer esto. Suéltame.

En lugar de obedecer, Jin la abrazó con más fuerza y, sin la menor vacilación, metió las manos por debajo de su ropa. Aunque ella se apartó y trató de rechazarlo, el chico no cedió un ápice.

–¡No, no hagas eso! –gritó ella con todas sus fuerzas–. ¡Estoy embarazada! ¡Suéltame!

Estaba anocheciendo rápidamente.

El milagro –o la catástrofe– del cielo y la tierra uniéndose en un solo cuerpo helado que se deshacía en el aire había llegado a su fin. Alguien tenía que cruzar el paso de Misiryeong hasta Sokcho para pedir ayuda, pero no podía enviar al chico ni a ella, y tampoco podía ir yo y dejarlos solos. Enderecé el respaldo del asiento del conductor e hice que la chica se sentara a mi lado y Jinsu detrás de mí. Como si hubiéramos hecho un voto de silencio, ninguno de los tres dijo una palabra.

Pero más que el frío y el miedo, era mi imaginación la que me torturaba. Por fin entendía el trasfondo –tan obvio– de toda aquella historia, pero, por muy doloroso que hubiera sido hasta ahora, no comprenderlo me había hecho sufrir menos. Una llamarada silenciosa empezó a arder bajo mis párpados cerrados. Las imágenes del hombre que había dejado embarazada a aquella joven borracha, mezcladas con las de la intentona de Jinsu de hacía un rato y los detalles de numerosas fantasías concebidas durante mis desesperanzadas masturbaciones, me atravesaban los ojos y me torturaban como si el diablo me clavara su tridente.

Dado el estado de las carreteras, si hubiera vuelto a nevar, ninguno de los tres habría sobrevivido. Jinsu estaba acurrucado en la oscuridad del asiento trasero, casi sin respirar, como si estuviera muerto. De pronto, abrió la puerta del coche.

–¿Adónde vas? –le pregunté.

–A mear –respondió con voz inexpresiva.

Cuando regresó unos instantes después, ella también salió. Durante su ausencia, Jinsu y yo no intercambiamos ni una palabra. Probablemente ellos tampoco hablaron cuando yo salí a mi vez. Fuera la oscuridad era total. Salvo salir a orinar de vez en cuando, lo único que pudimos hacer aquella noche fue mirar fijamente las tinieblas al otro lado de la ventanilla. El deseo que sentía por ella me devoró toda la noche como una bestia salvaje. Su aliento, el aroma de su piel, el susurro de su ropa eran como cuchillas que me cortaban la carne.

Al amanecer conseguí conciliar el sueño por fin. Cuando abrí los ojos, el mundo que me rodeaba era deslumbrante. Un hombre de mediana edad con pasamontañas estaba golpeando la ventanilla.

–¡Qué susto! Pensé que los tres estaban muertos.

El conductor del quitanieves estaba pálido como la cera, como si hubiera visto fantasmas.

Nos detuvimos en la primera gasolinera que encontramos para llenar el depósito y comer algo. En silencio, vaciamos un cuenco de *udon* cada uno. Antes de volver al coche, ella entró en una cabina telefónica. Después de hacer dos largas llamadas, salió con expresión muy seria.

–Llévame a la clínica D, por favor –dijo.

–¿Ha enfermado tu hermano?

–No –respondió con gesto inexpresivo–. Él quiere llevarme a casa.

Ella se subió al coche mientras Jinsu y yo nos miramos.

–Es alcohólica, ¿verdad? Me lo imaginaba –susurró Jinsu, arrugando la frente como un hombre maduro. Lo miré sin la menor compasión–. Seguro que no lo hizo estando sobria.

Retorciendo los labios, que ya eran de por sí un poco torcidos, Jinsu lanzó un escupitajo y se frotó las manos en los pantalones de pana como si las tuviera sucias.

–Seguramente no recuerda el día en que se quedó embarazada. Como hace un rato…

Jinsu me miraba con cara de reproche, como si me dijera: ¿Por qué no me has dejado hacerlo? Quizá podríamos habérnosla tirado los dos en medio de la nieve, como debió de hacer ese cabrón del médico. Por fin me habría convertido en el canalla que me gustaría ser. Habríamos sido cómplices y rivales que se odian a muerte, quizás hasta hubiéramos matado a ese cabrón sin que nadie se enterase, y entonces…

«No he perdido ni he ganado nada», recuerdo que murmuré para mis adentros en el asiento del conductor. Estaba bien así; solo tenía que olvidarlo todo.

Pero menos de dos horas después me di cuenta de que eso no era más que un consuelo cobarde. Cuando vi al tipo de pie ante la entrada de la clínica D, con su bata blanca, el ceño fruncido y con una cara que era el compendio de todos los estudiantes modelo del mundo, sentí náuseas y un dolor tan agudo en el pecho que me pareció que iba a estallar. Cuando ella se despidió diciendo «Me voy», aparté la vista para ocultar mi amor inmundo, mis lágrimas inmundas, mis náuseas inmundas. Mientras ella se apresuraba a reunirse con aquel tipo, salí del coche y me agaché detrás de una furgoneta para vomitar hasta el último fideo que tenía en el estómago. Cuando me incorporé de golpe, sorprendido por un estrépito ensordecedor, todo había terminado. Ella gritaba, con el cuerpo cubierto de sangre, el tipo de la bata blanca estaba muerto y Jinsu pisaba de nuevo el acelerador a fondo para estrellar el coche contra el muro del hospital.

«¿Cómo puedo creerle? –me preguntó su amiga en un tono sereno, mirándome a los ojos en silencio, sin darse cuenta de lo dolorosa que era esa pregunta para mí–. ¿Puede darme pruebas de que no era usted quien estaba al volante?».

La prueba es que escapé.

La prueba es que no sufrí un solo rasguño.

Vi cómo el equipo médico que salió corriendo de la clínica se llevaba a aquel tipo y a Jinsu en sendas camillas, y cómo ella los seguía tambaleándose y sin ayuda de nadie. Entonces eché a correr. Mientras me apresuraba hacia la parada de autobús al pie de la colina, hablando solo como un loco, revisé una y otra vez en mi cabeza que no había dejado ninguna de mis pertenencias en el coche.

Era verdad.

No había cometido ningún delito, no se me podía acusar de nada.

Solo mis pesadillas se negaban a reconocer mi inocencia. Durante los días que permanecí hecho un ovillo en la cama de mi habitación alquilada cerca de la facultad, fui yo quien le quitó la vida al hombre de la bata blanca. Fui yo quien aplastó el parachoques ensangrentado contra el muro del hospital.

Fui yo quien empujó a una niña para escapar del autobús que se balanceaba al borde del precipicio.

Apenas una semana más tarde, a primera hora de la mañana, oí pasos que se acercaban. Dos hombres corpulentos echaron abajo la puerta corredera de madera y entraron en mi habitación. Me dieron una paliza y yo rodé por el suelo sin oponer resistencia. Me llevaron a una sala de interrogatorios mal iluminada, escuché cómo leían mi escrito de acusación y, aunque ya entendía perfectamente lo que esperaban de mí, me arrancaron todas las uñas de las manos.

Al padre de Jinsu, que había visto ante su casa el día que la conocí a ella, no volví a verlo nunca más. Tampoco escuché el testimonio de Jinsu, quien, en lugar de ser inculpado, se convirtió en un mero testigo. En una sala de tribunal vacía, en la que no testificó nadie, ni siquiera ella, repetí mi confesión. Había querido dar marcha atrás, pero acabé poniendo la primera, no tenía intención de matar a nadie, solo estaba borracho. Mantuve mi declaración hasta el final y me redujeron la pena. En aquellas circunstancias no había alternativa, era la mejor manera, la única, de protegerme.

¿Usted tampoco me cree?

Igual que su amiga, que me miró a los ojos dudando de mi palabra hasta el final.

Seguramente, para usted los recuerdos que conservaba durante los años de prisión con que pagué esa noche de locura no signifiquen nada. Puede que esta confesión le despierte más dudas. Así y todo, debo decirle que los únicos recuerdos de los que bebía como de un manantial inagotable eran los momentos que había pasado con ella.

Aquellos instantes en que su fría mano se posaba en mi mejilla.

Aquella época en la que aún no conocía lo que es sufrir de verdad, en la que todo en mi vida era todavía puro.

El cálido resplandor de la estufa de gas.

Mis párpados cerrados.

Cada tanto me preguntaba qué habría sido de ella,

aquella alumna aplicada que estudiaba tanto para poder entrar en una universidad estatal donde la matrícula costaba la mitad que en una privada,

aquella joven con la voz digna y resignada de quien lleva todo el peso sobre sus hombros;

aquella mujer que había anulado mi voluntad e incitado mi deseo como si fuera un fuego inútil o un cuchillo romo que blandiera para destruirme.

Llegado a este punto, tengo que responder a sus preguntas.

¿Cómo me encontró su amiga?

¿Qué quería saber?

Gracias a una reducción de condena, salí de prisión después de cuatro años y ocho meses. Una vez superé el difícil proceso de reincorporación a la universidad, volví a empezar la carrera desde el primer curso. No la busqué. A diferencia de cuando había estado en la cárcel, me esforcé por olvidarla. En ese momento necesitaba otra cosa. La luz de la lámpara de mi mesa, encendida a primera hora de la mañana, el calor de un edredón limpio, el espectáculo de los árboles meciéndose con el viento al otro lado de las ventanas de la biblioteca. Poco a poco me recuperé. No quise perder de nuevo la paz mental que había ganado con tanto esfuerzo.

Cuando cayó el régimen dictatorial Yushin, yo estaba cursando el semestre de posgrado y redactando la tesis. Un sábado de finales de año, a última hora de la tarde, contemplaba cómo caía la nieve desde la ventana de la biblioteca. Era una época convulsa, pero mi tesis había sido aprobada sin mayores problemas, y en enero comenzaría a trabajar en el equipo clínico de un hospital universitario de la región de Seúl. Había cogido un libro de la estantería, pero lo cerré al poco rato porque no podía apartar la vista de los copos de nieve.

Eran copos grandes que caían al suelo con determinación, como ojos llenos de lágrimas, como millones de corazones congelados. Metí todas las cosas en mi bolsa y salí cerrando la puerta con llave. Caminé hasta la entrada del campus, parpadeando para sacudirme los copos que se posaban en mis pestañas. Sin ningún plan concreto, subí al autobús que iba a Seongbuk-dong y noté el gélido sufrimiento que despertaba en mí la visión de la nieve al otro lado de la ventanilla. Algo en mi cuerpo se abría y empezaba a sangrar.

Ahora había más policías de paisano bloqueando las calles desde la parte baja de la colina que antes. Un hombre con una parka azul que parecía ser un oficial me detuvo y me pidió el documento de identidad. Tras echarle un rápido vistazo a mis antecedentes penales impresos en tinta roja, me ordenó que abandonara inmediatamente la zona.

Desde ese día, no he vuelto a abrir el libro que había empezado a leer en la biblioteca. El autor, un terapeuta ya fallecido, había dedicado todo un capítulo a hablar de los casos en los que había fracasado. En particular, mencionaba al hijo adolescente de un alto funcionario, al que visitaba periódicamente en su casa. No revelaba los nombres reales ni la ubicación exacta del domicilio, pero yo reconocí perfectamente el lugar. Moderando su emoción como si hablara de otra persona que no fuera él mismo, el autor había escrito al final de ese capítulo:

> [...] aunque el paciente fuera alguien por quien era difícil sentir afecto, la noticia de su suicidio no deja de ser para el terapeuta una herida difícil de cicatrizar. Solo después de revivir las conversaciones mantenidas con ese joven, y de sentir remordimientos durante meses, es posible ocuparse de otro paciente. Sin embargo, eso no significa de ningún modo que lo haya superado.

Estuve enfermo hasta el final de aquel invierno. No estaba tan mal como para no poder trabajar, pero, por alguna razón desconocida, al anochecer me subía la fiebre a treinta y ocho grados. La impotencia y la depresión, la culpa y la confusión, que creía enterrados en lo más profundo de mi ser, resurgieron con fuerza y me atenazaron el pecho. Un día me encontré con un estudiante de mi universidad que estaba haciendo prácticas en el hospital donde había estado ingresado el hermano de ella y me animé a pedirle el favor de que la localizara. No fue difícil, pues el hermano seguía recibiendo tratamiento ambulatorio en aquel lugar. Así pude conseguir sin dificultad su dirección y su número de teléfono nuevos.

No esperaba nada.

Solo quería hablar con ella.

Contarle que había pasado casi cinco años en la cárcel por un asesinato que no cometí; que había pagado por un crimen perpetrado en mi mente. Que entendía que ella no hubiese dicho la verdad, que no me hubiera defendido. Pero que yo seguía vivo y que me alegraba que ella también lo estuviera.

Una tarde de sábado de finales de abril en que el tiempo había mejorado de repente, fui a su casa. Al principio no reconocí a su hermano, que estaba mucho más delgado. Había también una niña pequeña de pelo corto que acababa de volver de la escuela. Recuerdo que levantó la barbilla y me miró.

Ella estaba completamente borracha. Con la cara y el cuerpo hinchados hasta un grado irreconocible, se hundió más en el sofá y me miró con una sonrisa vaga. Poco a poco la sonrisa se desvaneció y por un momento pareció que sus ojos recuperaban el brillo de antaño.

–Vete –dijo en voz baja, y volvió a esbozar una leve sonrisa. Al ver que yo titubeaba, escupió con toda claridad–: Lárgate.

Su hermano me acompañó hasta la puerta; le entregué un papel con mi nombre, dirección y teléfono del trabajo.

–Si tiene problemas con ella, llámeme.

–No tenemos problemas –respondió él. No parecía sentir vergüenza por su hermana ni pena por mí. Pero me miraba atentamente, rebuscando en sus recuerdos–. Estoy seguro de que nos hemos visto antes, pero no recuerdo dónde.

Se me quedó mirando con ojos inquisitivos, pero yo logré sostener su mirada sin pestañar ni decir nada.

¿Lo adivina ahora?

Su amiga había guardado aquel papel.

Recordó al extraño visitante que apareció fugazmente en su casa cuando era una niña y me buscó.

Supuso que yo era la única persona que conocía el pasado de su madre.

¿Por qué?

La respuesta está relacionada con la pregunta que usted se ha estado haciendo.

Su amiga quería saber por qué su madre nunca dejó la bebida. Según la terrible expresión que usó, quería averiguar por qué ella había elegido pudrirse lentamente como una herida infectada, como el cadáver de un perro.

¿Por qué?

Porque su amiga tenía el mismo impulso aullando en su interior.

Porque sentía que moriría de la misma manera.

Usted quiere negarlo, ¿verdad?

Entiendo que le sea difícil soportar lo que le digo.

Pero estoy seguro.

Las dos tenían los mismos ojos.

Ninguna de las dos sobrevivió.

Aún no ha amanecido.

Se oye el primer tren que llega a la estación cercana.

La música se apaga y termina difuminándose como el silencio entre los meteoritos.

Mahler compuso el ciclo *Canciones a los niños muertos* en recuerdo de sus hermanos fallecidos durante la infancia, pero nunca imaginó que provocaría, como una maldición, la muerte de su pequeña hija. Justo antes de su último infarto, mientras componía el cuarto movimiento de la *Sinfonía n.º 9*, cita algunos compases de la cuarta canción de ese ciclo. Los niños han salido a dar un paseo y él ya no espera que regresen. Es una melodía tranquila y fría, como una nevada que amaina poco a poco.

Si escuchamos ese texto dándole la vuelta como ella hacía entonces, la verdad que se revela es que ahora es él, Mahler, quien va a salir a dar un paseo. Confiesa que desea caminar hacia la luz primordial y no espera regresar. Y que esta noche en que el tiempo se ralentiza hasta el infinito, bajo esa aguanieve que cae cruelmente sobre él, ha decidido no dejarse atormentar por arrepentimientos vanos ni preocuparse por cuestiones muertas.

Así es. Su amiga salió a dar un paseo y no esperaba volver.

No le he contado cómo sobrevivió aquella fotografía.

Durante aquellos días que pasé acurrucado en la cama de mi habitación esperando la catástrofe, lo único que pude hacer por mí mismo fue esconder el carrete –el que me metí en el bolsillo de la chaqueta después de tomar las fotos en medio de la ventisca– en la funda de un gran diccionario de inglés. Cuando salí de prisión y volví a mi pueblo natal, la encontré mientras ordenaba mis cosas y la llevé a revelar al único fotógrafo de la pequeña ciudad vecina. Unos días más tarde fui a recoger las fotos y las miré en la sala de espera de la estación de autobuses.

Las primeras eran fotos mediocres y pretenciosas que había tomado Jinsu. La foto de ella y la de Jinsu de perfil estaban sobreexpuestas: me había equivocado al ajustar el tiempo de exposición. Solo salió bien la última fotografía, la que está viendo ahora, la que llevó a su amiga hasta Misiryeong.

Si me lo permite, le daré el único consejo que puedo ofrecerle, el mismo que quise darle a su amiga. No, se lo daré de todos modos, sin pedirle permiso.

Cierre la tapa de los ataúdes de los muertos, séllelos con

clavos y entiérrelos para siempre. Deje atrás esos rostros, esas pupilas. Olvídese de los remordimientos y su resolución.

Ahora yo también voy a dar un paseo; un paseo que no lleva a ninguna parte. Espero que no me malinterprete. No es por ella, ni por su amiga, ni por usted. Simplemente hace mucho tiempo que estoy cansado.

Aunque soy viejo, no he hallado dignidad ni iluminación alguna. He destruido lentamente a las personas que he conocido y he desperdiciado el tiempo que me fue concedido. Y yo mismo tampoco he permanecido a salvo ni indemne. Voy a partir por este camino resbaladizo y oscuro, tal y como he vivido hasta ahora: sin haber hallado ayuda moral, ni cura para mi herida, ni remedio para todo lo que he hecho mal. Espero no encontrar allí los recuerdos de mi vida anterior, espero no volver nunca más. Pido perdón por todo el mal que he causado, rezo por las almas y los ángeles en los que no creo, y también por usted. Amén.

9

LA PIEDRA AZUL

Al rasgar el envoltorio de plástico de burbujas, aparece una caja de cartón. Corto con una tijera la cinta de embalar que la rodea, abro la caja y saco la foto de Misiryeong. El marco de madera es sencillo y está limpio, y no parece tener décadas de antigüedad. Lo miro de cerca. Al examinar el cristal impecable y la foto, pienso que todo lo que dice en la carta es mentira.

En mi apartamento, ubicado en la planta baja, la habitación orientada al oeste es oscura y fría. Apenas entra un poco de luz solar por el ventanuco de la cocina que da al este. Me acerco a mi mesa y abro el cajón. Allí está la hoja impresa con los perfiles de los tres terapeutas. Cojo el móvil y marco el número que aparece en la parte inferior del documento. Enseguida reconozco la voz de la secretaria al otro lado del teléfono.

–¿Podría hablar con el director, el señor Ryu Inseop, por favor?

–Disculpe, pero ¿podría decirme de qué se trata?

–Tengo una cita para almorzar con él mañana, pero quisiera cambiar la fecha –le digo, soltándole la excusa que he preparado.

–Es que… el director está…

Espero a ver qué dice.

No me asusta. No ha logrado convencerme.

Mientras espero a que el semáforo del paso de peatones se ponga en verde, confirmo que en el sobre que llevo en el bolso están la fotografía de Inju y yo en el patio de su casa, mis treinta páginas impresas y una sinopsis de cinco páginas; también he cogido la cámara digital, que he cargado durante la noche. Todo está en orden.

Mi libro constará de cuatro capítulos, que se titularán «El aire», «El agua», «El fuego» y «La tierra». Durante los últimos diez días he redactado el borrador del primer capítulo, en el que hablo de la época anterior a que Inju empezara a pintar, cuando se elevaba por los aires impulsándose con una pértiga como un chamán siberiano. El segundo capítulo comenzará con los tres años que Inju pasó sumergida en aguas profundas, tras la muerte de su tío; luego escribiré sobre los cuadros de su tío que fueron arrasados por las fuertes lluvias del otoño de 1990 y las imágenes acuáticas que aparecieron posteriormente en la pintura de Inju: los cuerpos negros sumergidos que descienden a las tinieblas del abismo marino tendiendo sus manos hacia la luz. El tercer capítulo hablará del fuego que comienza a crepitar en sus pinturas del agua: los árboles iluminados por una luz roja, las ramas y las raíces que se estiran como llamas en todas direcciones. Este fue también su periodo de mayor actividad. En el capítulo final, Inju vuelve a retirarse del mundo durante un año. Entonces pinta estrellas –gases ardientes a la vez que gigantescas masas de tierra– con agua y tinta negra, reproduciendo las pinturas de su tío. En esa época, los cuatro elementos se unen para explotar en estrellas blancas. De pronto su cuerpo se rompe y se convierte en barro. Se pudre y desaparece.

Después de comprobar que la carta de Ryu Inseop también está ahí, junto al sobre de documentos, cierro el bolso.

Basándome en esa carta, podría alargar la parte inicial del primer capítulo y darle un toque más dramático. A algunas personas, como Kang Seogwon, por ejemplo, les parecería importante, incluso fascinante. Al pensarlo siento una ligera náusea.

Al echar un vistazo al otro lado de la calle, diviso un edificio de cinco plantas que alberga varias academias. El tiempo es espléndido, como si fuera un día de principios de primavera, pero el aire es todavía gélido.

No creerán que esto revela todo mi dolor, ¿verdad?

Levanto la vista para mirar el intenso sol de la mañana reflejado en los cristales del edificio. Se me ha quedado vívidamente grabado el rostro de la joven posando delante de las azaleas en la fotografía en blanco y negro.

Cállate. No te dejes llevar. No te adelantes. Ellas no eran tan débiles como tú deseabas que fueran.

Una vez crucé con los ojos cerrados un paso de peatones con el semáforo en rojo. Cada vez que los abría pensando que ya había llegado a la mediana, me encontraba en medio de coches que pasaban a toda velocidad. Era como caminar sobre una barra de equilibrio que se estrechaba a cada paso. O cruzaría el paso de peatones hasta el final o no lo cruzaría, o me caería de la barra o no me caería. No entendía lo que estaba haciendo, pero tampoco podía abrir los ojos. Cuando llegué al otro lado, con los brazos extendidos hacia delante como una ciega, tenía la espalda empapada de sudor y las mejillas ardiendo y rojas de vergüenza.

Pero ahora no es el momento.

Debo cruzar con los ojos bien abiertos, sin arriesgarme a sufrir un solo rasguño. Cada vez que el rostro y la letra de Ryu Inseop me nublan la vista, me muerdo el labio con fuerza. Cruzo la calle a zancadas y llamo a la puerta delantera del autobús parado en el semáforo. El conductor, un hombre de mediana edad, abre la puerta a regañadientes. Saco la tarjeta del bolsillo de mi abrigo y la paso por el lector. Me quito las gafas empañadas y ocupo un asiento vacío, apretando con fuerza el bolso contra mi pecho.

–Siéntese aquí, por favor.

Una mujer de unos treinta y cinco años, con el pelo corto teñido de negro azabache, señala una mesa de reuniones. En su actitud se transmite la seguridad que suelen tener las personas activas y perspicaces. Un humidificador sobre la mesa expulsa bocanadas de vapor blanco. Las mesas del equipo editorial están separadas por macetas con ficus benjaminas en lugar de tabiques.

Cuando me siento a la mesa, la mujer toma asiento frente a mí. Abro el sobre con los documentos, saco las fotografías y el manuscrito, y los pongo sobre la mesa. Ella extiende la mano sin dudar y comienza a hojear el texto. Yo espero pacientemente. Un rato después, tras devolverlo a la mesa, dice:

–Conocí a Seo Inju, aunque muy brevemente. –Asiento en silencio–. Me produjo una gran impresión. ¿Cómo decirlo? Era el tipo de persona a quien apetece tomarle una foto.

Hace una pausa y su rostro se anima con repentina curiosidad:

–¿Conoce por casualidad a Kang Seogwon?

–Sí, lo he visto un par de veces.

–Es uno de nuestros escritores. ¿Sabe él que usted está trabajando en este libro?

–Seguramente no.

–¿Ha leído su libro? Acaba de publicarse.

–Sí.

–Yo todavía no he podido leerlo. De hecho, lo importante para su texto es saber en qué medida se diferencia de la obra de Seogwon.

–Mi libro será una especie de refutación del suyo –afirmo con seriedad.

Ella asiente. Me escruta el rostro sin mostrar emoción alguna.

–La señora Myeong, la directora de la galería, me dijo que estaba preparando una exposición póstuma de Seo Inju para la segunda mitad del año.

Fue Myeong quien me recomendó esta editorial, pero no me habló de ese proyecto.

–Si publicamos su libro, sería conveniente que saliera antes de esa exposición. Para ello necesitaríamos el manuscrito completo por lo menos tres meses antes. ¿Cree que es posible?

–Sí, creo que sí.

–Leeremos lo que nos ha traído hoy y le comunicaré nuestra decisión. No solo lo leeré yo, sino también algunos colaboradores expertos, así que puede que tardemos un poco.

–No importa –respondo animadamente, tratando de esbozar la sonrisa más relajada que puedo–. Esperaré.

La Luna no gira alrededor de la Tierra con una regularidad mecánica, sino que al oscilar sin cesar alrededor de su eje revela poco a poco parte de su cara oculta. Por lo tanto, la superficie lunar que se observa desde la Tierra no es el cincuenta sino el cincuenta y nueve por ciento. Gracias a la pequeña parte descubierta por estas oscilaciones, podemos dibujar un mapa incompleto del nueve por ciento de la cara oculta.

Mientras camino hasta la estación de metro cercana a la editorial, abrazo contra el pecho el bolso aligerado de su peso. Pienso en las burdas frases que he intentado construir durante los últimos diez días, en las palabras que se me escapaban entre los dedos sin remedio; en los muebles, el papel pintado manchado y las marcas de clavos en las paredes que veía mientras deambulaba por la casa; en la oscuridad que se iluminaba con una luz blanca cada vez que abría la nevera y en el frío glacial que salía de ella, en la manta áspera bajo la que me acurrucaba, durante veinte minutos, cada vez que no podía más. Pienso en la figura borrosa del espejo empañado sobre el lavabo, en esa silueta que nunca se desvaneció del todo.

Pienso en la letra de Ryu Inseop, en esos trazos densos, garabateados con un rotulador, como sangre negra.

Pienso en su rostro, cuando cerraba los ojos y no los abría hasta mucho tiempo después, como si esperara que todo lo que tenía delante hubiera desaparecido.

Pienso en el paso de Misiryeong cubierto de nieve de hace cuarenta años, en los copos de nieve que la oscuridad dejaba caer como escupitajos sobre el parabrisas oscuro.

Mi suposición había resultado errónea.

Inju no fue a ver a Ryu Inseop el 12 de noviembre del año pasado, sino el del año anterior. Fue aproximadamente un mes antes de que se inaugurara su última exposición individual, justo antes de que pintara las seis piezas de la serie *La cara oculta de la luna* en un frenético arrebato. Fue unos seis meses después de que su exmarido le devolviera a Minseo.

Durante unos ocho meses, hasta que Minseo regresó con ella, Inju no comió casi nada. A duras penas lograba dormir una hora al día. Pese a ello, siguió trabajando en la academia y no dejó de pintar. Se quedó flaca como una rama muerta y su rostro irradiaba el fuego negro que ardía en su interior.

Cuando pasaba por su casa, a última hora de la tarde, ella me recibía con una sonrisa radiante. Ponía sobre la mesa la comida que yo había traído y, como si la hubiera preparado ella misma, me decía: «Vamos, come»; sin embargo, ella no cogía los palillos. De vez en cuando, se ponía a jugar con las cerillas como si se olvidara de que yo estaba sentada frente a ella. Frotaba la cabeza del fósforo contra el lateral de la caja, observaba cómo se encendía con un chasquido seco y esperaba a que la llama llegara hasta sus dedos. Entonces, cuando el calor se volvía insoportable, agitaba la cerilla y la apagaba.

En aquella época, a veces Inju me llamaba a altas horas de la noche.

Lo primero que decía siempre era mi nombre.

—Cheonghee, ¿duermes?

A veces me llamaba a cualquier hora de la noche, así que cuando quería dormir profundamente desconectaba el teléfono. Una madrugada conecté el aparato al despertarme y empezó a sonar de inmediato.

Cheonghee, ¿duermes?

Te he llamado porque tengo algo que decirte.

No sé si es bueno o malo.

Minseo ha vuelto.

Ayer. Jeong lo trajo con todas sus cosas.

Minseo estaba enfermo. Así que me lo devolvió.

Le sangraba la nariz, no paraba.

Al parecer, allí nadie sabía qué hacer al respecto.

Sí, es hereditario.

Me lo trajo apenas le dieron el alta en el hospital.

Claro que ha vuelto para quedarse. No pienso volver a separarme de mi hijo.

Si no te llamé ayer ni hoy fue porque quería estar a solas con él.

No podía dormir.

Desde que Minseo volvió ayer por la tarde, hemos dormido abrazados. Nos dormimos después de comer y luego de nuevo después de cenar. Acabo de despertarme.

Cheonghee...

Durante estos meses que no pude ver a Minseo, pensé que todo había acabado.

Que no quedaba nada de mí, que todo estaba destruido. Por momentos, creí que estaba muerta.

Si en verdad morí entonces, ¿qué debo hacer ahora?

No, ya no puedo volver a lo que era antes de morir. No hay un camino de regreso, porque me he convertido en otra persona.

Si fuera posible empezar de nuevo... Si en verdad fuera posible... no creo que deba revivir o restaurar nada, sino, al contrario, lo que hay que hacer es destruir aún más.

No, no se trata de eso.

Hay que destruir, no para terminar, sino para empezar de nuevo.

Hay una voz dentro de mí que me dice que todo lo que pinté hasta ahora... todo lo que pinté para mantenerme viva, para existir, en definitiva... es falso.

No, no tengo miedo de nada.

Tampoco me arrepiento de nada.

Voy a empezar todo de nuevo.

Desde la ventana del metro, contemplo la oscuridad.

Las oscuras paredes del túnel se iluminan cada tanto y la vía de enfrente refulge por momentos como una vena metálica. El tren atraviesa a toda velocidad ese reino de hormigón, acero y tinieblas, ese territorio sin vida.

Los pasajeros que se dirigen al norte de Seúl se arrebujan en sus gruesos abrigos. Un hombre de mediana edad que vende tiritas y bolígrafos hechos en China pasa junto a mí arrastrando una enorme maleta, pero nadie lo llama ni lo para.

Cuando la editora jefe dijo que hacía falta más material fotográfico, le respondí que tomaría algunas fotos para ilustrar la primera parte. Pienso fotografiar la casa de Inju en Suyuri, el colegio, el instituto y, si puedo, la copia de su boletín de notas.

Inju vendió su casa en invierno, al final de su segundo curso de Bellas Artes. Me contó que el dinero que había heredado de su madre se había agotado y que no tenía más remedio que vender la casa para pagar la matrícula. Por aquel entonces, yo ya me había marchado de Suyuri y vivía sola en un estudio. Casi un año después de que Inju vendiera su casa, mi padre falleció, así que mi madre vendió nuestra casa y el restaurante, y se fue a vivir a Ilsan con mi hermano mayor.

Ahora ya nadie vive allí.

¿Cuánto quedaría de nuestro pasado en esta ciudad que no deja de derribar los edificios antiguos para construir otros nuevos en su lugar?

En la estación de Suyu, me detengo un momento porque no sé qué salida tomar. La calle en la que vivíamos Inju y yo comenzaba en la terminal del autobús 8 y terminaba cerca de la del 6; ahora deben de tener otros números. En las inmediaciones estaban las paradas finales del 23 y el 28; y cruzando la colina de Banghak-dong en dirección a la tumba del príncipe Yeonsangun, la del 333.

Elijo una salida tomando como referencia la ubicación del Ayuntamiento, que sin duda no se ha movido. Una vez fuera, vuelvo a encontrarme con este centro suburbano ruidoso y lúgubre. Levanto la mano para llamar un taxi, pero debe de ser la hora del cambio de turno, ya que pasan dos sin parar, uno tras otro. Finalmente se acerca uno con el intermitente encendido y se detiene. Le digo que me lleve a la terminal del antiguo autobús número 8 y el conductor asiente con la cabeza. Contemplo el paisaje que pasa lentamente por la ventanilla del vehículo en movimiento. Un edificio de veinte plantas para usos múltiples se alza en una de las esquinas. Un restaurante de pollo frito, con un enorme letrero y un interior tranquilo y bien iluminado, espera a los clientes que quieren cenar temprano.

Recuerdo…

Aquella tarde que, sentados los tres, rodilla con rodilla, bajo la manta de cachemira de vivos colores, no parábamos de reír y charlar.

Que a veces, cuando Minseo tenía alguna rabieta, a Inju se le formaban arrugas en los labios y levantaba sus pobladas cejas. Minseo, por su parte, fruncía aún más el ceño para mantenerse en sus trece y movía los deditos de sus pies, pequeños como granos de arroz.

Esa noche en que caminamos por la calle con la bolsa de boniatos asados metidos dentro del abrigo para mantenerlos calientes, y el calor que sentía en el cuerpo, el sonido de nuestros pasos resonando en la acera, el breve momento que permanecimos entre dos espejos mientras esperábamos a que bajara el ascensor que nos llevaría a casa de Inju.

Los labios de Minseo, que parecían el pico de un pajarito cada vez que me llamaba «tía».

Sus manitas montando una mesa de vivos colores y girando tornillos de madera con un pequeño destornillador también de madera.

Los segundos en que, cuando el ramyeon *estaba casi listo, me concentraba al cascar tres huevos para que no se rompieran las yemas, porque a Minseo le gustaban bien redondas.*

Cheonghee…

Probablemente tú vivirás muchos años.

Recordándolo todo.

Serás más friolera que ahora.

Fíjate en las abuelas que viven hasta los cien o ciento veinte años.

Todas tienen la misma complexión que tú.

Recuerdo los cuadros de Inju que representaban bosques vacíos.

Todo el cuadro estaba bañado por la penumbra azulada del amanecer. Los árboles, oscurecidos por numerosas líneas de carboncillo superpuestas, parecían personas sumidas en el silencio. La sombra azulada de un árbol se inclinaba hacia otro árbol, y luego la sombra de este, más oscura, hacia el siguiente. No había viento. La tenue luz azulada permanecía inmóvil para siempre.

No tengo la menor idea.

No sé por qué la confesión de Ryu Inseop hace que estas tristes imágenes surjan ante mis ojos.

No puedo aceptar que el primer título de esa serie fuera *Misiryeong.*

Puede que Ryu tuviera razón.

Aunque reúna todas las piezas del rompecabezas que haya podido encontrar, siempre quedarán cosas que nunca sabré.

La antigua farmacia se ha convertido en un restaurante, el restaurante en una agencia inmobiliaria y el viejo edificio de dos plantas revestido de mayólica que era una iglesia evangelista es ahora un edificio nuevo de cinco pisos. Solo el supermercado grande de la calle principal, regentado por dos hermanos, permanece en su lugar original, aunque su interior ha sido renovado por completo. La mayoría de las casas de nuestra calle son nuevas. También han construido edificios de apartamentos tras demoler varias casas.

Antes de llegar al lugar donde debería estar la casa de Inju, me detengo en plena pendiente. Un edificio de unos cincuenta apartamentos se levanta en el sitio donde antes estaban la casa de Inju y otras cinco o seis viviendas adyacentes.

Sigo subiendo por la cuesta y llego a donde estaba mi antigua casa, que ya no existe; en su lugar se alza ahora una casa de dos plantas bastante elegante. En el patio, el césped está amarillento y seco, y unas sombrillas multicolores se apilan en un rincón, junto con unas sillas plegables de plástico blancas llenas de polvo. Me pregunto si la gente que vive aquí ahora hace barbacoas en verano bajo esas sombrillas.

Todo ha desaparecido. Aquella casa donde el viento ululaba toda la noche al colarse por las rendijas de las ventanas. La época en que tenía que seguir adelante simplemente porque estaba viva; la época en la que todo seguía igual a pesar de la desaparición del tío, de sus cuadros, de los paseos vespertinos, de la bandeja sobre la que se elevaba el vapor caliente de las patatas recién hervidas; la época en la que todos los objetos visibles me golpeaban como puñetazos; la época en la que el tiempo se evaporaba ante mis ojos.

Doy media vuelta y bajo la colina. Al pasar junto al nuevo edificio de apartamentos, miro hacia otro lado. La imagen del tío, a la sombra del magnolio y con sus guantes de algodón, mirando hacia el cielo, ocupa silenciosamente mi visión.

Cuando se fotografía el universo con un telescopio infrarrojo, se puede ver el fondo cósmico difuso, residuo de las radiaciones del Big Bang, en forma de innumerables puntos luminosos, grandes o peque-

ños, esparcidos por el espacio. Esos incontables puntos luminosos tienen una temperatura absoluta de trescientos grados centígrados. En realidad su temperatura es muy baja pero, comparados con el espacio que los rodea, se puede decir que son calientes. Los científicos que consideran el universo como un poliedro infinito y plegado sobre sí mismo estudian las formas y los patrones de esos puntos de luz. Pegados a sus telescopios astronómicos, dedican su vida a elaborar hipótesis y a buscar en el espacio cósmico el elemento que pueda conectar esos puntos para formar una imagen coherente, como en un rompecabezas: la clave decisiva que finalmente dibuje la forma del vasto universo en su totalidad.

Una vez me pregunté hasta qué punto podía separar al tío de su enfermedad. Su carácter, sus intereses, su forma de hablar y también de andar estaban profundamente ligados a su enfermedad, así que imaginarlo sin ella me producía una gran confusión. ¿Qué quedaría de su esencia si desaparecía su enfermedad? ¿En qué medida se parecería o diferiría del hombre que yo conocía si solo le quedaran sus muchas otras facetas?

Aunque rara vez lo manifestaba, el tío deseaba con vehemencia muchas cosas. Admiraba a las mujeres que daban a luz sangrando; anhelaba la libertad de pasar las páginas de un libro con las manos desnudas; poder correr, montar en bicicleta, nadar o poder caerse. Suspiraba por toda esa vida que le estaba vedada.

«¿Quieres patatas cocidas al vapor?», preguntaba el tío en voz baja en las tardes cálidas de principios de verano, cuando yo ya no podía concentrarme en la mano que sostenía el pincel y el sudor me perlaba las axilas y el cuello.

Cuando su mano tocaba sin querer mi frente, retrocedía sorprendido y se disculpaba diciendo:

«¡Cuánta inteligencia hay bajo esa frente!».

Cuando me abrazó por primera vez, su cuerpo no tocaba el mío aunque me sujetaba por los hombros. Como si tocara algo que pudiera romperse en cualquier momento, no ejerció sobre mí más presión que la de sus ligeras manos.

Vuelvo a subir por la cuesta hacia la parada final del antiguo autobús 6. Es la misma calle por la que paseábamos, con Inju a la cabeza, absorta en arrancar flores silvestres para hacerse un anillo o una pulsera, mientras contemplábamos la puesta de sol oscureciéndose igual que la acuarela mezclada con tinta; el mismo camino por el que yo iba temblando y conteniendo la respiración cada vez que me rozaba con el tío.

Donde antes había campos o terrenos baldíos, ahora hay casas; los grandes árboles donde las abejas silvestres hacían sus colmenas han sido talados; donde antes había tumbas abandonadas, ahora hay un gran aparcamiento, y el arroyo que bordeaba el prado ha sido cubierto por un camino de hormigón.

Nací y crecí en este lugar.

Los domingos por la mañana, en medio de mi familia sentada alrededor de la mesa, comía en silencio. Observaba la cara de mi padre, que, a causa de sus problemas digestivos, masticaba largamente el arroz glutinoso, como un rumiante; la figura encorvada de mi madre, que olía a parches para el dolor muscular; las manos de mis hermanos, que envolvían la carne asada en una hoja de lechuga y se la llevaban a la boca.

–Oye, sonríe un poco –decía mi padre–. Eres la única niña y nunca te ríes.

Cada vez que me costaba respirar, pensaba en el taller del tío. Pensaba en las líneas de tinta que trazaba, en las flores rojas que crecían bajo la roca helada, en las estrellas en llamas, en el olor amargo de su medicina, en nuestras respiraciones agitadas, que me llenaban de confusión.

Inju estaba lejos de todo esto. Vivía en un mundo más rápido, donde corría, silbaba melodías agudas y daba volteretas. Se reía a carcajadas por cualquier tontería y recibía a cualquiera con los brazos abiertos. Más tarde, empezó a vivir a un ritmo más lento, pero su actitud hacia las personas siguió siendo la misma. Repartía con generosidad la luz que desbordaba de todo su ser, sin preocuparse por cuánto le quedaría para sí misma.

Llegas tarde a menudo, ¿verdad?

La calle estaba tranquila.

Inju, que venía detrás de mí silbando una melodía alegre, se acercó y me dio un golpecito en el hombro. Di un respingo, sobresaltada.

–Llegas tarde a menudo, ¿verdad? –me preguntó de buenas a primeras, sonriendo como una niña traviesa–. Te he visto muchas veces dando vueltas al patio como castigo. ¿Te acuestas tarde?

Yo no quería decirle que llegaba tarde porque tenía que preparar también la fiambrera de mis hermanos, así que me sonrojé y no respondí.

–¿Te gustaría venir a pasar un rato a mi casa? –preguntó Inju, frunciendo el ceño y luego sonrojándose ligeramente, como si me imitara–. Es que hoy es mi cumpleaños y mi tío me dijo que trajera por lo menos a un amigo a casa. Es un poco aprensivo, así que, si no llevo a nadie, pensará que soy una marginada. ¿Te gustaría venir? –repitió, sonriendo de nuevo.

Tenía el rostro tostado por el sol, como el de un chico. El sudor le perlaba la nariz pecosa y el labio superior. Como esperando que yo asintiera con la cabeza, me guiñó un ojo.

Inju no necesitaba botas de montaña.

Tampoco mochila ni cantimplora.

Tardaba menos de dos horas en subir hasta la cima del Baegundae y volver a bajar.

Entretanto, su tío y yo, en el taller con olor a tinta, inclinábamos el cuello dolorido y nos afanábamos por obtener las formas deseadas.

Inju subía brincando hasta la cima helada y bajaba a la carrera, llegando incluso antes de que se terminaran de cocer en la vaporera los *mandu* rellenos de kimchi.

Hasta que esa afilada pértiga te atravesó el muslo.

Hasta que la sangre roja empapó la sucia colchoneta gris.

Hasta que empezaste a cojear discretamente en todo momento.

Durante los tres meses que precedieron a la graduación, los profesores y los alumnos no me dirigieron la palabra. Nadie me preguntó por Inju. Años más tarde, me enteré de los rumores que circulaban de boca en boca: Inju iba en silla de ruedas, le habían amputado una pierna, ella y yo teníamos relaciones, ella estaba ingresada en un centro psiquiátrico, alguien la había visto de noche vagando enloquecida por las calles…

Un perro sin collar gruñe entre dientes y me bloquea el paso; me detengo. Parece abandonado. Sus ojos brillan. Lo miro y su gruñido se hace más fuerte. Baja el lomo como si fuera a atacarme y me mira con furia.

¿Desde cuándo arde en sus ojos esa llama azul?

Doy un paso adelante.

El animal retrocede.

Doy otro paso.

Me muestra los dientes.

De repente deja de gruñir y sus ojos se nublan. Deja caer la cola entre sus patas.

Mis ojos lo han asustado.

Era yo quien lo miraba con furia.

Si de verdad tienes que matarlo, lo haré yo, porque no quiero que mueras.

Así me lo había dicho Inju, como si supiera lo que es matar a alguien, como si ya hubiera imaginado mil veces las consecuencias que acarrearía tal acto.

Lo dijo con determinación y calma.

Sin que le temblara la voz.

En verdad no te conocía,
incluso menos de que lo que tú me conocías a mí.
Pero quizás hubo momentos en los que tú también sentiste que no me conocías,
incluso menos de lo que yo te conocía a ti.

Nunca se lo conté a Inju.

No le dije que perdí tres bebés. Que todos murieron en mi vientre. Que uno de ellos aguantó hasta el séptimo mes. Que todos eran hijos de K, que tenía la misma edad que su tío y los mismos hombros delgados, pero que, por lo demás, no se parecía nada a él.

No sabía que algunas relaciones se pudren con el tiempo como agua estancada, que poco a poco pudren incluso a las personas que están sumergidas en ella. No sabía que la costumbre se convierte en dependencia, que surge la compasión por el otro que se obsesiona, que el placer se desliza imperceptiblemente hacia la decepción, mientras uno se obliga a creer desesperadamente que todo va bien… Todo eso se enredaba en mi cabeza como un montón de serpientes mordiéndose la cola unas a otras. Mientras tanto, mis hombros se encorvaban, mi voz se debilitaba poco a poco como un árbol cuyas raíces se pudren bajo tierra. Los últimos tres años que K se instaló conmigo después de abandonar a su esposa y a su hijo fueron los peores.

«¿Qué sabes tú? –me decía a menudo. Riéndose, me daba palmaditas en la mejilla como si le pareciera graciosa–: No sabes nada, pequeña». Esa era su forma de mostrarme afecto.

Inju no podía entender que estuviera con él, no podía entender que ya no escribiera obras de teatro. Cuando le conté que iba a casarme con K, me dijo con calma:

–Probemos a no vernos por un tiempo. –Nunca me había hablado con un tono tan frío–. ¿Recuerdas lo que solía decirnos el profesor de Física en el instituto? Decía que, si no entendías algo, simplemente te lo aprendieras de memoria. –Me miró, sonriendo a medias–. Voy a hacer eso. No trataré de entenderte, sino que te aprenderé de memoria. Solo dame un poco de tiempo.

Creí que sería por uno o dos meses, nunca me imaginé que Inju se alejaría de mí tanto tiempo. Pasó un año, y aguardé llena esperanza e incredulidad; el segundo año trajo resentimiento y rabia contenida; su silencio duró otros seis meses, durante los cuales me volví indiferente, con la insensibilidad que se siente después de estar sentado en la misma posición durante mucho tiempo. Su llamada llegó en agosto, una tarde en que el aire hervía como una espuma repugnante. Harta del aire acondicionado, me había tumbado en ropa interior sobre el fresco suelo de madera, sintiendo el sudor pegajoso que me empapaba la espalda, mientras esperaba que se hiciera de noche y llegara K.

–Cheonghee...

No daba crédito a mis oídos.

–¿Inju?

–¿Puedes hablar?

Lo dijo como si nos hubiéramos visto tres días antes. Respondí fingiendo la mayor indiferencia posible.

–Me he quedado en casa porque hace demasiado calor. ¿Cómo estás?

–¿Y tú?

–Yo bien.

–He tenido un hijo. Me separé del padre del niño hace dos meses y quiere quedarse con el niño. Pero todavía está conmigo.

Hablaba con absoluta calma, como si nada. Cualquiera que la escuchara pensaría que no estaba diciendo nada importante.

—¿Dónde estás ahora? —le pregunté.

Tras un breve silencio, me dijo su dirección. Colgué y, sin ducharme o lavarme siquiera la cara, me puse una camiseta y unas bermudas y salí de casa.

Era un edificio con una galería abierta a la que daban varios apartamentos en un barrio residencial al noreste de Seúl. Había una pequeña nota pegada en el timbre, escrita con una letra familiar: «No toque el timbre. Llame a la puerta. El bebé está durmiendo». Di unos golpes suaves e Inju abrió la puerta. Se había dejado crecer el pelo, que llevaba recogido; las pecas que cubrían sus mejillas demacradas se habían difuminado, solo brillaban sus grandes ojos. La cabecita del niño, que dormía en su espalda en un portabebés de tela, estaba empapada de sudor. Inju también tenía las sienes perladas de sudor.

—¿No entras? ¿Te vas a quedar ahí parada?

Se le formaban arrugas alrededor de los labios, pero en su rostro floreció esa luz llena de energía y calidez que había visto en mis sueños durante los últimos tres años.

No entenderías una historia así.

La historia de personas débiles y, por tanto, necias.

Él me deseaba porque era muchísimo más joven que él, porque era menuda y le gustaba la forma de mis hombros; me deseaba porque era una mujer insignificante que no pensaba en el futuro.

Me maquillaba mucho, cada vez más. Sangraba sin parar cada vez que paría un niño muerto. Me inclinaba profundamente ante su familia, que se esforzaba por ocultar su desprecio. Me maquillaba mucho, cada vez más, para ocultar mis sentimientos. Durante los tres años que estuve casada, mejor dicho, durante los diez que estuvimos juntos, renuncié a mi vida. Sin un grito. Me destruí. Yo misma, con mis propias manos, sin la ayuda de nadie.

Cuando le dije que le dejaba, me escuchó con atención. Tras un momento de silencio, preguntó con voz fría: «¿Quién es el tipo?». No le respondí y me abofeteó. Sus fuertes brazos me retorcieron los hombros como con una llave inglesa. Me pegó una patada en las costillas, como si fuera una pelota. Mi cuerpo no rebotó porque no era de goma. Convencido de que mi silencio era la prueba de mi infidelidad, me escupió en la cara. Me desnudó y me tiró al frío suelo de la sala.

No entenderías una historia así.

La historia de alguien terriblemente débil y, por tanto, necio.

En mis sueños veía a mis hijos muertos. Cubiertos de sangre porque acababan de nacer, lloriqueando débilmente. Me hubiera gustado poder dormir más de cinco minutos sin soñar. Cuando mis pesadillas comenzaron a invadir las horas diurnas, devorando todos mis pensamientos y sensaciones, no me quedó otro camino. Solo tuve una salida.

¿Lo entiendes ahora…?

Que la debilidad puede ser el comienzo del camino que conduce a lo irreparable. Que el cansancio puede incitar a seguir adelante y cometer la estupidez de golpear desesperadamente una puerta sabiendo que hay un precipicio detrás. El momento en que te convences de que todo tiene su origen en ti y que, por tanto, la única salida lógica que existe es eliminarte a ti misma. Y, por último, la decisión de reparar la debilidad con más debilidad, la estupidez con más estupidez.

La mujer que te dio a luz.

La mujer que sonreía delante de las azaleas.

La que llenaba una gran botella de cristal con soju *una mañana tras otra.*

La que se escondía en el armario.

La que se chupaba el pulgar rehuyendo la luz del sol.

Hacia ese lugar caminó, hace treinta años,

y hacia ese lugar llegué yo también, al amanecer, hace dos años.

En el amplio aparcamiento bañado por la luz del ocaso, hay una docena de autobuses estacionados, dormidos. Me detengo ante la parada, ante el letrero azul marino descascarillado. No hay nadie esperando y la puerta de la oficina está cerrada. Un viento de montaña, tres o cuatro grados más frío que en el centro de la ciudad, barre el lugar sumido en la luz crepuscular.

Me pongo en cuclillas y mi abrigo se arrastra por el suelo. Unas uñas afiladas se me clavan en el corazón. Me quedo mirando la tierra oscura bajo mis pies hasta que pasa lo peor.

Sé que tengo en mi cuerpo una hoja afilada que se volverá cada vez más cortante hasta que en algún momento se hará trizas, como se rompe una espada en el momento en que el martillo le da el golpe final.

¡Devuélveme mi vida, zorra! ¿Me vas a abandonar después de arruinarme la vida?

Eso fue lo que me escupió entre dientes mientras me apretaba el cuello.

El contacto de su mano me resultaba familiar. No estaba fría. Estaba húmeda y caliente.

Un conductor de aspecto agotado sale del área de descanso. Abre la ventana del contenedor prefabricado que hace las veces de oficina y empuja un libro de registro hacia el interior. Tras intercambiar unas palabras de saludo con alguien que está dentro, cruza lentamente el aparcamiento y se sube a uno de los autobuses.

Arranca el motor, enciende las luces antiniebla y se aproxima a la parada. Recorro con la mirada los árboles que hay detrás de la estación y los contenedores prefabricados, grises y planos, que ya están sumidos en la oscuridad.

Cuando el autobús pasa por la tranquila calle llena de cafeterías frente a la universidad femenina D, veo que el letrero del restaurante de mi madre ha desaparecido. Recuerdo aquella noche en la que llovió tanto que el agua nos llegaba hasta la cintura, y mi madre y yo estuvimos achicando agua hasta el amanecer.

Esa noche me fue imposible llamar a Inju para saber si el taller del tío estaba a salvo, si las más de cien pinturas en tinta no habían sufrido daños. Pasada la medianoche, mis rodillas y brazos temblaban como si no fueran míos. ¿Por qué mi padre no había venido a ayudarnos? ¿Qué estarían haciendo mis hermanos?

Finalmente, hacia las dos de la madrugada, mi madre se desplomó en el descansillo de la escalera que llevaba a la calle y se echó a llorar. Empapada de pies a cabeza, se agitaba con convulsos sollozos. Hice como que no la veía y regresé al interior del restaurante, donde seguí sacando agua con el cubo. Me golpeaba las espinillas con las sillas volcadas. Los manteles, los ceniceros de plástico, las colillas y las servilletas de papel flotaban en el agua, que subía a una velocidad aterradora.

¿Nunca has sentido resentimiento por tu enfermedad?

Cuando se lo pregunté, el tío no me respondió de inmediato.

Sin embargo, cuando le pregunté si no se enfadaba nunca, me respondió sin vacilar que no.

«¡Mentira!», le contesté con hosquedad.

Me enfadé porque me desilusionó que me mintiese, pero antes de que pudiera demostrarlo dijo:

Aunque alguna vez he pensado que sería mejor morir.

Me quedé mirándolo porque no sabía si hablaba en broma y esperaba que me riese.

Entonces yo tenía tu edad.

Me trataron con esteroides durante dos años y, como efecto secundario, mi cuerpo se hinchó y llegué a pesar cien kilos. La situación era horrible. Vivía con ese cuerpo pesado, esforzándome por no ha-

cerme ni un solo rasguño, y me mantenía mi hermana mayor, que era muy joven, con un dinero que ganaba con mucho esfuerzo.

Una noche soñé que estaba muerto. No sabes lo ligero que me sentí. Saltaba alegremente por la orilla de un arroyo, bajo el sol. Cuando miré el agua cristalina, vi piedras sobre el lecho. Eran piedras redondas, brillantes y claras como ojos. Entre ellas, vi una que brillaba con un tono azulado, y extendí la mano para cogerla.

Fue entonces cuando lo comprendí: tenía que estar vivo para cogerla. Comprendí que debía volver a la vida.

Eso me dio miedo. Creo que hasta lloré un poco.

Una anciana con un bastón blanco camina con pasos inseguros por el andén. Cruza la línea de seguridad; en el momento en que la punta de su bastón toca el vacío, pierde el equilibrio y se tambalea. Sin pensarlo dos veces, me acerco y la sujeto. Ella levanta la cabeza sobresaltada, y veo sus gafas oscuras. Justo entonces me suena el móvil en el bolsillo del abrigo. Le suelto el hombro.

–Gracias –me dice la anciana con voz clara y resonante.

–No hay de qué –respondo con firmeza, y me doy la vuelta.

El número que me llama empieza por 7: es del distrito de Jongno. Al contestar, oigo una voz femenina que pronuncia mi nombre con decisión. En el instante en que la reconozco, agarro el teléfono con ambas manos.

–He leído el manuscrito. Me preocupaba que fuera aburrido, pero es todo lo contrario y se lee rápido. A mis compañeros también les ha parecido bien. Como le dije, es conveniente que lo publiquemos antes de la exposición póstuma de Seo Inju. ¿Le tomará mucho tiempo escribir el resto?

–No lo creo… –respondo–. Si todo va bien, podré terminarlo en menos de dos meses.

Precedido por una estridente señal de advertencia, el metro entra en el andén. Giro la cabeza para comprobar si la anciana del bastón blanco está en un lugar seguro. En Suyu, el metro que iba hacia el centro de la ciudad no estaba muy lleno, pero esta es una estación de transbordo y el vagón está abarrotado.

Me acerco a la anciana y le digo:

–El tren está demasiado lleno. ¿Hasta dónde va usted?

La anciana se sobresalta y se gira.

–No voy a subir –dice con un acento dialectal muy marcado–. Estoy esperando a alguien que va a bajar aquí.

Me quedo observando las manchas oscuras de la edad que tiene debajo de las orejas y su frente llena de arrugas hasta que subo al vagón.

En el aire viciado, con los cuerpos y los rostros apretados unos contra otros, la gente se arma de paciencia. Como peces atrapados en una red, levantan la nariz y la boca para respirar. Por fin, empujada por la multitud, bajo del tren. Cruzo otro pasillo de transbordo y me subo a un vagón aún más lleno, soportando la presión de los cuerpos que me aplastan.

Al salir de la estación, son más de las nueve. El autobús está lleno de estudiantes que regresan de las academias. Me bajo del autobús; en mi barrio, las calles están vacías. Paso por la tienda de la esquina y compro cuatro kilos de arroz, algas secas y aceite de sésamo. Si quiero terminar de escribir el libro en los próximos dos meses, no puedo enfermar. Si no duermo, si no me alimento, como hasta ahora, no podré aguantar.

Cambiando de mano la pesada bolsa de plástico, avanzo lentamente por la acera desierta, iluminada cada tanto por farolas. Me viene a la mente la figura de la anciana caminando con su bastón blanco y mis piernas tiemblan como si fuera a caerme al vacío en una pesadilla. Yo, que la sujeté del hombro como si fuera la persona más bondadosa del mundo, me alejé de aquel andén abarrotado sin mirar atrás.

Eso me lleva a pensar que tengo que hacer lo que debo sin miedo.
¿Y qué es eso que debo hacer?
Proteger al hijo de Inju de la mentira.

Es extraño.

A medida que avanza la noche, parece que la temperatura sube.

Un viento húmedo, que augura nieve y lluvia, se levanta silenciosamente. Un viento que mezcla lo lejano y lo cercano, lo frío y lo caliente. Un viento que se cuela bajo la piel. Un viento que hincha lentamente las venas capilares.

¿Será que tengo fiebre? ¿O es que está llegando la primavera? No es posible. El vapor blanco que sale de mi boca parece gritar que me calle.

Al fin llego a casa.

Al intentar saca la llave del bolsillo interior de la mochila, veo una figura oscura acercándose a grandes zancadas. Instintivamente, guardo la llave en el bolsillo y me muevo hacia la zona iluminada. El rostro de la figura se revela bajo la tenue luz de la farola.

Es Kang Seogwon.

10

SOPLA EL VIENTO, VETE

En contraste con su abrigo negro, el rostro de Kang es de una palidez cadavérica. Desde detrás de sus gafas, sus ojos me dirigen una mirada incierta, febril.

–Tenemos que hablar.

–Es muy tarde –respondo, dando un paso atrás–. Ya no hay ningún café abierto por aquí cerca.

¿Cómo habrá encontrado mi casa?

El callejón está desierto. Las luces de la planta baja y del primer piso están apagadas, solo se ven iluminadas las ventanas de la segunda planta. ¿Vendrá alguien en mi ayuda si grito? Kang retrocede hacia el muro a oscuras, hacia la zona no iluminada por la farola. Ahora ya no veo la expresión de su rostro.

–Usted nació el veintisiete de noviembre de mil novecientos setenta. Es la segunda de tres hermanos y la única mujer. Se casó hace cinco años y se divorció tres años después. No tiene hijos.

Las asas de la bolsa de plástico negra se me clavan en las manos. Giro ligeramente el cuerpo hacia un lado y saco el paquete de arroz para meterlo en el bolso que llevo al hombro. Pongo la botella de aceite de sésamo, el único objeto contundente del que dispongo, cerca de la abertura para tenerla a mano.

Con las manos dentro de los bolsillos de su abrigo, Kang continúa hablando. Sigo sin verle la cara.

–Ha intentado suicidarse. Ha sido objeto de una demanda judicial por daños y perjuicios por parte de la exmujer de su exmarido, pero ella retiró la denuncia.

Mientras escudriño la oscuridad en la que se ha refugiado, me doy cuenta de que lo que dice es cierto, pero todo eso me parece irrelevante, como si fuera el pasado de otra persona.

–¿Ha estado investigándome?

–Mañana voy a cenar con la editora jefe que usted ha conocido hoy. Mi intención es tener una conversación franca con ella acerca de cuán fiable es usted.

¿Era necesario venir hasta aquí solo para informarme de esa intención? Me muerdo el interior del labio inferior y miro hacia la entrada del edificio, débilmente iluminada por la luz de emergencia.

–Si ya ha dicho todo lo que tenía que decir, me voy a casa –digo.

–Su tenacidad es realmente sorprendente. –Habla con rapidez, como si quisiera retenerme–. Usted afirma que Seo Inju copió las pinturas de otra persona; ¿acaso no ve lo mucho que esa idea daña su honor? Salvo en su mente inestable, no existen pruebas que corroboren esa suposición.

–¿Qué es lo que quiere de mí?

–Que se ahorre el esfuerzo –responde secamente, como si me clavara una puñalada en el pecho.

Ahora se acerca a grandes zancadas. Retrocedo, deslizo la mano dentro de mi bolso y agarro la dura botella de vidrio.

–¿Quién es Ryu Inseop? –pregunta.

Ahora veo su rostro de cerca. ¿Tenía ese aspecto el otro día? Miro su rostro duro como un caparazón, y sus ojos que solo expresan crueldad y violencia.

–¿Cómo conoce ese nombre?

–¿Es el hombre con quien Inju se vio durante el último año? ¿Es ese el hombre con el que dudó en encontrarse hasta el último día de su vida?

Debo responder algo, pero tengo los labios entumecidos y no se mueven.

–No lo ha olvidado, ¿verdad? Tenía que darme cierta información… –me apura.

–Pero su libro ya ha salido a la venta, ¿no? –digo, esforzándome por mantener la calma–. Ya no necesita más entrevistas, ¿verdad?

–Eso lo decido yo –escupe, apretando los labios.

Se acerca aún más y extiende la mano. Entre el índice y el pulgar sostiene un objeto plateado y brillante. Como no extiendo la mía, me lo pone delante de la cara.

Es una llave.

Suelto la botella de aceite y, vacilante, alargo la mano. Antes de que tenga tiempo de reaccionar, me pone la llave en la mano y la aprieta como si quisiera aplastarla; el extremo puntiagudo de la llave se me clava en la palma. Kang retira la mano y desaparece rápidamente en la oscuridad. Abro mi mano temblorosa y miro la llave sobre mi palma enrojecida.

Ahora lo comprendo. Me dirijo hacia la puerta de mi apartamento e inserto la llave. Encaja perfectamente en la nueva cerradura plateada y brillante.

Siguiendo las pisadas embarradas del suelo, me detengo ante mi mesa.

El cajón donde guardo las cartas está abierto de par en par, con todo su contenido esparcido por el suelo. Las cartas de Inju, que estaban en la parte delantera y separadas del resto, han desaparecido. También se ha llevado la carta de Kim Yeongsin y solo ha dejado el anillo de plata dentro del sobre. Cojo el anillo y lo aprieto con fuerza en el puño. Toqueteo su superficie, que se ha ennegrecido y opacado, y vuelvo a meterlo en el sobre. Me desplomo en la silla. Me quito las gafas y me froto los párpados.

No sabía quién es Ryu Inseop.

Es aquí donde ha descubierto su nombre.

Por eso me ha preguntado quién era.

Abro el cajón de delante y busco el impreso de la consulta. No está allí. Yo había subrayado el nombre de Ryu Inseop, el número de teléfono y la dirección del centro.

Repaso las palabras que Kang escupió en la oscuridad: *¿Es este el hombre con el que dudó en encontrarse hasta el último día de su vida?*

Solo permanece en su sitio la fotografía de Misiryeong, que dejé apoyada contra la pared donde está la mesa. Esa mañana había metido la carta de Ryu en mi bolso y había tirado a un rincón de la cocina el sobre con el nombre del remitente.

Aún con el abrigo puesto, voy a abrir mi ordenador portátil, pero me detengo al notar que está mojado. Lo abro y descubro que hay agua estancada en el interior. El cable de alimentación, en cambio, está desconectado. Por un momento todo me parece tan irreal que sacudo la cabeza. Si abriera la boca, me echaría a reír. ¿Ha echado agua sobre el portátil después de revisar todos mis documentos?

Registro minuciosamente todos los cajones, varias veces, hasta que no tengo más remedio que admitir que también han desaparecido el disco duro externo y la memoria USB.

El primer capítulo del libro está a salvo, ya que lo he enviado a la editorial. Los demás capítulos aún estaban en forma de notas, por lo que puedo reescribirlos fácilmente de memoria. Por otra parte, lo que tenía almacenado en el portátil y en el disco duro externo no eran más que textos diversos y sin importancia, escritos durante los últimos veinte años: traducciones, diarios esporádicos, borradores de cartas, una docena de obras teatrales, algunas representadas y otras no. En esos insignificantes documentos se resumía la mayor parte de mi mediocre existencia.

De repente se me ocurre una idea que me corta la respiración.

Después de adquirir el taller de Inju, Kang habrá tenido el tiempo y la libertad suficientes para hacer allí lo mismo que ha hecho hoy en mi casa.

Inju escribía cartas a mucha gente, aparte de mí, y tenía la costumbre de garabatear notas en los márgenes de los libros que leía. También llevaba un diario, aunque no escribiese todos los días.

En estas circunstancias, ¿habría anotado en algún sitio su proyecto de retomar la pintura del tío?

En ese caso, ¿Kang ya lo sabía?

Al igual que Kim Yeongsin, ¿no sabía ya de mi existencia?

Cuando le pedí verle, ¿no aceptó demasiado rápido?

Echo la cabeza hacia atrás. La luz de neón me deslumbra y cierro los ojos. Me masajeo los rígidos músculos de la nunca con las yemas de los dedos. Finalmente, saco el móvil del bolsillo, respiro hondo y marco el número de Kang.

–¿Sí? –responde antes del tercer timbre.

–¿Quiere saber quién es Ryu Inseop? –pregunto, yendo directa al grano.

No me responde.

–¿Quiere saber qué relación tenía con Inju? ¿De verdad quiere saberlo?

–Sí –dice, su tono de voz duro como una roca.

Parece estar conduciendo o dentro de un taxi. Se oye la voz femenina del navegador dando indicaciones.

–Se lo diré mañana. En la cafetería donde nos vimos la primera vez.

–Muy bien.

–¿Le parece bien a las doce?

–Perfecto.

Cuelgo sin despedirme.

Está loco y al mismo tiempo no lo está; al igual que yo estoy loca y no lo estoy al mismo tiempo. Tengo que adivinar qué torbellino de pensamientos le lleva a actuar así. Tengo que descubrir el motivo de su ira, de sus sacrificios, de todos sus esfuerzos. Pero para ello tendría que estar dentro de su cabeza.

Tengo que estar dentro de su cabeza.

Cerca de la mesa desordenada y de las huellas de barro sobre el suelo de linóleo, el silencio grita hasta romperme los tímpanos. Si sumara todas las horas que he dormido en los últimos diez días, no llegarían ni a treinta. Me quito el abrigo, lo cuelgo en la silla y voy al cuarto de baño. Al coger el cepillo, algo llama mi atención. Junto al jabón yace la carcasa plateada del disco duro externo. El cuerpo gris del disco está en el lavabo, sumergido en agua clara.

Lo recojo y lo seco con una toalla. Aún goteando agua, lo levanto a la altura de los ojos; esa fea cajita que me recuerda a un cerebro artificial.

Me miro en el espejo. El rostro impenetrable de una mujer, más envejecida que ayer, me devuelve la mirada. Dejo el disco duro sobre el lavabo y salgo del cuarto de baño. Sin quitarme el jersey, me tumbo boca abajo en la cama, pero las ganas de dormir se esfuman en pocos minutos. Me vuelvo a poner el abrigo y me calzo. Abriéndome paso a través de una oscuridad asfixiante, camino sin parar una distancia de tres paradas de autobús hasta la estación de metro. Encuentro un cibercafé que ilumina la calle con un pálido resplandor.

A Lee Cheonghee:

Respondo a su correo porque quiero dejarle bien claro que no deseo volver a oír hablar de Seo Inju. Siendo usted su amiga, puedo imaginar lo que piensa de mí. También soy consciente de que se tomará a mal todo lo que voy a escribir. De todos modos, me gustaría que supiera que yo también he sufrido por esta desgraciada historia y que mi herida ha tardado mucho en cerrarse.

Lo último que deseo hacer en el mundo es seguir hablando de la muerte de Inju. Y en cuanto al libro que menciona, no tengo nada que decirle. Solo quiero vivir en paz. Sin embargo, debo contarle un episodio del que en su día no me atreví a hablarle al señor Kang Seogwon.

Poco antes de separarnos, Inju me amenazó con saltar desde el noveno piso del edificio, con Minseo, que entonces tenía trece meses, atado a su espalda. Puedo entender que no quisiera que le quitaran a su hijo, pero que urdiera ese temeridad fue imperdonable. Eso la descalificó por completo como madre. Por lo tanto, considero que llevarme al niño, incluso en contra de su voluntad, cuando tenía seis años, fue una decisión de lo más razonable. Y si su estado de salud no hubiera sido tan grave y no hubiera reclamado tan desesperadamente a su madre, jamás habría pensado en renunciar a su custodia.

Lo primero que me vino a la mente cuando me enteré del accidente de Inju fue ese episodio. Al mismo tiempo, sentí una furia y una desesperación indescriptibles.

¿Comprende lo que quiero decir?

Ella siempre era así: excesiva. Me separé de ella porque ya no podía soportarla más, y no voy a permitir que nadie me culpe por ello.

Aquí la vida es tranquila y apacible. La familia que formamos entre Minseo, mi mujer y yo es feliz. El niño está bien. Sobre todo, me tranquiliza que asista a un colegio que se preocupa por su salud, lo que no era el caso cuando estaba en la otra escuela.

Agradezco su preocupación, pero no tiene por qué inquietarse por el impacto que le causaría la publicación de ese libro del que me habla. Dentro de unos diez años, Minseo habrá olvidado el coreano y el recuerdo de su madre se irá desvaneciendo poco a poco, hasta que apenas quedarán vagas reminiscencias.

Le ruego que no vuelva a ponerse en contacto conmigo. Tampoco moleste a mi entorno con sus llamadas. Los médicos que lo tratan aquí dicen que, si tiene suficiente cuidado, Minseo podrá vivir hasta los cincuenta años. Son quince años más de lo que pronosticaron los médicos de Corea. Por ahora, no tenemos intención de volver a Corea. No, voy a ser más claro: nunca volveremos.

No he dormido ni cuatro horas.

Salgo al balcón que da al oeste y miro el cielo, que se ve bajo y pesado como si en cualquier momento fuera a llover o nevar. Entro en el cuarto de baño para darme una ducha y lavarme el pelo. Salgo desnuda y con la piel de gallina y me pongo la ropa más limpia que tengo. Cambio la batería del móvil por otra que he cargado toda la noche. Me pongo las gafas y miro por la ventana del este, aún en penumbra.

Los árboles siguen pareciendo muertos.

No puedo creer que la savia fluya por debajo de esa corteza gruesa y negra. No puedo creer que la primavera vuelva algún día. Tampoco que la vida brotará de la muerte, que la suavidad surgirá de lo duro.

La imagen de Inju gritando, agarrada a la barandilla del balcón del décimo piso, con el pequeño Minseo atado a la espalda, aparece ante mis ojos.

No puede ser,
tú no eras así.
Guardabas, ocultas en tu interior, en innumerables capas, reservas de calma y fortaleza siempre disponibles.

Miro el libro del tío, que descansa sobre mi mesa.

La contraportada está abombada por el agua que Kang le derramó encima. Me recuerda a los hombros encorvados del tío.

Miro la foto en la que cúmulos de estrellas blancas y rojas flotan en silencio.

Pongo mi mano sobre el lomo del libro mojado y luego la retiro.

No lo abro.

Inju le dijo a Ryu Inseop que volvería, para matarlo, pero no lo hizo.

En lugar de eso, se encerró en su nuevo taller durante un año.

Y condujo hasta Misiryeong sola cuando se anunciaban fuertes nevadas.

¿Mi investigación termina aquí?

Es lo que me pregunto.

¿A partir de aquí solo está la cara oculta de la luna, esa que ni siquiera las oscilaciones del astro permiten vislumbrar?

Quisiera saber desde dónde me llamó Inju a esas horas de la madrugada,

cuando yo estaba dormida

cuando no oí el móvil que había dejado en modo vibración.

¿Habría parado en el área de descanso de Wonju o de Chiak para comer una sopa de fideos bien caliente?

Tal vez iba a preguntarme, como hacía siempre, «Cheonghee, ¿estás durmiendo?».

¿Era oscura la noche antes de que nevara? ¿Era asfixiante el silencio?

¿Había enormes camiones dormidos en el aparcamiento desierto?

¿Te echaste hacia atrás el flequillo con tu mano surcada por finas venas azules mientras escuchabas los interminables tonos de llamada?

Después de colgar, ¿contemplaste pensativa la foto de perfil de Minseo guardada como fondo de pantalla?

Son las siete.

Doy vueltas y vueltas por la salita, como un perro que se persigue la cola. Cada vez que me vence un sueño ligero, examino a tientas esos fragmentos de imágenes incoherentes que no son ni sueños ni recuerdos. Todos los objetos están bañados por una luz blanca, como si llevase gafas tintadas de ese color. Levanto la cabeza al oír el canto de un pájaro en algún lugar. ¿No lo veo porque es blanco? Me muevo lentamente en esa dirección, siguiendo la curva que su canto traza en el aire. De pronto, el suelo desaparece bajo mis pies. En el instante en que me pregunto si estoy despeñándome por un precipicio, caigo sobre las vías del metro. Las vías brillan en la oscuridad como venas frías. Aún invisible, el pájaro se lanza hacia mis ojos batiendo salvajemente las alas.

Me detengo ante mi mesa y cojo el móvil. Marco el número de Kim Yeongsin. Al décimo tono de llamada, cierro la tapa.

¿Es este el hombre con el que dudó en encontrarse hasta el último día de su vida?

Esa pregunta, que Kang Seogwon me había hecho con mirada febril, significa que sabe lo que pasó el último día de la vida de Inju.

Si Inju pasó ese último día con Kang, ¿adónde fueron juntos? ¿Hasta algún lugar de Donam-dong, cerca del despacho de Ryu Inseop? O tal vez…

Me sobresalto al notar la repentina vibración de mi móvil.

Son las ocho en punto.

Estoy en medio de la sala, pensando en la carta de Ryu Inseop, en unas frases que se me han quedado grabadas. Cuando Inju le pidió pruebas de que no era él quien estaba al volante, él respondió: «La prueba es que no sufrí un solo rasguño».

«No me hable más de Kang Seogwon –me dijo Kim Yeongsin, casi con desdén–. ¿Usted también duda de la existencia de esa relación? Entonces, no sabe nada de su amiga. Si alguien la hizo sufrir de verdad, seguro que no fue él».

Cuando le pregunté quién era esa persona, me respondió con voz temblorosa: «Mire, no vi a Inju ni una sola vez en el último año, ¿por qué piensa que sé más que usted?».

Deambulo descalza entre las cartas tiradas por el suelo y las pisadas embarradas que dejó Kang.

¿Quiere saber por qué vino a verme su amiga?

Porque su amiga tenía el mismo impulso aullando en su interior.

Porque sentía que moriría de la misma manera.

Usted quiere negarlo, ¿verdad?

Son las nueve.

Me siento a mi mesa y llamo a información telefónica de la provincia de Gangwon para averiguar el número del hospital de Sokcho donde estuvo ingresada Inju. Marco el número que me acaban de proporcionar.

–Hospital de Sokcho, dígame.

–¿Podría hablar con el servicio de admisiones, por favor?

Escucho una voz femenina con una amabilidad empalagosa que repite una y otra vez que enseguida me pasarán con admisiones. Por fin, suena el tono de llamada.

–Servicio de admisiones, dígame –responde con sencillez una mujer.

–Llamo para pedir una información.

–Adelante, por favor.

Respiro hondo y digo:

–El pasado mes de enero, mi marido tuvo un accidente cerca de ahí y fue atendido en su hospital. Sufre secuelas y necesitaría más sesiones de rehabilitación, pero parece que hay un problema con el seguro. ¿Podría verificar su historial médico, por favor?

–¿Cuál es el nombre del paciente?

–Kang Seogwon –respondo con voz firme y clara.

–¿Su número de documento de identidad?

–No me lo sé de memoria… Pero la fecha del accidente fue el catorce de enero del año pasado.

¿El hospital S. es el único centro hospitalario de Sokcho? ¿No hay otro hospital grande como ese? Sí, deme todos los números.

Con el servicio de admisiones, por favor.

Llamo para hacer una consulta.

El pasado mes de enero, mi marido tuvo un accidente cerca de ahí y fue atendido en su hospital. Sufre secuelas y necesitaría más sesiones de rehabilitación. Necesito verificar su historial médico porque hay un problema con el seguro. ¿Sería posible?

Se llama Kang Seogwon.

No me sé de memoria su número de documento de identidad. Pero primero me gustaría comprobar que tienen su historial. El día del accidente fue el catorce de enero.

Son las nueve y veinte.

Me suda la mano con la que sostengo el teléfono.

–El señor Kang Seogwon fue ingresado el catorce de enero de dos mil siete. Sufrió una lesión que le obligó a estar doce semanas de baja; estuvo hospitalizado durante una semana. Si desea una copia del historial, el paciente debe acudir en persona o enviar a un familiar con su documento de identidad y el libro de familia.

–Muchas gracias –respondo, cambiando de mano el auricular–: Iré a recogerlo en un par de días.

Después de intentarlo dos veces, al fin consigo colgar el auricular. Luego, me pongo las manos en la barbilla y en los labios para que dejen de temblar.

No hay duda, Kang estuvo con Inju ese día.

La abandonó en el coche y él se jugó la vida cruzando a pie el paso de Misiryeong.

No asistió al funeral de Inju porque estaba ingresado en el hospital.

La gran nevada que cayó esa madrugada borró todas las huellas.

Soy Lee Cheonghee, le llamé el otro día.

Muchas gracias por el favor que me hizo, a pesar de que estaba de viaje de negocios.

Sí, gracias a usted, el señor Jeong Seongyu me escribió un correo electrónico…

Ahora necesito contactar con urgencia con el señor Jeong, pero no tengo su nuevo número de teléfono.

¿Usted lo tiene?

De verdad, será la última vez.

No volveré a molestarlo.

Solo necesito confirmar una cosa. Es urgente.

Eso es todo. Se lo prometo.

Los doce tonos del teclado forman una extraña melodía. Espero.

Cuelgo y vuelvo a marcar el número.

Sigo esperando.

Sopla el viento.

Es más fuerte y húmedo que anoche. Los olores corporales de los transeúntes se mezclan y se disipan. Lo seco y lo húmedo, lo sucio y lo limpio, lo efímero y lo eterno se entremezclan y se esfuman.

En la parada del autobús, meto la mano en el bolsillo de mi abrigo y, con cuidado, acaricio el mango de un cuchillo, un cuchillo para fruta con una punta y una hoja afiladas.

Retiro la mano del bolsillo para mirarla. La palma, en la que se clavó la llave, todavía está ligeramente irritada.

Levanto la cabeza para notar el viento en la cara. Calculo que la temperatura es de unos tres grados centígrados y la humedad debe de rondar el noventa por ciento; en cuanto a la velocidad del viento, diría que es de unos cien kilómetros por hora. Las partículas del aire que acabo de inhalar y exhalar estarán a ocho kilómetros al sur dentro de una hora.

En días como hoy, Inju solía estar taciturna.

Soplaba un viento como este…

En una húmeda noche de verano, Inju me acompañó hasta la parada del autobús. Minseo estaba dormido sobre su espalda, envuelto en una manta.

«Fue por culpa de un viento como este que la pértiga, en lugar de doblarse hacia atrás, se inclinó hacia delante».

Fue la primera y la última vez que Inju me habló de su accidente.

«No me importó, porque fui yo quien no consiguió saltar la barra. Si la hubiera saltado, la pértiga no me habría hecho daño».

Su voz era tan tranquila que no admitía réplica, como si lo hubiera pensado mucho y su conclusión fuera definitiva.

«Lo recuerdo bien. Se me pasó por la cabeza que quizás era mejor no saltar con aquel viento. Pero no pude detenerme. Quería saltar la barra. Tenía muchas ganas de saltar».

Yo también lo recordaba.

Sentada en la primera fila de las gradas, bajo el sol abrasador de septiembre, yo esperaba a que Inju terminara su entrenamiento. Con cada intento exitoso, subían el listón cinco centímetros. Ese día alcanzó los tres metros y cuarenta y cinco centímetros. Podía oír los murmullos de los chicos con el pelo rapado del equipo de atletismo: «¿Si lo consigue, superará el récord asiático? Entonces deberán enviarla a Japón a perfeccionarse».

Inju se echó polvo de resina en las manos y agarró la pértiga. Una brisa húmeda le agitó el pelo corto. Las ramas de los árboles que bordeaban la pista crujían con el viento. Tras esperar un instante a que el viento amainara, Inju tomó impulso con todas sus fuerzas. Los músculos de sus piernas se tensaron. Clavó la pértiga en el cajetín y su cuerpo se elevó rápidamente. Todo ocurrió en un par de segundos. La barra cayó, la pértiga se inclinó hacia delante y le atravesó el muslo justo cuando caía. Inju rodó sobre la colchoneta mientras de su pierna manaba un chorro de sangre.

Ese fue el final. El final de una época que ni siquiera la muerte del tío había interrumpido, ni siquiera el momento en que Inju había ido sola a la montaña de detrás de la casa para esparcir sus cenizas. Milagrosamente, no se fracturó ningún hueso ni se rompió los ligamentos, pero el músculo del muslo quedó irremediablemente dañado. Su vida como atleta había acabado. Tras un mes de hospitalización y casi seis meses de rehabilitación, cojeaba casi imperceptiblemente. Aunque los médicos dijeron que su vida cotidiana no se vería afectada, Inju no quiso volver a su vida normal. Se encerró en su casa vacía durante tres años.

«Cuando sopla un viento así, con esta humedad y esta velocidad… –dijo Inju acomodando a Minseo en su espalda–, siento como si penetrara en mis venas. Todo parece mezclarse y formar una gran unidad, incluida mi existencia. Entonces, con una claridad aterradora, veo que mi existencia es tan incierta que en cualquier momento algo puede atravesar mi pierna…, o incluso destruir mi vida, de un solo golpe».

Miré su pelo recogido en una coleta y el sudor que le corría por la frente; cargar a Minseo en la espalda le daba mucho calor. Aparté el mechón de pelo que se le metía en la boca y se lo coloqué detrás de la oreja. De repente, me invadió una necesidad imperiosa de frotar mi mejilla contra su cara pecosa.

A la hora de mi cita con Kang Seogwon, abro la puerta del taller de Inju con la quinta llave que me guardé en la cartera y entro.

Está oscuro, pero enseguida me doy cuenta de que algo ha cambiado. A toda prisa, busco a tientas el interruptor y lo pulso. Los dibujos a carboncillo sobre papel ácido que estaban enrollados en la entrada han desaparecido.

Solo quedan las pinturas en tinta china fijadas a la pared. Los restos inacabados de su último trabajo también están allí. Entro sin quitarme los zapatos y abro el primer cajón de la mesa. Los catálogos y las postales han desaparecido, así como los caramelos y la bolsita de papel verde claro que contenía un puñado de flores de cornejo secas, el diente de leche de Minseo y la nota del tío doblada en cuatro. Todo ha desaparecido. Tampoco está la fotografía en blanco y negro de la mujer que posaba delante de las azaleas.

No hay tiempo. Debo encontrar cuanto antes las cartas de Inju que me ha quitado, pues no sé cuánto rato me esperará Kang en la cafetería. Me quito el abrigo, lo dejo sobre una silla y me remango la camisa.

Al abrir el segundo cajón, me sorprendo al ver un bloc de bocetos y al lado un cuaderno de notas que no conocía. El grueso bloc está muy gastado, al igual que el cuaderno, que tiene un aire antiguo.

Al abrir el bloc, aparecen bocetos de las estrellas en tinta. No son uno o dos, sino docenas, cada uno con una forma diferente. Hay también anotaciones con la letra de Inju en varios lugares.

Necesito una manta de fibra sintética que no sea demasiado lisa y absorba bien la humedad. Las mantas normales no absorben la tinta y arruinan la pintura. Ya he estropeado tres.

La lista de artículos necesarios ocupa toda una página, con

varios números de teléfono, los nombres de las tiendas correspondientes, todas en las inmediaciones de Dongdaemun. También hay marcas y círculos, aparentemente significativos, que solo tienen sentido para la persona que los ha hecho.

¿Por qué se ha llevado las cosas de Inju?

¿Por qué solo quedan cosas que no vi el otro día?

Sin tiempo que perder, paso rápidamente las hojas del bloc. Me detengo al descubrir un boceto de perfil del tío hecho a lápiz. ¿Cómo pudo, de memoria, hacer un retrato tan parecido? Debajo del dibujo, garabateó: «El tío».

Presiono bruscamente el puño sobre el lado izquierdo de mi pecho. En la hoja siguiente hay un dibujo pintado en azul.

Levanto la vista hacia la pared de mi izquierda. El boceto azul del bloc es el borrador de la pintura que cuelga allí. Es la única en la que aparece su firma, como un recién nacido que diera su primer grito con voz débil. Es pequeña, apenas la mitad del tamaño de las otras pinturas en tinta. Con el fin de transformar la estrella blanca como el hielo en una azul, al parecer primero extendió una capa de pigmento azul sobre el papel *hanji*. Una vez la pintura se secó por completo, aplicó tinta negra y, en el lugar donde el agua repelió la tinta, se encendió una estrella de frío azul.

Nunca lo entenderé.

Nunca podré imaginarlo del todo.

¿Por qué pintaste este cuadro?

¿Por qué preferiste aislarte en lugar de enfurecerte?

Tu rostro mirándome mientras te recogías el pelo corto detrás de las orejas.

Tus hombros delgados, cuando permanecías de pie, inmóvil, frente a la puerta de mi habitación del hospital.

Tus ojos brillando, brillando de desconcierto, sin lágrimas.

Al cerrar el bloc de bocetos y abrir el viejo cuaderno, casi no puedo creer lo que veo.

Reconozco a primera vista la letra del tío. Son largas series de ecuaciones matemáticas, listas de tareas diarias y los menús de lunes a domingo, cuidadosamente anotados. Se me rompe el corazón cuando leo: «Tortitas de calabacín, guiso de pasta de soja fermentada, sopa con trozos de masa de harina». En las páginas siguientes hay detallados bocetos de sus pinturas, estrellas que brillan en multitud de formas, anotaciones de fechas y horas que me recuerdan a un diario de observación del crecimiento de las plantas, y todos los detalles del trabajo minuciosamente registrados, así como los continuos ensayos y errores.

¿Cómo sobrevivió este cuaderno? ¿Estaba en la planta baja la noche en que las lluvias inundaron el taller del tío en el semisótano? Me dispongo a cerrar el cuaderno cuando descubro algo que Inju escribió con rotulador rojo en la última página.

Mi tío apareció en un sueño… Era el momento del oscuro amanecer, oscuro incluso en el sueño. No se veía nada, pero mi tío estaba allí de pie, sin peso, olor ni sonido. Extrañamente, aunque había muerto con solo treinta y siete años, tenía el pelo completamente blanco.

Fue un sueño demasiado breve y sin ningún contenido. No pude alargar la mano para tocarlo. No intercambiamos una sola palabra, ni siquiera una mirada. Desapareció y me desperté.

¿Por qué no has venido más a menudo, como esa vez? ¿Por qué no te me apareciste ni una sola vez, aunque no dijeras nada? Si lo hubieras hecho, todo habría sido más fácil de soportar. No solo la tristeza, la ira y el dolor, sino también el rostro de Cheonghee, deshecho más allá de lo imaginable, descompuesto como el de la otra mujer.

Cierro el cuaderno.

Oigo el sonido de una llave que gira. Cojo mi abrigo y me escondo detrás de la columna junto a la mesa. Presa del pánico, saco el cuchillo del bolsillo y lo agarro con fuerza. Dejo el abrigo a mis pies. El recuerdo de la voz de Minseo, que escuché a través del auricular a miles de kilómetros de distancia, me deslumbra como una luz intensa. *¿Quién es, papá? ¿Es alguien que conozco?*

Las cuatro puertas estaban cerradas por dentro y no había nadie más en el coche. El vehículo quedó completamente destrozado. Fue un milagro que el motor y el depósito de gasolina no explotaran. Pero ¿por qué me pregunta todo eso ahora? Digamos que fue un simple accidente. ¿Le parece bien?

Un ruido de pasos se aproxima, sordo pero firme. Como he encendido la luz al entrar, él ya sabe que hay alguien aquí. Por el hueco de debajo de la mesa veo sus zapatos y que se dirige hacia la pared donde cuelgan los cuadros. No quiero dejar pasar una oportunidad tan buena; me acerco, extiendo los brazos y le rodeo el cuello por detrás. Le aprieto el cuchillo contra la carótida, por debajo de la mandíbula.

Está empapado; su pelo, su abrigo negro y sus zapatos están chorreando. Fuera ha empezado a llover. Gotas de agua fría caen sobre el dorso de mi mano.

–Tú la mataste –escupo, apretando los dientes–. Tú mataste a Inju, ¿verdad? Seguiste a su coche. Chocaste contra ella por detrás y te lesionaste la espalda por el impacto.

Siento cómo se le contrae la nuez. Un instante después, las gotas calientes que caen sobre mi mano no son de lluvia sino de su sangre.

–Apar…, aparte eso y hablemos.

–¿Por qué lo hiciste? –digo, apretando el cuchillo con más fuerza.

Un gemido escapa de su garganta y caen más gotas calientes.

–No, no, yo no la maté. Ella se estrelló contra la barrera de seguridad ante mis ojos y cayó por el pre…

–¡Cállate!

¿Sería capaz de matar a este hombre? ¿Podría matarlo ahora mismo, en este preciso instante? La idea de que puedo interrumpir para siempre el aliento cálido que siento en el dorso de mi mano y enfriar este cuerpo tibio me pone los pelos de punta.

–Lo… lo único que lamento es… no haber muerto con ella, haber frenado. Giré el volante demasiado tarde, y ya no iba lo bastante rápido como para romper la barrera.

Kang está temblando. ¿Acaso está llorando? Su voz se quiebra ligeramente. Antes de que aligere la presión de mi mano, me agarra la muñeca con fuerza y el cuchillo se me cae. Lo recoge antes de que yo lo haga.

Con una mano dirige el cuchillo hacia mí, con la otra se seca la cara. Una cara conmocionada, empapada por la lluvia, o quizá por las lágrimas.

–Yo… yo también voy a morir… No… no esperaré mucho… Todo… todo lo que he hecho hasta ahora era lo que debía hacer… antes de morir.

Tartamudea mucho. La punta del cuchillo está ensangrentada. La sangre que corre por el cuello de Kang mancha su camisa blanca.

–Es… es extraño… –Su voz quebrada se vuelve vehemente. De repente, deja de tartamudear–. Cuando paso la noche aquí, siento como si la Seo Inju que conocí en vida no fuera real. Su calor, sus labios fríos, su enérgico apretón de manos, que no parecía el de una mujer… Todo eso ha desaparecido y solo queda su imagen, su letra, sus pinturas… Es decir, solo quedan sus huellas desprovistas de cuerpo… Eso me reconforta y me da una paz indescriptible.

Se limpia la sangre del cuello con el dorso de la mano.

–Respóndeme –escupo entre dientes.

–Tú y yo nos parecemos. Estamos locos, somos testarudos y también débiles.

Echo un vistazo hacia atrás y de nuevo lo miro a los ojos, mientras retrocedo.

–¡No nos parecemos! –espeto con firmeza, pero me tiembla la voz–. Yo no he matado a nadie; en cambio, tú mataste a Inju.

–No, eso no es verdad. ¿Por qué giró el volante precisamente en ese lugar?

–Fuiste tú quien la empujó… No pudiste soportar que Inju huyera de ti. Querías que fuera tuya, aunque estuviera muerta. Te volviste loco porque creíste que iba a encontrarse con otro hombre. Porque ella también te había abandonado. Rompió relaciones con todos sus amigos, pero también contigo. Llorando como un niño que ha perdido a su madre, la empujaste al vacío.

–¡Basta!

Se acerca a mí, temblando, y apoya el trémulo filo del cuchillo en mi garganta.

–Cuando te vi ese día con su abrigo… pensé que ella había regresado a la vida. Mejor dicho, creí que veía su fantasma. Desde ese día he querido matarte.

Siento la hoja que me corta ligeramente el cuello y la sangre que fluye. Es una sensación dolorosa y angustiosa.

–Supuse que vendrías aquí –dice, esbozando una sonrisa gélida–. Me he enterado que Ryu Inseop murió hace poco. Inju nunca hizo terapia con él. En cambio, tú sí recibiste tratamiento psicológico. Ella solo fue allí por ti… porque estaba preocupada por ti. ¿Lo entiendes?

El filo del cuchillo me impide negar con la cabeza.

–¿Pensaste que iba a creerte? ¿Que pasaría toda la tarde esperándote en esa cafetería?

Lo miro fijamente a los ojos, inyectados de sangre.

–Durante su último año, ella estuvo rondando a tu alrededor. Pero yo no lo sabía. Hasta esta mañana, cuando decidí ir a ver a ese maldito psiquiatra, no estaba seguro… Creía que había conocido a otro hombre. Ella volvía a casa exhausta…, como torturada por un amor desesperado…, y me rechazaba. No podía más, me estaba volviendo loco. Pero ¿por qué tú? ¿Por qué eras tan importante para ella? Maldita…

Aparta un poco el cuchillo de mi garganta. ¿Querrá tomar impulso para apuñalarme? Me agacho como un rayo y corro hacia la manta. Cojo el pulverizador y le echo agua en los ojos. Antes de que pueda abrirlos, salgo corriendo por la puerta.

–¡Espera!

No debería haberme dado la vuelta. Tras limpiarse la cara mojada con la manga del abrigo, saca el encendedor con la mano izquierda y prende fuego al bloc de bocetos y al cuaderno. Cuando comienzan a arder, los lanza sobre la mesa.

Se me escapa un gemido ahogado que me parece venir de otra parte.

–Si estos escritos desaparecen, toda tu historia no será más que el delirio de una mente trastornada. Y si estos dibujos también desaparecen…

Saca tranquilamente un cigarrillo, se lo pone en la boca y camina a zancadas hacia el cuadro más grande que cuelga de la pared. Acerca el mechero encendido al borde y, tras asegurarse de que arde, enciende su cigarrillo.

–¿Te vas a quedar mirando? Creí que te importaban mucho estos cuadros –dice, dando una profunda calada–. De hecho, un incendio en el taller de un artista siempre es una noticia que despierta interés.

Retuerce los labios en una mueca y esboza una sonrisa extraña.

–Ninguno de esos cuadros encajaba con el estilo de Seo Inju. Hubiera sido mejor que se resistiera a esa desviación y conservara su estilo hasta el final, en lugar de perderse entre las estrellas… –dice en un murmullo, mientras contempla ensimismado las llamas que suben lentamente por el cuadro–. Los bordes se queman despacio. ¿Será por la alta densidad de la tinta? Quizá prendiendo fuego en el centro… el fuego sin duda se extenderá siguiendo el recorrido del agua.

No se da cuenta de que me acerco conteniendo la respiración, con la piedra de moler la tinta oculta a la espalda.

Kang extiende la mano con el mechero encendido para prender el centro del cuadro, el corazón de la estrella, el espacio blanco vacío. Levanto bien alto la piedra para estrellársela en la cabeza, pero justo en ese momento se gira. La piedra le golpea el hombro y él se desploma; sorprendido, deja caer el cuchillo. Cuando me agacho para recogerlo, me pisa la mano.

Mientras me inmoviliza la mano con el zapato, coge tranquilamente la piedra del suelo y me golpea los hombros y las costillas. Ahogo un grito de dolor. Cuando caigo de bruces, me da una serie de patadas y me pisotea sucesivamente los muslos, las rodillas y los pies. Después de quitarme el cuchillo, me aplasta la mano con la piedra con todas sus fuerzas. Pienso que ahora me pegará en la cabeza, pero se detiene.

–No quiero matarte. Me das lástima... Además, necesito que alguien sea testigo del final de estas pinturas.

No he perdido el conocimiento. Aunque no puedo moverme, puedo abrir los ojos. Siento un dolor agudo en los lugares donde me ha golpeado. A pesar de mi visión borrosa, percibo que está prendiendo fuego al centro del último cuadro.

–¿Pretendías escribir otra biografía de Inju? ¡Qué idea más graciosa! Pero resulta que no eres más que una pirómana, una loca, una suicida... ¿Te parece cínico? Olvidas que ese fue el camino que elegiste hace dos años.

Cada vez que voy a perder el conocimiento, aprieto los dientes y abro bien los ojos. Oigo que sus pasos se acercan. Percibo el olor a tabaco y de su ropa mojada. Su mano tibia roza mi mejilla con una suavidad escalofriante.

–Os parecéis. –Su voz grave resuena como si viniera del subsuelo–. No es realmente un parecido... pero hay algo.

Haciendo acopio de todas mis fuerzas, abro los ojos y levanto la mirada hacia su rostro.

–No puedo creer que Inju haya querido tanto a una chica como tú... toda su vida... cuando yo no pude hacerla mía ni un solo día.

Me asesta un golpe en la frente con algo pesado. Gotas de sangre caliente corren por mi cara. Pierdo el conocimiento de inmediato. Oigo unos pasos que se alejan y la puerta cerrándose con llave desde fuera.

Cuando abrí los ojos, creí estar en el infierno.

Estaba oscuro y no podía respirar. Los cuadros seguían ardiendo, así que no había pasado mucho tiempo. Tal como él había dicho, las llamas ardían lentamente en las zonas donde la densidad de la tinta era mayor. Sin embargo, en el último cuadro de Inju, solo la estrella azul ardía con rapidez, solo ese cristal de un azul intenso escupía incontables lenguas de fuego, haciendo saltar chispas. Estas alcanzaron rápidamente la manta, que comenzó a desprender un humo tóxico irrespirable.

Intenté moverme, pero ni los brazos ni las piernas me respondían. El humo me obstruía la garganta y me provocaba una tos dolorosa. Tenía que respirar de alguna manera. Divisé un cubo de agua a un metro de distancia. Desde allí hasta la puerta había siete u ocho metros. Pese al dolor que me oprimía el pecho, logré darme la vuelta sin dejar de toser. Me arrastré hacia el cubo, pero no avanzaba ni un palmo cada vez. La sangre que me manaba de la frente se me metía en los ojos y me impedía abrirlos. A tientas, empujé el cubo con la cabeza y comprobé que estaba lleno hasta la mitad. Haciendo acopio de todas mis fuerzas, conseguí rasgar con los dientes una manga de la blusa. Como mis manos no me obedecían, agarré la manga rasgada con los dientes e intenté mojarla en el agua del cubo. De repente el cubo se volcó y el agua me empapó la cara y la parte superior del cuerpo. Tenía que conseguir mover un poco las manos, aunque solo fuera una. Desesperada, alargué mi dolorida mano izquierda y finalmente conseguí taparme la nariz y la boca con la manga mojada.

Las llamas, que se propagaban con rapidez, iluminaban intensamente la habitación. La forma de las estrellas colgadas en la pared era irreconocible, las páginas del bloc de dibujo y del cuaderno, reducidas a cenizas, volaban entre las llamas. La mesa y la manta ardían con furia, expulsando un humo negro. Todavía boca abajo, me dirigí hacia la entrada. Mi brazo derecho estaba completamente inútil, así que me arrastraba con el estómago y el codo de la izquierda, cubriéndome la nariz y la boca con la manga mojada. Detrás de mí, el fuego lo arrasaba todo.

Quería vivir.

Cada vez que pensaba en rendirme, contorsionaba desesperadamente el pecho y el estómago como un insecto y avanzaba poco a poco, centímetro a centímetro. La mesa estalló detrás de mí con estruendo.

Quiero vivir.

Quiero vivir.

Las llamas eran tan intensas que me lamían los talones. Algo más explotó con un rugido ensordecedor. Incapaz de abrir los ojos, seguí arrastrándome.

¿Cuánto tiempo duró? Al sentir algo frío bajo el estómago, entreabrí los ojos. A pesar de la visión borrosa por la sangre y el humo, percibí el brillo del suelo. Eran las baldosas del vestíbulo.

Aunque la tela mojada me cubría la nariz y la boca, el humo era insoportable. Haciendo un último esfuerzo, avancé un poco más. Respiré hondo y, conteniendo un ataque de tos, solté la tela. Me aferré al picaporte con la mano izquierda y logré incorporar el torso. Pero la cerradura estaba más arriba. No podía estirar más el brazo porque el dolor me inmovilizaba el hombro. Solo un poco más, solo un poco más arriba.

En el momento en que conseguí girar el cerrojo, tosí con violencia y me desplomé. Apretando los dientes, me giré para levantarme. Contuve la respiración y presioné hacia abajo el pomo con la barbilla y la mano izquierda. Antes de que volviera a su sitio, empujé la puerta con el pecho. Percibí la luz de fuera. Saqué primero la cabeza y gateé como un insecto para liberar mi cuerpo encajado entre la puerta y el marco. El calor de las llamas era abrasador, y el fuego se acercaba peligrosamente a mis piernas, pero mi cabeza ya estaba fuera del infierno; oía la lluvia torrencial del exterior. La sangre me empapaba los ojos y me impedía ver nada. Sin abrirlos, seguí arrastrándome hacia el aire puro, hacia el frío.

Esas gotas calientes que mojan mi cabello no son lluvia, sino sangre.

Me duele todo el cuerpo.

No siento mis brazos ni mis piernas.

No puedo moverlos.

Mi única sensación, clara como el hielo, es la del aire limpio que entra y sale de mis pulmones.

Aunque no puedo abrir los ojos, oigo pasos que bajan apresuradamente de los pisos superiores.

–¡Hay que llamar a los bomberos!

–¡Ya he llamado! ¡Agua! ¡Hay que traer agua!

–Mierda, ¿no hay una manguera? ¡Aunque sea un cubo!

–¿Seguro que no hay nadie en el primer piso?

–¿Cómo saberlo...? ¡No se puede entrar!

–¿Y las máscaras antigás? ¿Dónde están?

–Pregúntale al conserje.

–Mira, hay alguien herido.

Alguien me pasa un brazo por debajo del cuello e intenta levantarme. Toso violentamente. Pierdo el conocimiento por un instante y luego vuelvo en mí. Los sonidos se fragmentan, como si se perdiesen en el blanco. De repente, oigo un silbido, como una respiración. Me ahogo. No puedo respirar y lucho por abrir los ojos. Lo logro por un breve instante. Parece que alguien me ha limpiado la sangre. El suelo se mueve. Me lleva un tiempo darme cuenta de que estoy en una ambulancia y con una máscara de oxígeno en la cara.

No puedo mover la cabeza.

Todo mi cuerpo grita de dolor.

La sirena de la ambulancia me desgarra los tímpanos y luego se desvanece.

Todo se aleja de nuevo.

El dolor se va atenuando.

Inju debió de oír los mismos ruidos.

Esos silbidos también cayeron sobre su rostro. Cuando abrí la puerta de la unidad de cuidados intensivos, vi a las enfermeras que iban y venían; el médico de guardia se afanaba alrededor de la paciente. No pude preguntarles nada, ni hacer nada, solo quedarme de pie, pegada a la pared, y esperar a que terminaran. Por fin, el médico me dijo rápidamente:

La paciente ha empezado a respirar por sí misma.

Eso contrarresta la ventilación mecánica, por eso le hemos administrado un sedante.

Si sigue así, tendremos que retirarle el respirador.

Me hundo más al fondo.

El dolor se aleja aún más.

Vomitaba bilis amarilla sin parar. El dolor era tan intenso que deseé morirme. Con un dolor que me taladraba detrás de los ojos, unas náuseas que me doblaban por la mitad, me revolcaba por el suelo helado, con el pelo revuelto.

Al salir a la calle por primera vez, la luz del sol me deslumbró. Caminaba encorvada por las náuseas. Veía vagamente la hierba que empezaba a crecer entre las baldosas de las aceras, los árboles llenos de savia al borde de la calle, gente caminando con ropa primaveral. Como una loca, caminaba por aquella calle deslumbrante, todavía envuelta en mi abrigo de invierno.

–Ha llegado la primavera…

No podía creer que hubiera dicho aquello por primera vez desde que te fuiste, no podía creer que esas palabras hubiesen salido de mis labios.

Tío,
recuerdo las noches que pasé en vela en la casa de Suyuri,
después de deambular por las calles oscuras hasta el amanecer,
abría el grifo para beber agua fría y lavarme la cara helada,
miraba las luces encenderse en el barrio vecino
preguntándome si la cocina de Cheonghee también estaría iluminada.
Me dijiste: «Vivimos en la oscuridad,
que es como tinta derramada hasta el infinito.
Lo observamos todo desde un pequeño punto luminoso
que es nuestra vida,
pero el día en que la vida se apaga, el día en que la luz muere,
nos disolvemos en la oscuridad sin dejar rastro».
Por lo tanto, el hecho de estar vivos es una excepción,
un milagro poco común.
A veces yo blandía el cuchillo contra ese milagro;
entonces manaba la sangre.
Pero ahora creo que lo entiendo.
No era por ignorancia,
sino que no podía evitar tomar ese camino…,
igual que ahora no voy a rehuir esa montaña cubierta de hielo.

Regreso a la superficie.
El dolor vuelve con fuerza.
El calor vuelve a fluir por la herida.

Oigo la lluvia golpeando contra la ventanilla, el obstinado vaivén del limpiaparabrisas. La ambulancia me sacude violentamente. Jadeo, y el silbido del respirador resuena desgarrando mis pulmones.

Abro los ojos. Giro la cabeza. El sonido de la lluvia no cesa. Tampoco la sirena que aúlla. Un brazo pesado se sumerge en el arroyo para alcanzar una piedra azul. Con las rodillas magulladas, y un vientre ardiente que se arrastra hacia el aire puro.

NOTA DE LA AUTORA

Las pinturas de Lee Dongju se inspiran en la obra de la artista Han Eun-seon; las de Seo Inju, en los cuadros de Kim Myung-sook, y las tallas de madera de Kim Yeongsin, en el trabajo de Yoon Suk-nam. Aprovecho esta ocasión para expresar mi sincero agradecimiento a estos artistas, que me permitieron contemplar sus obras durante largo tiempo en sus estudios.

He consultado diversos libros, entre ellos *El hombre y el universo*, de Park Chang-beom; *¿Cómo le salieron las manchas al universo?*, de Janna Levin; *Miles de millones*, de Carl Sagan, y *El arte del vacío*, de Lee Woo-hwan. Dado que en este libro he incorporado los conceptos reescribiéndolos con mis palabras, no los he citado en notas al pie.

La reseña de Kang Seogwon en la que se habla de la poesía de Neruda y la música de Piazzolla ha sido tomada de un texto de Jung Yoon-soo sobre Piazzolla. Asimismo, los fragmentos de la obra teatral *Cállate* se basan en un caso clínico del libro *Terapia Gestalt*, de Kim Jung-kyu.

PALABRAS DE HAN KANG

Crucé en metro el río helado y blanco antes de que oscureciera. No se había congelado en el centro y la corriente brillaba azulada en los bordes del hielo. Entonces sentí de verdad que había terminado de escribir esta novela.

Pasé junto a ella cuatro inviernos, cuatro veces la estación del viento, el hielo y los puños enrojecidos. A causa de esta novela, sentía esquirlas de hielo clavadas en el cuerpo incluso en verano. A veces la dejaba a un lado y vagaba, me revolvía e intentaba avanzar rompiendo lo que debía romper… Pero es mejor que no reviva esos momentos.

Recibí la valiosa ayuda de muchas personas. Me inclino en señal de agradecimiento ante todas ellas, como he dicho al final del libro. Muchas más de las que pude mencionar allí me alentaron de corazón durante mucho tiempo: a todas ellas les manifiesto mi gratitud más profunda.

La primera mitad de la novela se publicó por entregas durante un año y medio en la revista trimestral *Literatura y sociedad*; y luego la reescribí desde el principio a lo largo de otro año y medio. Agradezco sinceramente a los editores que observasen con paciencia un proceso que se alargó mucho más de lo previsto.

Una mañana de nieve de principios de 2010
HAN KANG

Esta obra se terminó de imprimir
en el mes de abril de 2026,
en los talleres de Grafimex Impresores S.A. de C.V.,
Ciudad de México.